Bert Hellinger

Gelebte Mystik

Erkennen was wird

10 9 8 7 6 5 4 3 2 1
2013 2012 2011 2010

Published by

Sonnleitstr. 37
83404 Bischofswiesen • Germany
Postfach 2120 • 83462 Berchtesgaden
www.hellinger.com

Cover:
Paper@Screen • Anna W. Moderegger

Satz & Gestaltung:
Paper@Screen • Anna W. Moderegger
www.paperscreen.tv

ISBN 978 -3-00-029327-6

Porträt: Riccardo Desiderio
ww.riccardodesiderio.com

Bert Hellinger

Gelebte Mystik

Erkennen was wird

INHALT

INHALT

INHALT

DER EINKLANG

HANDELN MIT LIEBE

HERAUS-FORDERUNGEN

INHALT

DAS LEBEN

VERBUNDEN

NATÜRLICHE MYSTIK

INHALT

DER ABSCHIED

DER WEG

DIE FÜLLE

INHALT

DER SEGEN

NACHTRAG

LEITFADEN

Wohin führt dieses Buch?

Gelebte Mystik ist gelebte Erkenntnis, allerdings eine Erkenntnis der besonderen Art. Sie ist von Augenblick zu Augenblick eine neue Erkenntnis. Sie ist ein Erkennen im Einklang mit einer uns übersteigenden schöpferischen Bewegung, die bewirkt, was sie erkennt. Gelebte Mystik ist daher angewandtes schöpferisches Erkennen. In ihm werden Erkennen und Handeln eins. Daher lautet der Untertitel für dieses Buch auch: Erkennen, was wird.

Dieses Erkennen folgt bestimmten Gesetzen. Wenn wir diese Gesetze kennen und beachten, bewirken wir, was dem Leben dient und der Liebe. Es kommt daher darauf an, wie wir diese dem Menschen als Mitgift in die Wiege gelegte Erkenntnisfähigkeit in unserem Leben einsetzen und nutzen. Für oder gegen das Leben.

In diesem Buch führe ich Sie in dieses schöpferische Erkennen auf eine Weise ein, die Sie diese Gesetze im Dienste des Lebens und der Liebe Schritt für Schritt umfassender erkennen und anwenden lässt.

Die in diesem Buch gesammelten Texte haben einen Sitz in meinem Leben. Dazu ein Beispiel.

Wenn ich vor einer Aufgabe stehe, die mir und anderen neue Wege weist, und ich nicht weiß, was von mir gefordert wird, kommt mir plötzlich der Titel für einen Text in den Sinn, den ich noch nicht verstehe. Zum Beispiel das Wort Mitschwimmen. Dieses Wort ergreift von mir Besitz. Ich setze mich hin, nehme ein Blatt Papier und beginne zu schreiben. Wo dieser Titel mich hinführen wird, weiß ich nicht. Ein Satz folgt dem anderen. Ich schreibe das Ganze in einem Zug. Am Ende steht vor mir ein abgerundeter Text mit Einsichten, die mich überraschen. Ich verstehe meine Situation und weiß mich dem Handeln gewachsen, das auf mich wartet.

Später übertrage ich den ursprünglich mit der Hand geschriebenen Text auf meinen Computer, damit er mir nicht verlorengeht. Obwohl er in mir wirkt, vergesse ich die Einzelheiten, oft sogar den Titel. Mir ist, als hätte ich beim Schreiben mit meinen Worten etwas nachgezeichnet, das in mir insgeheim schon vorgegeben war. Auf diese Weise sind alle 207 Texte in diesem Buch innerhalb eines Jahres spontan entstanden, oft nebenbei, zum Beispiel im Flugzeug oder im Zug, in einer Pause oder am Abend, wenn ich nach getaner Arbeit schon schlafen gehen wollte.

Dieses hier beschriebene Erkennen ist gelebter Einklang mit einer Bewegung des Geistes und in diesem Sinne gelebte Mystik. Der Wort Mystik meint hier die natürliche Mystik, ohne Bezug zu einer bestimmten Religion. Diese Mystik ist ein Erkenntnisvorgang, das Einswerden mit der Bewegung einer uns übersteigenden schöpferischen Liebe, der gleichen Liebe zu allem, was wird.

Dieses Erkennen führt zu einem anderen Denken und zu einem anderen Tun. Denken und Handeln bedingen sich hier gegenseitig und werden eins. Von Mensch zu Mensch verschieden eins, aber eins.

Dennoch bleibt dieses Erkennen vorläufig. Nur so ist es jedes Mal schöpferisch neu.

Obwohl in diesem Buch jeder Text für sich steht und unabhängig von den anderen Texten gelesen und verstanden werden kann, beziehen sie sich aufeinander. Sie kreisen um die gleiche Mitte. Um Ihnen den Überblick zu erleichtern, habe ich sie nachträglich unter zwölf Hauptthemen zusammengefasst und geordnet. Sie heißen:

- Erkennen mit Liebe,
- Gehen mit dem Geist,
- Der Einklang,
- Handeln mit Liebe,
- Herausforderungen,
- Das Leben,
- Verbunden,
- Natürliche Mystik,
- Der Abschied,
- Der Weg,
- Die Fülle,
- Der Segen.

Später habe ich noch einige Titel nachgereicht unter der Hauptüberschrift: Nachtrag.

In diesem Buch nehme ich Sie mit in ein Erkennen, das schöpferisch Neues bewirkt. Es wird zu einer Bewegung der Liebe, einer schöpferischen Liebe. Es bringt mit Liebe zusammen, was sich bisher entgegenstand, und wird zu gelebter Mystik.

Bert Hellinger

Erkennen mit Liebe

Erkenne dich selbst

Was erkenne ich, wenn ich mich selbst erkennen will? Ich erkenne, wohin es mich zieht. Ich erkenne, welche Bilder von der Welt und von mir mein Denken beeinflussen. Weiß ich dann am Ende: Wo bin ich selbst, wenn ich denke?

Dieses Erkennen erlaubt mir, einiges infrage zu stellen und mich neu und anders zu orientieren. Aber erkenne ich dadurch auch mich? Ober bleibe ich mir nach wie vor geheimnisvoll?

Wer oder was sucht hier zu erkennen? Bin ich es, der hier erkennen will? Kann ich selbst erkennen wollen, oder will hier etwas anderes erkennen? Dass etwas anderes in mir erkennen will, erkenne ich daran, dass mir das, was ich von mir erkennen will, nicht genügt. Was immer ich zu erkennen meine, ist ein Schritt auf einem Weg, dessen Ende mir verborgen bleibt. Daher kann ich weder wissen, wohin dieser Weg mich führt, noch weiß ich, ob dieser Weg für mich der richtige ist.

Sokrates forderte seine Mitbürger auf: „Erkenne dich selbst." Er hat damit eine Bewegung ausgelöst, die ihn am Ende sein Leben kostete. Doch er wusste, dass die tiefe Erkenntnis von woanders herkommt. Er verglich das, was er dachte, mit einer inneren Bewegung, die ihn von woandersher erfasste und die ihm vorgab, was für ihn gemäß war. Er nannte diese Kraft seinen Dämon, was im Griechischen natürlich eine völlig andere Bedeutung hatte als heutzutage für uns. Der Dämon war für Sokrates eine ihm zugewandte geistige Kraft, mit der im Einklang er erkennen konnte, wohin sein Weg führte. Allerdings ohne ihm das Ende dieses Weges zu offenbaren. Deswegen trank Sokrates den Schierlingsbecher, der ihm den Tod bringen sollte, ohne Furcht. Er wusste sich in anderen Händen.

Die eigentliche Erkenntnis ist die Erkenntnis des Zieles, an dem unser Weg sich erfüllt. Diese Erkenntnis ist endgültig. Dort hört sie auf.

Diese Erkenntnis ist geschenkt. Sie nimmt uns mit, weit über unser Selbst hinaus.

Diese Erkenntnis ist wissendes Sein, wissendes Dasein. So mag es uns zunächst scheinen. Doch alle Erkenntnis, die noch am Seienden haftet, kann nur ein vorläufiges Erkennen sein. Die letzte Erkenntnis geht über das Seiende hinaus. Erst dort ist sie rein.

Die Gewissheit

Wessen kann ich mir gewiss sein? Ich bin mir gewiss, dass ich lebe, und ich bin mir gewiss, dass ich sterben werde.

Manchmal bin ich mir auch nicht gewiss, dass ich lebe, zum Beispiel, wenn ich meines Lebens überdrüssig werde, und manchmal verhalte ich mich, als würde ich nicht sterben, zum Beispiel, wenn ich mein Leben aufs Spiel setze.

Vor allem bin ich mir nicht gewiss, wie lange ich lebe, auch nicht, wie lange ich gesund oder krank bin. Ich kann mir meines Lebens und meines Schicksals nur gewiss sein, wenn ich sie in meiner Hand habe, und zwar jederzeit. Schon das macht mir bewusst, dass es für mich auf der Ebene des Handelns in allen seinen Dimensionen keine Gewissheit geben kann. Die Gewissheit bleibt für mich ein unerreichbares Ziel, ein unerreichbarer Zustand.

Wie gehe ich dann mit dieser Ungewissheit um? Ich stimme ihr zu. In dem Augenblick stimme ich auch meiner Angst zu. Denn wozu wollen wir Gewissheit? Durch die Gewissheit wollen wir der Angst entgehen, der Angst um unsere Zukunft, der Angst vor dem, was uns erwartet.

Doch in unserer Ungewissheit erfahren wir uns auch geführt, oft überraschend geführt. Von wem geführt? Von einer Kraft, die weiß, was uns im Augenblick nottut, und die es in der Hand hat, diese Not zu wenden. Diese Kraft ist sich in dem, was sie weiß und was sie tut, in jeder Hinsicht gewiss.

Können wir nach dieser Erfahrung uns dieser Kraft immer gewiss sein? Wären wir uns ihrer gewiss, hätten wir sie in unserer Hand. So merkwürdig es klingt: Wir können uns ihrer nur gewiss sein, wenn wir uns ungewiss bleiben, wenn wir, was immer wir wollen und tun, unser Eigenes aus der Hand geben und auf die Führung durch diese Kraft warten.

Wenn wir in der Hingabe an diese Kraft verharren, wird ihr Wissen unser Wissen, ihre Kraft wird unsere Kraft, ihre Gewissheit wird unsere Gewissheit.

Sind wir uns gewiss, dass wir diese Gewissheit durchhalten? Wären wir uns ihrer gewiss, hätten wir sie wieder in unserer Hand.

Brauchen wir hier überhaupt eine Gewissheit? Wir brauchen sie, wenn wir noch Angst haben.

Umgekehrt, was geschah mit uns, wenn wir uns unverhofft von dieser anderen Kraft geführt und getragen erfuhren? Unsere Angst war vorbei, gewiss vorbei.

Erkennen ist schöpferisch

Von Adam heißt es in der Bibel: „Er erkannte sein Weib Eva; sie empfing und gebar Kain." Seltsam, dass er diesen Vorgang, den wir vor allem als einen körperlichen Vollzug wahrnehmen, als eine innige körperliche Vereinigung, als einen geistigen Vorgang, als ein Erkennen beschreibt. Er führt das Ergebnis dieses Vorgangs, die Zeugung und die Geburt seines Sohnes, auf dieses Erkennen zurück, auf dieses schöpferische Erkennen.

Was hat es mit diesem Erkennen auf sich? Es ist offensichtlich das Erkennen von etwas, das noch nicht da ist. Erst durch dieses Erkennen kommt es ins Dasein.

Dieses Erkennen geht also weit über die Wahrnehmung von etwas, das bereits vorhanden ist, hinaus, es ist kein Erkennen von etwas, das da ist, es setzt nicht voraus, dass etwas bereits da ist.

Im Gegenteil, das, was auf diese Weise ins Dasein kommt, setzt voraus, dass es zuerst erkannt wird, dass es so erkannt wird, dass es da sein kann, und dass es so erkannt ist, wie es da sein wird.

Dieses schöpferische Erkennen ist ein Spiegelbild jenes Erkennens, das sich in der Bibel im Wort „Es werde!“ offenbart. Denn dieses Wort spricht von etwas, das es noch nicht gibt. Doch, was durch dieses Wort ins Dasein treten soll, ist bereits erkannt. Es ist so erkannt, wie es werden wird und werden muss.

Auf diese Weise wurde auch der Mensch erkannt, wie er sein wird, allerdings auf eine besondere Weise. In der Bibel heißt es: „Gott sprach: Lasst uns den Menschen machen nach unserem Bild, uns ähnlich. Und Gott schuf den Menschen nach seinem Bilde, nach dem Bilde Gottes schuf er ihn, als Mann und Frau schuf er sie.“

Was heißt hier: Er schuf ihn nach seinem Bilde, als Mann und Frau schuf er sie? Was es genau bedeutet, verstehen wir am besten, wenn wir mit dem Ende dieses Satzes beginnen: „Er schuf sie als Mann und Frau.“

Was kann dies anderes bedeuten, als dass er sie zu schöpferischem Erkennen befähigt erschuf, zu schöpferischem Erkennen befähigt wie er. Was ist dann das Bild, nach dem er sie erschuf? Dass sie zu schöpferischem Erkennen befähigt werden, in Fortsetzung seines Erkennens, als er sie als Mann und Frau erschuf.

Dieses schöpferische sich gegenseitige Erkennen als Mann und Frau, als Mann und Frau zu schöpferischem Tun befähigt und berufen, ist die Grundlage und die Voraussetzung für jedes weitere schöpferische Erkennen. Das heißt, dass wir auch sonst etwas noch nie Dagewesenes so erkennen können, dass es durch unser Erkennen wirklich wird. Wir sehen dies schon daran, dass dieses Neue ohne dieses Erkennen nicht ins Dasein kommen könnte, nicht in sein besonderes Dasein.

Was folgt daraus? Wohin auch immer wir unser schöpferisches Erkennen richten, es wird etwas bewirken.

Kann dieses Erkennen auch etwas bewirken, das sich gegen uns richtet? Unsere Erfahrung zeigt es. Unser Erkennen kann sich sogar gegen Gott richten, mit der Folge, dass es uns von ihm trennt. Die biblische

Geschichte von der Vertreibung aus dem Paradies ist dafür ein beredtes Zeugnis. Die Folgen dieses schöpferischen Erkennens machen uns also vorsichtig in dem, was wir schöpferisch erkennen und denken wollen.

Dieses schöpferische Erkennen geht laufend weiter, auf immer neue und andere Weise. Daher können wir uns an den Folgen unseres schöpferischen Erkennens jederzeit neu orientieren und daher unser Erkennen auf andere Ziele richten, die von uns, da es sie ja noch nicht gibt, so erkannt und gedacht werden, dass sie wirklich werden können. Dieses schöpferische Erkennen kommt für uns an kein Ende. Seine Richtung kann von uns nur teilweise erkannt werden, weil dieses Erkennen zu seiner Orientierung erst die Folgen seines Erkennens wahrnehmen muss. Auch das zeigt, dass es sich hier um ein schöpferisches Erkennen handelt. Denn da die Folgen noch nicht da sind, können sie erst, nachdem sie da sind, erkannt werden.

Unser schöpferisches Erkennen kann also jederzeit von neuem schöpferisch werden und kann die Folgen des ihm vorausgegangenen Erkennens mitnehmen in ein weiteres schöpferisches Denken. Daher stehen die Folgen unseres schöpferischen Erkennens, auch die, die sich scheinbar gegen uns richten, der Weiterentwicklung unseres schöpferischen Denkens keineswegs entgegen. Im Gegenteil. Erst so bleibt dieses schöpferische Erkennen endlos neu.

Kann dieses Ergebnis dem Bild widersprechen, das Gott vom Menschen hatte, als er ihn als Mann und Frau erschuf? Auch hier gilt: „Er sah, dass es gut war."

Was folgt für uns daraus? Wir stimmen zu, dass unser Erkennen gut ist, was immer wir damit bewirken. Da es ein Erkennen im Fluss ist, ist es zu keiner Zeit ein endgültiges Erkennen. Es ist ein Erkennen auf dem Weg, ein Erkennen, das unser bisheriges Erkennen voraussetzt.

Daher steht es uns nicht zu, nur auf das eine Erkennen zu schauen, selbst dort, wo es uns vom göttlichen schöpferischen Erkennen abzukoppeln oder ihm entgegenzustehen scheint, sodass wir vielleicht meinen, dass dieses göttliche schöpferische Erkennen uns eigene schöpferische Wege gehen lässt, die uns von ihm sogar trennen. Da unser schöpferisches Erkennen weitergeht, steht es in einem Bezug, in dem nichts so bleibt, wie es uns jetzt erscheint. Gerade weil es sich oft entgegenzustehen scheint, zeigt es seine Weite, auch seinen langen Atem und seine Größe. Offensichtlich erkennt dieses letzte schöpferische Erkennen in einer unendlichen schöpferischen Bewegung – und wir, nach seinem Bild, erkennen in dieser Bewegung mit ihm.

Das schöpferische Erkennen durch diese letzte Ursache geht also weiter, unabhängig von unserem Erkennen und Denken. Wir können dieses schöpferische Erkennen wahrnehmen, wenn wir uns zurücknehmen und einer Sache oder einem Ereignis oder sogar unserem Leben seinen Lauf lassen.

Wenn wir uns zurückhalten, ohne einzugreifen, nehmen wir wahr, wie wir und andere von einer Bewegung erfasst werden, ohne dass wir oder sie von uns aus schöpferisch erkennen wollen. Auf einmal erfahren wir uns von einer anderen schöpferischen Bewegung erfasst und geführt. Sie führt uns vor Augen, was diese schöpferische Bewegung letztendlich bewirkt. Diese Bewegung führt zusammen, was sich vorher entgegenstand. Sie offenbart sich uns als eine schöpferische Bewegung der Liebe.

So geführt, lassen wir uns von dieser schöpferischen Bewegung in die gleiche Liebe mitnehmen. Wir erkennen im Einklang mit ihr und bewegen uns im Einklang mit ihr ebenfalls schöpferisch, in jeder Hinsicht nach ihrem Bild und mit ihrem Bild.

Hier findet unser schöpferisches Erkennen zurück zu seinem Ursprung, erkennend und erkannt zugleich.

Wohlwollen

Das Wohlwollen kommt aus einer schöpferischen Erkenntnis und aus einer weittragenden Einsicht.

Zu dieser Einsicht gehört als Erstes, dass alle Menschen gleich sind. Das, was wir als Unterschiede wahrnehmen, ist peripher. Es weicht vom Wesentlichen, das uns verbindet, ab. Wenn wir beim Wesentlichen bleiben, erkennen wir, dass alle Menschen eine gemeinsame Herkunft haben und ein gemeinsames Ziel. Wir dienen diesem gemeinsamen Ziel mit Wohlwollen.

Das Wohlwollen, das aus dieser schöpferischen Erkenntnis kommt, ist also ein Wohlwollen für alle, das gleiche Wohlwollen für alle.

Dieses Wohlwollen für alle ist ein schöpferisches Wohlwollen, denn es bewirkt etwas. Es bewirkt etwas Schöpferisches, weil es andere Menschen sowohl zusammen- als auch weiterbringt.

Dieses Wohlwollen überwindet die Gegensätze. Auf einmal erscheinen die Gegensätze vorläufig, als etwas, das dem gemeinsamen Erkennen, das schöpferisch weiterbringt, für eine Weile entgegensteht, diesem aber schöpferisch weichen muss.

Das Gegenteil des Wohlwollens, der Argwohn und die Ablehnung, bringt uns durch ihre unheilvollen Folgen zur Besinnung, dass am Ende nur die gegenseitige Anerkennung, dass alle auf gleiche Weise aufeinander angewiesen sind, der Liebe und dem Leben dient.

Das Wohlwollen führt uns zu dieser Erkenntnis. Es ist sogar die innere Vorbedingung für dieses Erkennen.

Hier begegnen wir dem grundlegenden Gesetz für dieses Erkennen, das auf gute Weise schöpferisch wirkt: ohne die Liebe kein Erkennen. Diese grundlegende Liebe, die Liebe für alles, wie es ist und wie es kommen wird, lässt uns etwas Neues so erkennen, dass es auf eine gute Weise wirklich wird.

Wir können die Wirkung des Wohlwollens in unserem Alltag leicht überprüfen. Statt dass wir vor etwas oder vor bestimmten Menschen Angst haben und wir sie aus dieser Angst von uns fernhalten, wenden wir uns dieser Sache und diesen Menschen mit Wohlwollen zu.

Wir ersetzen also die inneren Bilder, die unsere Angst auslösen, durch wohlwollende innere Bilder. Wir lassen uns von diesen Bildern zu wohlwollenden Gefühlen führen und erfahren auf einmal, oft sehr zu unserer Überraschung, wie anders uns auf einmal eine Sache erscheint, zum Beispiel einladend, und wie anders uns andere Menschen auf einmal begegnen. Dazu ein Beispiel:

Eine Frau (mit dem besonderen Lebensschicksal, dass sie als Touristin eine Entführung in Kaschmir durchleben musste), die vor vielen Jahren bei mir in einem Kurs war, hat mir einen Brief geschrieben über die Zustimmung zum anderen Menschen, wie er ist, und was für eine Wirkung es für sie hatte.

Lieber Bert,

als Kind betete ich jeden Abend „Mein Herz ist rein, soll niemand drin wohnen als Jesus allein."

Seitdem Du in meinem Herzen wohnst, seit 1983, wohnen immer mehr Menschen in meinem Herzen, da ich dank Deiner Weisheit und Liebe, die ich durch Dich erfahren habe, den Menschen mit Achtung gegenübertreten kann und sie annehmen.

Mein Kindergebet „Lieber Gott, mach mich fromm, dass ich in den Himmel komm" ist nicht stimmig für mich, denn ich trage die Verantwortung für das, was ich tue. Das stärkt mich. Ich bin nicht mehr das manipulierte Opfer, fühle mich auch nicht mehr der Macht der Opfer ausgesetzt. Das hat mich ziemlich befreit von meinen Ängsten.

Ich bin immer noch überzeugt, dass ich durch Dich meine Lebensfreude gewonnen habe und mein Leben in Kaschmir während der Entführung gerettet wurde.

Ich fühlte mich dem Mann mit dem Gewehr sehr verbunden, auch wenn er dieses auf mich gerichtet hielt, dachte an seine Familie und seine Not, so handeln zu müssen, als Pakistani wohl selber ein Opfer der Inder (ich weiß es nicht, da nichts durchschaubar war mit den vielen politischen Gruppen). Meine spontane Zuwendung mit den Worten aus tiefstem Herzen, „I know you are a good man" (Ich weiß, du bist ein guter Mensch) veranlasste ihn, sofort das Gewehr zu senken, mich an einen geschützten Ort zu führen und die anderen Entführer von mir fernzuhalten.

Hoffentlich ist er dadurch nicht in Schwierigkeiten gekommen. Sechs Wochen später ist ein Norweger aus dieser Gruppe geköpft worden, und weitere fünf junge Männer wurden nie mehr gefunden.

Es grüßt dich ganz lieb
Anka

Das Neue

Das Neue war noch nie da. Es fügt dem, was schon war, etwas hinzu.

Das Neue entsteht oft aus einer Bewegung, die schon im Gang ist. Sie bewirkt das Neue als zu dieser Bewegung gehörend und bringt es hervor. Zum Beispiel die reife Frucht.

Das Neue ist oft das Ergebnis einer Leistung und Arbeit, die zielgerichtet etwas angehen und vollenden. Auch hier ist das Neue abzusehen, auch hier ist die Bewegung bereits im Gange. Ihr Ergebnis ist vorausgedacht. Es braucht nur noch zu kommen. Allerdings mit Hilfe einer Leistung und einer Arbeit.

Anders ist es mit dem Neuen, das noch nicht gedacht ist und das wir uns deshalb auch nicht vorstellen können. Dieses Neue muss erst noch gedacht werden. Hier ist das Neue das Ergebnis einer vorausschauenden Erkenntnis, die erkennen kann, was erst wird, etwas, das werden kann, weil es erkennend gedacht wird. Dieses Erkennen ist schöpferisch.

Wieso kann es schöpferisch sein und schöpferisch werden? Weil es sich von früheren Gedanken, die eine Richtung bereits festgelegt haben, lösen und sie hinter sich lassen kann. Dieses Erkennen schaut, von allem Früheren unbelastet, in ein vor ihm liegendes Unbekanntes ohne eine bestimmte Absicht. Weil dieses Erkennen ausgerichtet ist und wartet, bis ihm aus dem bisher Dunklen etwas entgegen und ans Licht kommt, bewirkt es etwas durch sein Warten, durch sein aufmerksames Warten. Plötzlich kommt diesem Erkennen die entscheidende Einsicht.

Ist dieses Erkennen ein schöpferisches Erkennen? Ist das, was sich zeigt, das Ergebnis dieses Erkennens? Oder ist es das Ergebnis von einer Bewegung, die bereitwillig etwas Neues zeigt, sodass es erkannt werden kann?

Dieses Erkennen wird schöpferisch, weil es einem anderen Gesetz folgt. Das Neue wird gefunden, weil es sich zeigt. Es zeigt sich, weil unser Erkennen schon vorher für dieses Sich-Zeigen bereit war, wartend auf es ausgerichtet, ohne vorhersehen zu können, was sich ihm zeigen wird.

In diesem Sinne war dieses Erkennen rein, rein von allem, was es ablenken und anderen Zielen dienstbar machen konnte. Daher erreichen wir die Fähigkeit, so zu erkennen, durch eine innere Reinigung. Durch sie werden wir für etwas unerwartet Neues offen und bereit.

Was heißt hier: bereit? Dass dieses Erkennen auch für die Folgen dieser Erkenntnis bereit ist, was immer es ihm abverlangt.

Das Neue aus dieser Erkenntnis ist immer etwas Großes mit weittragenden Folgen.

Wieso zeigt es sich uns? Weil es von woandersher gewollt ist.

Gewahr

Wir werden einer Sache gewahr heißt: Wir nehmen etwas wahr, wir nehmen es als nah wahr, gleichsam in unserer Sichtweite, und als etwas, das uns gegenüber ist und auf uns bezogen.

Oft werden wir plötzlich dieser Sache gewahr. Zum Beispiel erfassen wir plötzlich einen Zusammenhang. Wessen wir uns auf diese Weise gewahr werden, das können wir nicht suchen. Es kommt auf uns zu, so auf uns zu, dass wir seiner gewahr werden können und sogar gewahr werden müssen. Hier werden wir vor allem von innen her gewahr. Nachdem wir seiner gewahr geworden sind, hält es uns fest. Wir können ihm nicht mehr entgehen.

Manchmal werden wir plötzlich auch dessen gewahr, was wir angerichtet haben, oft ohne es beabsichtigt zu haben. Die Folgen eines Tuns für uns und andere werden uns auf einmal bewusst. Nachdem wir ihrer gewahr geworden sind, können wir handeln. Wir können zum Beispiel etwas in Ordnung bringen.

Manchmal werden wir auch gewahr, dass etwas vorbei ist. Auch hier können wir, wenn wir es ernst nehmen, handeln.

Wir wissen, was fällig wird und wie es weitergehen muss.

Dieses Gewahrwerden bereitet eine neue Ausrichtung vor. Wir suchen dann, in welche Richtung es geht, blicken in diese Richtung und erkennen, was sein kann und sein wird.

Wie wurden wir dieser Situation gewahr? Dieses Gewahrwerden wurde uns geschenkt. Es wurde uns von einer schöpferischen Kraft geschenkt. Von ihr ging die Bewegung aus, die uns in diese Richtung führt, bis auch wir nun mit unserem schöpferischen Erkennen und in diese Bewegung einschwingen können, die bereits von woandersher begann und uns den Anstoß gab, selbst das Neue so zu erkennen, dass es wirklich werden kann und wird.

Der Inhalt

Was bringt uns eine Frucht, wenn wir von ihr nur ihre Schale haben? Denn auf ihren Inhalt kommt es an, auf ihren Gehalt. Manchmal müssen wir ihre Schale erst knacken, um an den Inhalt zu kommen. Ohne Mühe gewinnen wir ihn nicht.

Es gibt ein formales Denken, das sich vorwiegend mit der Schale des Denkens befasst und vom Inhalt weitgehend absieht. Zum Beispiel das logische Denken und in seinem Gefolge die Logik als eine philosophische Disziplin. Diese Schale ist wichtig, solange sie auf den Inhalt bezogen bleibt und diesen schützt. Manchmal müssen wir aber auch diese Schale knacken, sonst entgeht uns der Inhalt. Der Inhalt allein nährt und bringt weiter.

Was ist der eigentliche Inhalt allen schöpferischen Erkennens? Das, was dem Leben und der Liebe dient. Alles andere ist Schale.

Mit der Schale können wir spielen. Wir können uns zum Beispiel allerhand Gedanken machen, die ohne Folgen bleiben. Sobald es aber um unser Leben geht und um unsere Liebe, wird es ernst.

Das schöpferische Denken ist schöpferisches Erkennen innerhalb eines Lebensvollzugs. Es bringt das Leben voran, es bringt auch die Menschheit voran. In diesem Sinne nimmt es den, der diese Erkenntnis hat, auch in die Pflicht. Das schöpferische Erkennen selbst ist ein Lebensvollzug, ein Lebensvollzug, der Frucht bringt, und zwar weit über das eigene Leben hinaus. Er ist auf das Ganze gerichtet.

An was erkennen wir diese Richtung, und an was erkennen wir diesen Inhalt? In der Liebe für alles, wie es ist und wie es wird.

Visionen

Wenn wir von jemandem sagen, er habe eine Vision, meinen wir, dass er das Bild von etwas Kommendem hat. Obwohl es noch nicht da ist, sieht er es voraus. Oft sieht er es sogar klar voraus. Die Vision beflügelt ihn, alles zu tun, damit sie Wirklichkeit wird.

Diese Vision ist eine schöpferische Erkenntnis. Sie bewirkt, was sie erkennt.

Woher kommt eine solche Vision? Kommt sie aus dem eigenen Inneren? Oder wird sie uns von außen vor unser inneres Auge geführt? Sie zieht uns an, weil sie von außerhalb von uns kommt. Sie ist ein Bild, das uns gefangen und in seinen Dienst nimmt.

Unser schöpferisches Erkennen antwortet auf diese Vision, indem es die Schritte sucht, die sie Wirklichkeit werden lassen. Zwar sind auch diese Schritte neue Schritte, und die Einsicht in die Schritte, die weiterführen, ist ebenfalls neu. Auch sie sind schöpferisch. Doch sie sind es an nachgeordneter Stelle, weil ihnen etwas Entscheidendes vorausging, das das Weitere nach sich zog.

Diese Visionen weisen in die Zukunft. Sie unterscheiden sich von den rückwärts gewandten Visionen, wie etwa: „Was hätte anders laufen können?" und vor allem: „Was wäre gewesen, wenn?"

Die in die Zukunft weisenden Visionen wollen etwas überwinden. Sie gehen in die Weite und auf etwas Größeres hin. Auch das zeigt, dass sie schöpferisch sind.

Was hält diese Visionen auf? In erster Linie die Angst. Wie zeigt sich diese Angst? In den Einwänden, die gegen die Visionen vorgebracht werden, sowohl von uns als auch von anderen.

Was beflügelt diese Visionen? Die Zuversicht. Die Zuversicht führt zum Einklang mit den Kräften, die die Visionen uns geschenkt haben. Aber auch Bundesgenossen beflügeln sie, die sich mit uns für sie begeistern – sich handelnd für sie begeistern.

Noch etwas beflügelt uns, diesen Visionen zu folgen. Der Dank, dass sie uns geschenkt wurden und, zusammen mit diesem Dank, das Vertrauen, dass unser Handeln auf ihre Verwirklichung hin von den gleichen Kräften geführt und getragen wird, die sie uns erscheinen ließen.

Was sind die großen Visionen? Jene Visionen, die Menschen und Völker zusammenbringen, jene Visionen, die Grenzen und Trennendes überwinden. Diese Visionen sind Visionen der Liebe.

Es gibt auch andere Visionen, die viele mit sich reißen und zugleich vielen Unheil bringen. Auch sie sind Visionen der Liebe, aber nur für die einen und gegen andere.

Wie überwinden wir diese Visionen und wappnen uns gegen sie? Mit unseren Visionen der Liebe für alle zugleich. Die Visionen dieser Liebe sind rein.

Der Aufgang

Von der Sonne sagen wir, dass sie aufgegangen ist. Oft geht uns auch ein Licht auf. Dann beginnt für uns etwas zu leuchten, so wie uns nach der Nacht die Sonne leuchtet.

Mit Aufgang meinen wir auch eine Treppe, die nach oben zu einem höher gelegenen Kommenden führt, zu dem wir noch hingelangen müssen.

Vom Aufgang bis zum Niedergang, das ist der volle Tag. Denn sein Aufgang setzt sich fort, bis er zu seiner Fülle kommt. Es gibt für jeden Tag den neuen Aufgang, das neue Licht, die neue Fülle.

So ist es mit unserer Erkenntnis. Alle Erkenntnis ist neu. Schon deshalb, weil sie sofort etwas Neues bewirkt. Sie geht immerfort neu auf. Im Gegensatz zur Sonne geht sie für uns nicht unter. Selbst im Schlaf geht uns manchmal ein Licht auf.

Manchmal verschließen wir uns vor dem Licht und lassen unsere Fensterläden zu.

Wieso verschließen wir uns vor dem Licht? Genau genommen verschließen wir uns damit vor dem Leben und vor der Liebe. Dann warten wir auf den Aufgang, wir warten auf das uns Leben und Liebe spendende Licht.

Wo geht uns dieses Licht zuerst auf? In unserem Herzen. Wir sprechen dann vom Herzenslicht. Dieses Licht ist ein warmes Licht, ein Licht der Liebe.

Was also geht uns mit diesem Licht auf? Mit ihm geht die Liebe auf.

Doch es ist auch umgekehrt. Erst mit der Liebe geht uns ein Licht auf.

Dies gilt in erster Linie für das Erkennen, das wird, für das schöpferische Erkennen, das etwas entscheidendes Neues bewirkt.

Was heißt das für uns? Die Liebe bereitet uns auf dieses Erkennen vor. Was für eine Liebe? Die Liebe für alles, wie es sein wird. Nur diese Liebe ist für die neue Liebe offen und damit für die neue Erkenntnis. Was ist das für eine Erkenntnis? Sie lässt die Liebe leuchten und bringt sie weiter.

Diese Liebe ist Aufgang, reiner Aufgang. Sie leuchtet immer.

Dimensionen der Liebe

Die Liebe verbindet uns auf vielerlei Weise. Denn aus der Liebe kommen wir her. Die Liebe hat uns ein Leben lang begleitet. Wir leben, weil wir geliebt sind.

Auf gleiche Weise leben andere, weil wir sie lieben, weil unsere Liebe sie ins Leben gebracht hat oder es ihnen wiedergebracht hat, wenn wir für sie zu Lebensrettern wurden. Wenn wir mit Liebe für sie da sind, wenn sie etwas von uns für ihr Leben brauchen. Daher ist eine Lebensgemeinschaft immer eine Liebesgemeinschaft, sowohl im engen und unmittelbaren Sinne, als auch weiter gefasst, sodass sie viele mit einschließt. Die Liebe hält sie im Leben zusammen.

Gleichzeitig macht die Liebe unser Leben reich. Durch die Liebe erreicht unser Leben seine Fülle. Denn die Liebe fügt dem Leben etwas hinzu.

Das Leben braucht den Reichtum, der ihm von seiner Umgebung in jedem Augenblick angeboten wird. Zum Beispiel: die Luft, die Wärme, das Licht, den Halt, das Wasser, die Nahrung. Oft nehmen wir all das von unserer Umgebung gedankenlos an, ohne zu bedenken, was alles zusammenwirken muss, damit es uns erreicht. Oder, wie viele Menschen zusammenwirken müssen, bis uns etwas zur Nahrung und zum Schutz dienen kann.

Es macht also einen Unterschied, ob wir das alles nehmen, ohne dieser Menschen und der größeren Kräfte, die hinter ihnen wirken, mit Liebe zu gedenken, oder ob wir uns ihnen dankbar verbunden wissen. Denn dann nimmt unser Körper das uns von ihnen Geschenkte auf eine andere Weise auf. Er gebraucht es auf eine andere Weise, fühlt sich denen und von dem es kommt, auf eine andere Weise verbunden, weiß sich von ihnen mit Liebe getragen. Er blüht dadurch auf, fügt sich in das Größere mit Liebe und trägt selbst mit Liebe zum Gelingen des Lebens für viele bei.

Die Liebe zwischen Menschen ist ein Gefühl. Sie zieht uns zu anderen Menschen hin und macht uns für ihre Hinbewegung zu uns offen und bereit. Durch dieses gegenseitige aufeinander Zugehen kommen wir in eine Schwingung, in der wir mit den anderen schwingen und sie mit uns. In dieser Schwingung schwingt etwas von ihnen mit, das unsere Schwingung erweitert. Sie kommt mit ihr in eine Harmonie, in der sich die eine von der anderen Schwingung kaum noch unterscheidet. Und doch ist sie eine neue, eine reiche, eine volle Schwingung.

Noch etwas erfahren wir in dieser Schwingung der Liebe. Das, was vom anderen mit uns zusammen schwingt, zeigt sich nach einer Weile als etwas, das uns schon immer gehört hat und das wir in der Schwingung mit ihm wiederfinden. Wir kommen in dieser Schwingung auf eine besondere Weise zu uns selbst. So geht es meinem Gegenüber auch. In dieser gegenseitigen Schwingung finden wir sowohl zum anderen als auch zu uns.

Darüber hinaus reicht diese Liebe in eine geistige Dimension. Das heißt, weit über unsere Gefühle hinaus kommen wir in Einklang mit der Welt, wie sie ist, mit den Menschen, wie sie sind, mit unserem Schicksal, wie es ist und mit dem Schicksal aller anderen Menschen, wie es für sie ist.

Wir kommen in Einklang mit der Liebe des Geistes, die alles bewegt, wie es sich bewegt, und die in dieser Bewegung alle und alles gleichermaßen liebt.

Hier kommt unsere Liebe ans Ziel, mit allen ans Ziel, erfüllt ans Ziel und bleibt am Ziel. Wie? Glücklich.

Liebe, die bleibt

Die Liebe, die bleibt, hat die Schuld hinter sich gelassen: alle Schuld, unsere Schuld und jede andere Schuld. Mit dieser Liebe sind wir bereits im Himmel, in jenem Bereich, in den alles zurückkehrt, was von dort seinen Ursprung nahm.

Kehren wir dorthin mit der gleichen Liebe zurück, mit der wir von dort unser Dasein hatten? Oder kehren wir mit einer reicheren Liebe zurück, einer geläuterten Liebe? Haben wir auf diesem Weg gelernt, selbst umfassender mit jener Liebe zu lieben, von der wir unser Dasein hatten? Kehren wir also Gott ähnlicher dorthin zurück? Kann erst diese Liebe bleiben?

Auf diesem Weg lernen wir schon jetzt die Liebe, die bleibt. Wie? Weil uns die Liebe, von der wir kommen, auf diesem Weg begleitet und führt.

Manchmal wehren wir uns gegen diese Liebe, wenn wir meinen, sie verlange von uns zu viel. Doch wie kann sie etwas verlangen, wenn sie nur da ist? Wir kommen mit ihr in Einklang, wenn auch wir mit ihr nur da sind.

Die Liebe, die bleibt, ist jene Liebe, die mit allem da ist, wie es ist. Sie ist mit uns und mit jedem Menschen da, wie wir sind.

Diese Liebe ist eine erkennende Liebe. Sie ist letzte Erkenntnis. Sie ist die Weisheit, die vor Gott spielt, die mit seiner Liebe spielt. Weil sie keinen Anfang hat, hat sie auch kein Ende. Sie bleibt immer.

Die Liebe, die bleibt, hält sich also fern von allem, was urteilt oder bedauert. Deswegen hat sie auch kein besonderes Mitgefühl für den einen oder den anderen, noch lehnt sie den einen oder den anderen ab. Sie ist auch hier nur da, frei von Urteilen, frei von Mitgefühl, frei von Zustimmung und Ablehnung. Vor allem darf für sie vorbei sei, was war, ob es Gutes oder Böses war, denn auch hier bleibt sie jenseits von jedem Urteil.

Was aber geschieht mit dieser Liebe, wenn wir handeln müssen? Wir bleiben auf zwei Ebenen: auf der Ebene des Handelns, wie es dem Leben und der Liebe dient, und auf der Ebene der Liebe, die bleibt. Dann bleiben wir auch beim Handeln auf der Ebene der Liebe, die bleibt, selbst dort, wo wir etwas richtigstellen oder in Ordnung bringen müssen, auch wenn es dem einen oder anderen oder auch uns wehtut. Wir fügen uns mit dieser Liebe dem, was ansteht, ohne von ihr abzuweichen. Denn diese Liebe erkennt, dass alles Handeln, so notwendig und drängend es auch scheint, vorläufig bleibt, vorläufig für die Liebe, die bleibt. Allerdings gelingt dann dieses Handeln anders. Es bleibt in der Liebe und führt zu ihr hin.

Der Aufstieg

Wenn wir sagen, wir steigen auf, haben wir die Vorstellung, dass wir eine höhere Ebene erreichen, auch einen höheren Gewinn und ein höheres Ansehen. Gleichzeitig haben wir die Vorstellung, dass wir uns sicherer fühlen, sicherer in dem, was wir für unser Leben erwarten dürfen.

Das Gegenteil des Aufstiegs ist der Abstieg. Er hat die gegenteilige Wirkung. Er zieht uns hinunter auf eine tiefere Ebene, mit weniger Gewinn oder sogar mit Verlust. Wir fühlen uns weniger sicher in dem, was wir für unser Leben erwarten dürfen und brauchen.

Aufsteigen heißt aber auch, auf eine geistige Ebene zu gehen, auf der wir etwas hinter uns lassen, das uns hinunterzieht. Zum Beispiel unsere Sorgen, auch unsere Abneigungen und unseren Groll.

Auf dieser Ebene erfahren wir uns leicht, unbeschwert, weiter blickend und weiter fühlend. Wir erfahren den Aufstieg wie das Aufsteigen aus dem Dunklen ins Licht, in ein helles gleißendes Licht, das uns am Anfang blendet und wehtut. Wir müssen uns an dieses Licht gewöhnen.

Wir steigen auch auf zu einer anderen Erkenntnis, zu einer reinen Erkenntnis. Da wir sie am Anfang noch nicht aushalten, schließen wir vor ihr zuerst die Augen. Wir brauchen vor ihr noch das Dunkel. Wenn wir nach einer Weile unsere Augen öffnen, vielleicht nur einen Spalt, wird dieses Licht für uns mild. Es wird für uns freundlich. Wir fühlen es auf einmal als ein Licht der Liebe.

Wo sind wir bei diesem Aufstieg angekommen? Dort, wo alles einfach wird, auch die Erkenntnis. Sie kommt uns entgegen, wir brauchen nur noch zu schauen, mit Liebe zu schauen. Wir werden mild, wie sie mild ist, und erfahren uns endlich aufgestiegen, dem, was uns niederzieht, entzogen.

Wieso? Weil es mit uns aufgestiegen ist, dorthin, wo das Schwere und das Eigene, das uns von anderem unterscheidet und trennt, vorbei ist, mild mit allem gleich.

Die Mitte

Die Mitte zieht das Äußere zu sich, versammelt es an einem Punkt. Sie verdichtet es und bringt es zu seinem Wesen. Denn Wesen ist Mitte. Es ist das Eigentliche, in dem das Viele zu sich kommt.

Doch wenn das Viele zu seiner Mitte gekommen ist und damit zu seinem Wesen, bleibt es dort? Oder ist diese Mitte ein Anfang?

Wenn wir von der Mitte sprechen, haben wir manchmal die Vorstellung, dass in ihr etwas zur Ruhe kommt, zu einer gesammelten Ruhe. Doch wenn etwas zur Ruhe kommt, hört es auch auf.

In Wahrheit ist die Mitte die Sammlung für eine Bewegung, die über die Mitte hinaus auf etwas jenseits von ihr drängt, in der das in der Mitte Gesammelte sich einschwingt in eine schöpferische Bewegung, in der etwas Neues kommen will und kommen darf.

Dieses Neue hat noch keine Mitte, noch hat es den Sog zu einer Mitte, denn es kommt noch. Doch unsere gesammelte Mitte richtet sich nach ihm aus. Ihre Bewegung geht in die Weite, in das noch Ungeahnte, und ist für dieses Kommende bereit.

In der Weite gibt es keine Peripherie, schon weil es in ihr keine Grenzen gibt. Alles ist gleichzeitig miteinander da, ohne dass es sich aufeinander zu bewegt oder voneinander weg.

Dennoch ist in ihr alles auf etwas ihm Gemeinsames ausgerichtet, das es an sich zieht. Wir, die wir uns gesammelt in diese Bewegung hineingezogen und mitgenommen erfahren, lösen uns in dieser Bewegung auf. Wir verlieren unsere Mitte, weil wir uns in dieser Bewegung in etwas Unendliches verlieren: ohne Weg, ohne Ziel, ohne Grenzen, mit allem anderen ohne Mitte mitbewegt, weil in etwas anderem gesammelt, für immer gesammelt, mit Liebe gesammelt.

Gehen mit dem Geist

Schweben

In der Bibel heißt es zu Beginn des Schöpfungsberichts: „Der Geist Gottes schwebte über den Wassern."

Erst war der Geist, er schwebte. Dann sprach Gott: „Es werde." Er sprach, was er dachte, und so kam es ins Dasein. „Und Gott sah, dass es gut war."

„Und Gott schuf den Menschen nach seinem Bild, nach dem Bilde Gottes schuf er ihn, als Mann und Frau schuf er sie."

„Und Gott sah alles, was er gemacht hatte, und siehe, es war sehr gut."

Wenn wir das auf uns übertragen – wir dürfen das, da wir ja nach dem Bild dieses schöpferischen Geistes geschaffen wurden –, dann beginnt auch für uns das schöpferisch Neue mit dem über etwas Schweben, mit dem über dem Ungeordneten, über dem Chaos Schweben.

Wir halten also Abstand, ohne uns hinunterziehen oder festlegen zu lassen. Wir schauen über es hinaus, warten auf eine schöpferische Einsicht im Einklang mit dem über allem schwebenden Geist. Wenn uns die Einsicht geschenkt wurde, bringen wir sie in ein Wort, sodass sie durch das Wort wird.

Im Alltag sagen wir manchmal: „Wir schweben über dieser Sache." Sie berührt uns nicht. Sie fasst uns nicht an, sie kann uns nicht zu etwas bewegen. Wir schweben über ihr.

Erst indem wir über ihr schweben, behalten wir den Überblick und den Weitblick. Vor allem den Weitblick. Nur er führt über das Bisherige hinaus.

Sehen wir im Weitblick das Neue, das schöpferisch Neue? Wenn wir meinen, es zu sehen, bleiben wir auch über ihm in der Schwebe. Es würde sich vom Bisherigen nicht unterscheiden. Es wäre ebenso alt.

Der schöpferische Weitblick geht ins Leere, dorthin, wo das, was werden soll, noch nicht gedacht ist, von uns noch nicht gedacht. Daher können wir das, was neu ins Dasein kommt, auch nicht wollen. Erst muss es da sein, dann erst können wir es auch wollen. Wir wollen es, indem wir das von uns Erkannte auch sagen.

Wenn uns die neue Erkenntnis kommt, woher kommt sie? Kommt sie aus der Leere? Oder kommt sie von etwas, das uns ein Gegenüber ist, zum Beispiel von diesem Geist? Kann dieser Geist so da sein, wie das da ist, was er geschaffen hat? Oder schwebt er jenseits allen Seins in einer für uns unendlichen Leere, in einem unendlichen Nicht?

Wenn uns die schöpferische Einsicht geschenkt wird, erfahren wir sie, als käme sie aus der Leere, ohne ein Gegenüber. Sie ist plötzlich da, ohne Richtung, ohne Woher oder Wozu.

Doch wenn die Einsicht da ist, blicken wir auf das, über dem wir bisher schwebten, und bringen sie ins Wort und dann in ein Handeln.

Wir kehren also in unseren Alltag zurück – aber verändert. Selbst hier scheinen wir noch zu schweben, ohne dass uns etwas an sich ziehen und zu sich ziehen kann.

Wir aber ziehen etwas an uns und mit uns. Wir ziehen es in eine Bewegung, in der dieses Wort Fleisch wird. Das heißt, es wird lebendig, weiterführend, zeugungsfähig, für uns und viele gut.

Unwissend

Vieles mögen wir wissen, doch ein Wissen bleibt uns verwehrt. Hier bleiben wir unwissend. Niemand weiß, wohin sein Weg ihn letztlich führt.

Macht uns dieses Unwissen ärmer? Fehlt uns durch dieses Unwissen etwas Entscheidendes? Was würde mit uns geschehen, wenn wir es wüssten? Wir wären begrenzt.

Was ich weiß, legt mich fest. Es entzieht mir die anderen Möglichkeiten. Vielleicht sogar die eigentliche, auf die es ankommt.

Unwissend bleibe ich beim Augenblick, ohne zu wissen, wohin der nächste Augenblick führt.

Unwissend bleibe ich hingegeben, denn wohin sollte ich mich auch von mir aus bewegen?

Unwissend warte ich, bis sich mir zeigt, wohin der nächste Schritt geht. Doch dieser Schritt ist ein entscheidender Schritt. Dass er entscheidend ist, weiß ich. Wohin er mich und andere mitnimmt, bleibt mir verborgen.

Weil ich mir sicher bin, dass dieser Schritt mich und andere weiterführt, brauche ich das Ausmaß dieses Schrittes weder zu wissen noch mir darüber Gedanken zu machen. Es genügt, dass ich ihn setze, ihn unwissend setze.

Unwissend heißt hier, dass ich auf eine andere Weise weiß, dass ich auf eine sichere Weise weiß. Nichts stellt sich zwischen mich und diesen Schritt. Weder eine Angst, noch eine Absicht, denn ich weiß weder von der einen noch von der anderen etwas. Auch hier bleibe ich unwissend.

Unwissend heißt: Ich bleibe für etwas Größeres offen, für etwas Ungeahntes, für etwas noch nie Dagewesenes, für etwas schöpferisch Neues.

Ich bleibe unwissend, weil etwas anderes weiß. Nur unwissend, weiß auch ich: anders, weiter, tiefer, umfassender, unendlich.

Unwissend wissend weiß ich mehr, mehr für mich, mehr für andere. Vor allem weiß ich mehr von einer anderen Liebe.

Unwissend heißt hier: mehr wissend, liebender wissend, anders wissend, demütig wissend, mit allem in Bewegung wissend, Neues wissend, für das Unendliche offen wissend, mitgenommen wissend, handelnd wissend, gütig wissend, vollendet wissend, wissend mit dem Letzten eins.

Genau

Genau heißt: ohne eine Abweichung, genau am Punkt. Genau heißt auch: genau bei der Sache, genau an der Grenze, genau am Limit. Jede Abweichung wäre hier vielleicht tödlich. Hier kommt alles auf das Genaue an.

Genau ist auch ein Verständnis, wenn ich genau verstehe, auf was es ankommt. Genau ist ein Wort, wenn es das sagt, was gemeint ist, wenn es genau sagt, was einer Erkenntnis entspricht.

Genau ist eine Auswahl, wenn sie das findet, was gesucht wird und das genau der Sache dient, für die sie gesucht wird. Mit dem Genauen können wir etwas anfangen, denn es passt.

Anders ist es mit dem Ungenauen und dem Ungefähren. Es passt nicht, wo es auf das Genaue ankommt. Viele begnügen sich mit dem Ungenauen und dem Ungefähren und versagen daher, wo es auf das Genaue ankommt, wie zum Beispiel bei der Wissenschaft, bei der exakten Wissenschaft.

Das Genaue ist handhabbar. Das Ungefähre ist auf dem Weg zum Genauen.

Manchmal genügt das Ungefähre, um genau zu handeln. Zum Beispiel in der Liebe. Bei ihr bleibt das Entscheidende offen und damit ungenau.

Jede Ahnung ist in diesem Sinne ungenau. Dennoch ermöglicht sie uns oft das entscheidende genaue Handeln.

Auch die Weisheit ist ungenau, weil sie vieles mit einschließt. Was davon genau zum Handeln führt, zeigt sich, wenn wir etwas offen gelassen haben, das erst später zu dem Genauen führt, das fällig war.

In diesem Sinne ist das Genaue vorläufig. Es muss sich öffnen für ein anderes, vielleicht ein größeres Genaues, das mehreres gleichzeitig bewirkt und daher für das Einzelne ungenau bleibt.

Von daher ist alles Wesentliche ungenau, obwohl es uns, wenn wir uns ihm anvertrauen, genau zu der Einsicht und dem Handeln führt, das eine Grenze überwindet, das eine genaue Grenze überwindet.

Auch in der Fülle hebt sich das Genaue auf. Einmal, weil es mehr als einzeln ist, aber auch auf eine andere Weise. Denn das Genaue ist nur unter einem eingeengten Blickwinkel genau, wenn wir es für etwas Eingeengtes brauchen. Weil es aber gleichzeitig mit vielem anderen verbunden ist, mit ihm genau verbunden, hebt es sich in etwas Größerem auf.

So ist es vor allem mit den genauen Gedanken, mit dem genauen Begriff und dem genauen Wort. Denn der Gedanke ist in Bewegung, und so ist jeder Begriff und jedes Wort. In ihnen kommt eine Bewegung für einen Augenblick zum Stillstand. Sie passen genau für diesen Augenblick. Doch gleich geht ihre Bewegung weiter. Das Genaue des einen Augenblicks wird auf der einen Seite ungenau. Auf der anderen Seite erweist es sich eingebunden in eine schöpferische Bewegung. Es wird anders genau, umfassender genau. Es wird in ein Weiteres, Größeres mitgenommen, weil das ihm vorausgegangene Genaue in ihm weiterbesteht.

Oft versuchen wir uns auf ein genaues Verständnis, auf eine genaue Formulierung festzulegen. Zum Beispiel bei Gesetzestexten und noch genauer bei einem Glaubensbekenntnis. Beim Apostolischen Glaubensbekenntnis wurde um jedes Wort gerungen, bis es genau und für alle verbindlich festgelegt war.

Was aber könnte ungenauer und, genau genommen, in jeder Hinsicht unpassend und verfehlt sein, als ein genauer Gedanke über ein für uns unbegreifliches und damit auch unaussprechliches Geheimnis?

Wie viele Kriege wurden schon geführt um etwas Genaues? Um unser Genaues gegen ein anderes Genaues?

Ohne das Genaue in unseren Beziehungen werden wir offen und weit für alles, wie es ist. Denn das alles ist ungenau. Und ungenau, Gott sei Dank, ist die Liebe, die ganze Liebe, und mit ihr unser Glück.

Endlich

Endlich weiß ich, wie endlich es ist, auf was ich meine Hoffnung gesetzt habe. Ohne Hoffnung weiß ich, was ich habe, was ich wirklich habe. Und es steht mir zur Verfügung.

Endlich schaue ich auf das, was ich kann, was nur ich kann.

Wieso kann ich es? Weil andere Kräfte von mir etwas fordern und mir dabei zur Seite stehen, die etwas anderes wollen als andere wollen, und die mich zu etwas bewegen, was sie durch mich für andere wollen. Etwas, das weiterführt, etwas, das Segen bringt für viele.

Dem Endlich geht etwas voraus: eine Vorbereitung, eine Erfahrung des Gegenteils, ein Versuch, sich eher auf andere zu verlassen als auf die innere Führung.

Das Endlich ist am Ziel, am lange erwarteten Ziel. Endlich ist es so weit.

Das Endlich mobilisiert Kräfte, die lange gewartet haben, dass sie zum Zuge kommen. Das Warten hat auf das Endlich vorbereitet. Ohne das Warten wäre die Kraft für das Endlich zu wenig. Erst das entsprechende Warten gibt dem Endlich seine unwiderstehliche Kraft.

Nur wer auf das Endlich warten kann, wird von ihm zu einem Handeln geführt, das sofort bewirkt, was endlich möglich wird und nun endlich als angemessen in Erscheinung tritt.

Das Endliche ist eine Bewegung des Geistes. Es ist von ihm vorausgedacht, lange vorausgedacht, und jetzt endlich von ihm bewirkt.

Das Endliche ist die Erfüllung einer Hoffnung, die Erfüllung einer Erwartung, die endlich erfüllt wird.

Das Endliche wurde vorbereitet, es wurde lange vorbereitet. Doch jetzt ist es da, endlich da.

Wie ist es da? Als unendliche Liebe.

Die Ruhe

Die Ruhe ist vor allem im Geiste. Sie ergibt sich aus einer Einsicht des Geistes und dem Vertrauen in seine Führung. Unruhig werden wir, wo wir von uns aus etwas in Gang bringen wollen, bevor die rechte Zeit dafür gekommen und da ist.

Die Unruhe, welche die Ruhe aufhebt, kommt aus dem Ich. Denn in der Unruhe verhalten wir uns, als hätten wir die Bewegung und ihr Ziel in der Hand. Wir verhalten uns, als seien wir Herr über eine schöpferische Bewegung, über eine Bewegung, die etwas bewirkt, was dem Leben dient, unserem Leben und dem Leben von vielen, unabhängig von einer Bewegung des Geistes.

Weil wir aber in dem Augenblick gleichsam vom Geist verlassen sind, verlieren wir den klaren Blick und die Kraft, etwas Entscheidendes in die Hand zu nehmen und zu Ende zu bringen.

Einmal unruhig, werden wir leicht noch hektischer, weil wir es umso mehr aus eigener Absicht an das von uns gewünschte Ziel zu bringen hoffen, bis wir zuletzt erschöpft aufgeben, unruhig aufgeben, weil wir noch immer innerhalb unseres Ich bleiben. Zum Beispiel, indem wir unseren Misserfolg und unser Scheitern bedauern.

Die Ruhe können wir in einer solchen Situation nicht von uns aus suchen, denn auch das wäre eine Bewegung des Ich. Wir müssen warten, bis sie uns wieder geschenkt wird. Wie lange müssen wir warten? Bis uns wieder eine Bewegung des Geistes mit sich nimmt, für ihre Ziele mit sich nimmt, und wir uns Schritt für Schritt von ihr weiterführen lassen. Wie? Ruhig.

Diese Ruhe ist gesammelt. Sie ist wach für den nächsten Wink und für das nächste Tun. Allerdings nur so weit, als wir diese Bewegung zuerst als von außen kommend im Geist erfahren als Einsicht und Wissen und ihr folgen mit einem dieser Einsicht entsprechenden Tun, und zwar sofort. Doch es ist ein ruhiges Tun, weil wir uns in ihm geführt erfahren und innerhalb der eigenen Grenzen bleiben.

Oft führt uns diese Bewegung über diese Grenzen hinaus. Doch auch hier bleiben wir ruhig, mutig ruhig, denn wir erfahren uns auch hier getragen.

Wenn wir auf unsere Unruhe zurückschauen, waren wir in ihr wirklich vom Geist verlassen? Oder war er es, der uns durch sie in die Ruhe zurückgeführt hat? Wie? Durch ihre Folgen.

Der Gipfel

Der Gipfel ist am Ende. Höher geht es nicht. Zwar haben wir von ihm aus vielleicht einen weiten Blick, aber der Platz auf ihm ist begrenzt. Auf ihm können wir uns kaum bewegen. Die einzige uns noch offenstehende größere Bewegung führt nach unten, von ihm wieder weg in die Tiefe ins Tal. Gipfelstürmer kommen nicht sehr weit. Sie müssen wieder zurück.

Ist der Gipfel groß? Ist er weit? Oder ist er eng und schmal? Haben wir auf dem Gipfel mehr oder haben wir weniger? Hätten wir mehr, könnten wir auf ihm bleiben. Weil wir dort aber weniger haben oder, genau genommen, weil wir dort zu wenig haben, müssen wir von ihm bald wieder herunter.

Das sind natürlich nur Bilder, Bilder für Bewegungen des Geistes. Das sehen wir schon daran, dass jede entscheidende neue Einsicht sich im Handeln bewähren muss. Wo? Unten natürlich. Erst unten kommt sie zu ihrer Entfaltung und zu ihrer Wirkung für viele.

Noch etwas ist hier zu bedenken. Wo gewinnen wir diese entscheidenden Einsichten? Gewinnen wir sie oben, auf dem Gipfel? Oder gewinnen wir sie unten im Einklang mit dem Leben dort und mit dem, was es uns unten schenkt und abverlangt? Wo verlangt das Leben von uns mehr? Oben oder unten? Unten, nur unten.

Welche Mutter zum Beispiel kann einen Gipfel stürmen? Und doch erreicht sie durch ihre Kinder die größtmögliche Fülle und Vollendung. Wo? Unten natürlich. Welcher Weise weiß wirklich, was ein Kind braucht, wenn es nach der Mutter ruft? Außer er kommt wie sie zurück auf den Boden der einfachen Wirklichkeit, zum tätigen Dienst am Leben, wie allein es weitergeht und weitergehen kann.

Daher blüht die wahre Weisheit unten. Unten erreicht sie ihre Höhen und ihre Gipfel. Wie? In der Liebe, in der Liebe, die unten bleibt.

Die Weite

Die Weite ist offen. Sie kommt an keine Grenze und an kein Ende. Vor der Weite erfahren auch wir uns weit. Wir dehnen uns aus, atmen tief, schauen in die Ferne bis an den Horizont und wissen, dass hinter ihm die Weite weitergeht.

Weit in diesem Sinne ist für uns vor allem der Geist. Was macht ihn für uns weit?

Eine Bewegung, die alle Grenzen überwindet. In erster Linie überwindet sie alle Bilder, die wir uns von etwas machen. Denn jedes Bild engt ein, schon dadurch, dass es eine Grenze hat.

Was überwindet die Grenzen unserer Bilder? Immer eine Bewegung, die über sie hinaus auf etwas schöpferisch Neues führt. Dieses Neue ist ohne Bild. Das Neue in einer geistigen Bewegung hat noch kein Bild, weil es noch nicht da ist. Daher ist diese Bewegung offen. Erst indem wir mit ihr gehen, erscheint für uns das Neue.

Ist dieses Neue ein Bild? Oder ist es eine Einsicht, die uns in eine weitere Bewegung bringt, wieder in eine Bewegung, die offen bleibt und daher weit, unendlich weit?

Wie bleiben wir in dieser Bewegung, in dieser endlos neuen Bewegung?

Durch eine Bewegung der Liebe, die immer mehr Neues, die immer mehr anderes erreicht. Wie? Indem sie es mitnimmt in diese Bewegung, die auf Neues hin weitergeht und es in diese Bewegung der Liebe in sich aufnimmt und aus sich entlässt, auch hier unendlich weit.

Bleiben wir dann noch bei uns? Oder lösen wir uns auf?

Wir lösen uns auf, aber nur unser Ich löst sich auf. Erst über die Grenzen unseres Ich hinaus werden wir endlos weit, endlos aufgehoben, endlos mit allem eins. Wie? Weit, hingegeben weit, aufgelöst weit, göttlich weit, in Ruhe weit, wissend weit, erfüllt und leer zugleich.

Der Überblick

Der Überblick ist von oben, von einer höheren Warte. Er verlangt einerseits den Abstand, andererseits eine gewisse Höhe, die es erlaubt, vieles zugleich in den Blick zu bekommen und es im Blick zu behalten.

Der Überblick erlaubt uns auch, die Zusammenhänge zu sehen, wie sich das eine auf das andere bezieht und es entweder unterstützt oder ihm im Wege steht. Der Überblick erlaubt uns also, das Viele in eine Ordnung zu bringen, die es zusammenhält und sich gleichzeitig entfalten und weiterentwickeln lässt.

Diesen Überblick gewinnen wir zuerst im Geist. Auch hier verlassen wir die Faszination mit etwas Nahem, das uns besonders wichtig wurde, und uns das Umfassende, in das es eingebunden ist, aus dem Blick verlieren ließ. Der Überblick verlangt daher den Abschied von etwas Nahem, eine gefühlsmäßige Trennung von ihm, die das Nahe einerseits in Ruhe lässt und andererseits von begrenzten Wünschen und Hoffnungen frei. Auch von bestimmten Ängsten.

Der Überblick erlaubt uns, die Folgen eines Unternehmens zu sehen, sowohl die nahen als auch die fernen, und im Blick zu behalten, was immer diese im Augenblick nahelegen und fordern. In diesem Sinne ist der Überblick weit, sowohl räumlich als auch in der Zeit. Er erlaubt uns, im Voraus die Weichen in eine bestimmte Richtung zu stellen.

Wer den Überblick behält, behält auch die Ruhe. Er setzt seine Kräfte sinnvoll ein und weiß seine Grenzen. In dieser Hinsicht bleibt er im Einklang mit seinen Möglichkeiten. Er überfordert weder sich noch andere. Der Überblick erlaubt es uns auch, in Verbindung zu bleiben und das Erreichte zu bewahren.

Diesen Überblick hat vor allem die Liebe des Geistes, die allem gleichermaßen zustimmt, wie es ist. Im Einklang mit dieser Liebe gewinnen auch wir diesen Überblick. Es ist ein Überblick von innen.

Die Welt

Wo ist die Welt? Sie ist in uns, denn nur in uns nehmen wir sie wahr. Wie nehmen wir sie wahr? In unseren Bildern, in unseren Gefühlen, in unseren Gedanken, in unserer Bewegung, in unserer Erfahrung.

Diese Bilder, diese Gefühle, diese Gedanken, die wir uns über die Welt machen, und die Bewegung und die Erfahrung, die mit ihr einhergehen, sind gemeinsame Bilder, gemeinsame Gefühle und gemeinsame Erfahrungen, die wir mit allen Menschen teilen. Nur so können wir uns austauschen und uns gemeinsam in dieser Welt zurechtfinden.

Wir haben die Vorstellung, dass wir die Welt sowohl von innen als auch außen wahrnehmen. Außen zum Beispiel, indem wir uns an vielem in der Welt stoßen, das unsere Bewegung aufhält und ihr damit Grenzen setzt, Grenzen von außen. Dennoch ist auch das ein Bild.

Wir stoßen auch im Traum an eine Mauer, doch ohne dabei aufzuwachen. In der konkreten Erfahrung, wo wir diese Widerstände spürbar und mit weittragenden Folgen erleben, sind diese Bilder mehr als nur vorgestellt. In ihnen verdichten sich diese Bilder zu der Welt, wie wir sie durch unsere Sinne erfahren und über sie auch in unseren Gedanken und in den Bewegungen, in denen wir uns wirklich wissen, mit vielen anderen auf ähnliche Weise wirklich.

Die Bilder im Wachzustand sind also nicht auf die gleiche Weise vorgestellt wie ein Traumbild oder wie ein Bild in unserer Phantasie, auf die wir Einfluss nehmen können, um uns mit ihrer Hilfe eine eigene Welt zu bilden, gleichsam nach Belieben.

Doch richten sich auch diese Bilder nach den Bildern, die wir in unserer äußeren Welt vorfinden. Nur haben diese nicht jene Unerbittlichkeit wie jene, diese scheinbare Unerbittlichkeit. Denn auch diese Bilder lassen sich verändern, indem wir tiefer in sie eindringen, in eine für unsere Sinne nur begrenzt wahrnehmbare Weise. Zum Beispiel in die Welt der Atome und der Elementarteilchen und darüber hinaus in die Welt des Geistes, in der wir die äußere Welt und ihre Gesetze auf einer höheren Ebene sowohl anders verstehen als auch in eine Richtung bewegen können. Auch können wir ihre Bilder verändern und auflösen, die der rein sinnenhaften Wahrnehmung und ihren Bildern etwas hinzufügen, das sie anderen Gesetzen unterwirft, als sie die äußere Wahrnehmung uns vorzugeben und vorzuschreiben scheint. Ich denke zum Beispiel an die Wirkung von wohlwollenden oder ablehnenden Gedanken oder an die Wirkung einer geistigen Schau, die etwas voraussehen und Zusammenhänge erkennen und beeinflussen kann. Sie wird die Bilder von unserer inneren und äußeren Welt, nach denen wir sonst leben und denen wir ausgeliefert scheinen, als Teil einer über sie hinausreichenden Welt offenbaren. Diese Welt gehorcht anderen Gesetzen und dient anderen Zielen, als wir es sinnenhaft wahrnehmen und sinnenhaft erfahren und fühlen können.

Wo also ist unsere Welt? Wo sind wir in dieser Welt? Wir sind innen und außen von ihr, innerhalb und zugleich woanders, endlich und unendlich, diesseits und jenseits und zu einer anderen, einer uns bei weitem übersteigenden und überragenden Welt hin unterwegs.

Das Wenige

Das Wesentliche ist wenig, denn es bleibt auf das Entscheidende hin gesammelt. Das Entscheidende erscheint nach außen hin unscheinbar, eben wenig, doch in dem, was es bewirkt, dehnt es sich aus, ohne sich in das Viele zu verlieren. Es bewirkt das Entscheidende durch wenig, allerdings durch das, was letztlich zählt.

Das Wesentliche können wir nicht wollen. Es entzieht sich sowohl unseren Ängsten als auch unserem Begehren. Es bleibt im Einklang, und von daher seiner auch sicher. Ihm entgeht nichts, was wirklich fällig wird. Mit Wenigem gelingt ihm der Durchbruch, der das Unwichtige hinter sich lässt.

Dieses Wenige scheint nur wenig, denn es ist, weil gesammelt, mit vielem auf das Entscheidende ausgerichtet. Gerade deshalb wirkt es, wenn auch manchmal kaum wahrnehmbar.

Mit diesem Wenigen sind wir mit etwas verbunden, das Kraft hat, gesammelte Kraft, und es hat gleichzeitig Zeit.

Nur das Viele drängt. Das Wenige wartet, bis seine Zeit gekommen ist. Doch dann ist es zur Stelle, kraftvoll zur Stelle, denn es ist von etwas Größerem getragen, in dem es ruht.

Dieses Wenige bleibt, weil es in Tiefen reicht, die immer da sind. Aus ihnen schöpft das Wenige seine Zuversicht und seine Liebe. Denn auch diese Liebe, weil sie wesentlich ist, scheint nach außen hin wenig. Doch sie ist gesammelt und bleibt, sie bleibt sich immer gleich.

Das Unvollkommene

Ohne das Unvollkommene ist das Vollkommene unwirklich. Denn wie könnte es ohne sein Gegenteil bestehen, sowohl außerhalb von uns als auch in unserem Inneren? Wer von einem Menschen erwartet, dass er sich ohne Unvollkommenheiten zeigt, weil er nur dann unserem Bild von Vollkommenheit entspricht, spricht ihm das Menschliche in seiner Fülle ab, also auch das mit seinem Menschsein notwendig einhergehende Recht auf etwas Unvollkommenes.

Mit der Vorstellung, dass das Vollkommene von allem Unvollkommenen rein sein muss, geht die Vorstellung einher, das nur das Vollkommene im Einklang mit dem Göttlichen und den Bewegungen des Geistes sein kann, obwohl doch das Vollkommne offensichtlich nur am Unvollkommenen wachsen kann, dass also das Vollkommene laufend auf das Unvollkommene angewiesen bleibt, ähnlich wie das Licht auf seinen Schatten, von dem es sich abhebt.

Hinter der Vorstellung, dass nur das Vollkommene da sein darf, steht die Vorstellung, es dürfe kein Unvollkommenes geben. Doch wachsen kann nur das Unvollkommene, weil nur das Unvollkommene schöpferisch wirkt, es also gerade als das Unvollkommene und Unvollständige eine schöpferische Bewegung in Gang bringt.

Verglichen mit dem schöpferischen Unvollkommenen, ist das Vollkommene am Ende.

Wir brauchen uns nur einen vollkommenen Menschen vorzustellen und eine vollkommene Welt. Wie arm wäre unsere Welt, und wie arm wären wir? Wir wären ohne das wirkliche Leben, ohne das ganze Leben, und wir wären ohne Liebe, ohne mitmenschliche Liebe.

Wie ist es dann mit Gott? Nur das noch nicht da Gewesene und das Unvollkommene werden von ihm in Bewegung gebracht und von seiner Bewegung erfasst.

Ist das Unvollkommene vielleicht der Spiegel, in dem wir den wirklichen, wirkenden Gott schöpferisch, weil unvollkommen und unvollständig erblicken? Nur so offenbart er seine Fülle, in der Schöpfung und in uns, in jedem von uns.

Anders

Was wir uns über uns vorstellen und über die Welt, erscheint nach einer Weile anders. Unsere Vorstellungen erweisen sich also als vorläufig. Sie machen neuen Einsichten und Erfahrungen Platz.

Dabei sind auch unsere augenblicklichen Vorstellungen und Erwartungen bald anders. Wozu sich also auf sie verlassen oder gar erwarten, dass sie sich erfüllen?

Anders ist bereits der nächste Augenblick, anders wird in jedem Augenblick unsere Sicht auf unsere Zukunft, anders wird unser Bild von dem, was zählt.

Wozu sich also festlegen auf eine bestimmte Vorstellung von dem, was ist und dem, was sein wird? Es wird eh alles anders.

Unsere Erfahrung lehrt uns, dass wir uns laufend auf etwas anderes einzustellen haben. Wenn wir das wissen, bleiben wir ohne weitreichende Pläne und ohne Hoffnungen und Ziele. Wir lassen uns leiten von Augenblick zu Augenblick, immer anders und immer neu.

Gibt es dann nichts mehr, auf das wir uns verlassen können? Gibt es keine gesicherte Kenntnis mehr?

Gesichert ist nur das Alte, weil es vorbei ist. Gesichert ist das, was wir noch festhalten, gegen jede neue Einsicht und Wirklichkeit. Gesichert ist, was stehen bleibt.

Das Neue ist immer anders, auch das, was es uns schenkt und ermöglicht. Daher ist alles Schöpferische, weil es neu ist, anders. Daher ist uns unser Leben in jedem Augenblick anders, und mit ihm unser Handeln und unsere Liebe.

Anders ist in jedem Augenblick der Geist und das, was er denkt und vollbringt.

Wie bleiben wir dann mit ihm im Einklang? In jedem Augenblick anders.

Der Einklang

Grundsätze

Ein Grundsatz, soll er wirklich ein Grundsatz sein, kann nicht verändert werden. Er gilt immer.

Ein solcher Grundsatz kann kein persönlicher Grundsatz sein. Zu viele solche persönlichen Grundsätze haben sich schon für uns nach einiger Zeit als grundlos erwiesen. Vor allem deswegen, weil mit ihnen ein Anspruch verbunden war, der sich gegen andere gerichtet hat und sich bald als willkürlich und kraftlos erwies.

Hier geht es um andere, um wirkliche Grundsätze. Viele wissenschaftliche Grundsätze haben sich als solche bewährt. Zum Beispiel viele mathematische oder chemische oder physikalische Grundsätze. Sie können sich zwar durch neue Einsichten verändern, sind jedoch auch hier der Willkür entzogen. Sie gelten so lange, bis sie durch neue Erkenntnisse überholt und weitergeführt werden. Allerdings immer im überprüfbaren Bereich. Diese Grundsätze müssen sich an der uns erfahrbaren Wirklichkeit nachprüfen und absichern lassen.

Einen weiten Raum nehmen moralische Grundsätze ein. Zum Beispiel die Zehn Gebote oder die Goldene Regel: „Was du nicht willst, das man dir tu, das füg auch keinem anderen zu." Oder in ähnlicher Form.

Eng mit den moralischen Grundätzen verwandt sind Rechtsgrundsätze, wie zum Beispiel im römischen Recht der Satz: „Audiatur et altera pars", dass auch die Gegenpartei gehört werden muss.

Es gibt philosophische Grundsätze oder, genauer gesagt, Grundannahmen, die so genannten Axiome, die keines Beweises bedürfen. Zum Beispiel, dass Verschiedenes nicht dasselbe sein kann.

Gibt es auch geistige Grundsätze? Für unseren Geist ja. Zum Beispiel, dass wir uns mit anderen nur dann über die Sprache verständigen können, wenn wir die Grundsätze logischen Denkens beachten. Sonst wird aus einer klaren Aussage ein Kauderwelsch.

Anders ist es, wenn wir uns auf etwas jenseits von unserem Geist beziehen, also auf das Geistige, das alles, was da ist, so gedacht hat, wie es ist. Folgt dieses schöpferische Denken auch bestimmten Grundsätzen, zum Beispiel, was richtig oder falsch ist? Wenn es so wäre, müssten diese Grundsätze außerhalb seines Erkennens stehen, sie wären ihm vorgeordnet. Sonst könnte ihnen der Geist nicht folgen.

Das Ursprüngliche ist also in jeder Hinsicht ursprünglich, ohne sich auf etwas zu beziehen, das vor ihm da war.

Wie kommen wir mit diesem schöpferischen Geist in Beziehung und in den Einklang? Ursprünglich. Das heißt, ohne uns auf etwas Vorgegebenes zu beziehen, ohne gewissen Grundannahmen zu folgen oder gar eigenen Absichten und Wünschen. Sondern indem uns eine Bewegung des Geistes unmittelbar erfasst, uns ursprünglich schöpferisch erfasst, wir also von ihr in sein schöpferisches Erkennen hineingenommen und von ihm zu etwas schöpferisch Neuem mitgenommen werden, und wir ebenfalls schöpferisch erkennen, was jetzt ursprünglich sein wird und ursprünglich wirkt.

Schicksal

Schicksal, es misst uns vielleicht mit des Seienden Spange, dass es uns fremd erscheint, sagt Rilke im XX. Sonett an Orpheus im zweiten Teil.

Fremd erscheint uns das Schicksal, weil wir es an unserem Dasein messen, wie wir es sichtbar erfahren. Doch das Schicksal begegnet uns auf eine dieses Leben hier bei Weitem übersteigende Weise. Es nimmt uns in etwas Größeres mit, dem wir uns als ausgeliefert erfahren, ohne es durchschauen oder uns gegen es wehren zu können.

Ist dieses Schicksal blind? Erreicht es uns zufällig, den einen so, den anderen anders? Oder wirkt hinter ihm eine wissende und lenkende Kraft, die es für uns so bestimmt, wie es uns trifft? Führt diese Kraft mit unserem Schicksal etwas im Schilde, für uns verborgen, aber dennoch in ihrem Dienst?

Dann erreicht uns unser Schicksal nicht von außen, als wäre es uns fremd. Im Gegenteil. Es erreicht uns von innen, von jener Kraft, die in uns wirkt und dieses Schicksal will, wie wir es erfahren.

Dieses Schicksal ist also gewollt, so gewollt, wie wir es haben.

Wozu ist es für uns so gewollt? Ist es als unser persönliches Schicksal so gewollt? Oder ist es im Dienste vieler anderer gewollt?

Ist es für uns geistig gewollt, für etwas jenseits unseres Daseins hier? Bringt es uns in Berührung und in den Einklang mit einer unser Dasein hier unendlich übersteigenden Bewegung, mit einer schöpferischen Bewegung, die mit unserem Schicksal etwas bewirkt, das am Ende etwas Zerstreutes zusammenführt? Das es in diese Bewegung mitnimmt und in ihr ihre Schicksale vollendet, jenseits des Seienden hier? Sodass wir es schon hier, wenn diese Bewegung uns erfasst, als uns vertraut, als uns im Innersten gemäß erfahren und ihm zustimmen, wie immer es uns hier erfasst?

Schicksal ist schöpferisch. Es ist ein Erkenntnisvorgang, der etwas bewirkt, vor dem wir uns vorher gefürchtet haben, ein Erkenntnisvorgang, der etwas Schöpferisches bewirkt, an dem wir geistig wachsen. Wie wachsen? Vor allem in der Liebe.

Gestern

Gestern ist vorbei. Doch es wirkt noch in das Heute. Es stand in einer Bewegung, die weitergeht, genau wie das Heute in dieser Bewegung bleibt, wenn auch aus ihm ein Gestern geworden ist. Dennoch wirkt das Gestern im Heute als etwas, das vorbei ist. Noch genauer, es wirkt im Heute weiter, weil es als Gestern vorbei sein darf. Nur was zugleich vorbei sein darf, wirkt auf eine Weise weiter, dass es dem Fortgang des Lebens dient. Denn Leben geht weiter. Es geht weiter, weil etwas vorbei sein darf.

Manchmal, wenn jemand etwas sagt oder will, sagen wir zu ihm: „Das ist von gestern." Damit meinen wir: Für das Heute zählt es nicht mehr; es ist vorbei.

Damit beziehen wir uns in erster Linie auf Vorstellungen, die sich als überholt erwiesen haben. Wollten wir sie festhalten, würde das Gestern die Rolle des Heute übernehmen, und unser Heute würde zu einem Gestern.

Welche Vorstellungen sind vor allem von gestern? Viele religiöse Vorstellungen, vor allem jene, die sich auf die Seite der so genannten Guten stellen und die von ihnen so genannten Bösen, also die Sünder, nicht nur von ihrer Liebe ausschließen, sondern auch von der Gottesliebe.

Diese Vorstellungen sind wirklich von gestern, weil sie der globalen Bewegung, die immer mehr von dem, was sich vorher entgegenstand, in ihre Anerkennung und Liebe mit hineinnimmt als vor Gott ebenbürtig und gleich.

Desgleichen sind viele Vorstellungen von gestern, die daran festhalten, dass wir unserem Schicksal gegenüber frei sind, als hätten wir es in unseren Händen, statt dass wir ihm ausgeliefert sind.

Allerdings können wir uns unserem Schicksal auch fügen, uns ihm willig fügen, indem wir ihm zustimmen, wie es ist. Auf einmal wird es wirklich unser Schicksal, weil wir uns ihm übergeben, uns ihm willig übergeben. In dem Augenblick kommt es uns als unser Schicksal als etwas Großes entgegen, als etwas Einzigartiges, als etwas Besonderes im Dienst des Lebens, im Dienst unseres Lebens und des Lebens von vielen.

Dieses Schicksal ist von heute, nur von heute. Wieso? Weil es für uns und viele weitergeht. Dieses Schicksal hat Zukunft.

Gehorsam

„Wer nicht hören will, muss fühlen!" ist ein altes Sprichwort, das wir in unseren Tagen eher peinlich erwähnen. Denn hinter ihm steht ein Erziehungsprinzip, dass ein Kind, das nicht gehorchen will, eine entsprechende Strafe erwarten muss.

Hier geht es mir nicht darum, dieses Prinzip zu loben oder zu tadeln, denn auch ich muss hören, damit ich gewisse Folgen nicht zu fühlen brauche. Allerdings weniger von außen als von innen.

Hören heißt hier: gehorchen. Zum Beispiel einer Ordnung gehorchen, die unser Zusammenleben mit anderen auf eine Weise möglich macht, dass jeder eine gewisse Freiheit gewinnt. Indem wir diesen Ordnungen gehorchen, werden andere von uns frei, frei von unserer Willkür, und wir werden von ihrer Willkür frei. Zum Beispiel, wenn wir einer Verkehrsordnung gehorchen.

Der Gehorsam dient hier der Freiheit, einer auf der einen Seite eingeschränkten Freiheit, auf der anderen Seite der für alle Beteiligten größtmöglichen Freiheit.

Aber wenigstens unsere Gedanken sind frei, so heißt es in einem Lied. Die Gedankenfreiheit ist ein hohes Gut, in unserer Gesellschaft auch ein verbrieftes Gut. Sie schützt uns vor den Gedanken anderer, vor allem vor ihren Gedanken, was für uns richtig oder falsch ist.

Doch schützen unsere Gedanken auch uns? Oder müssen wir auf sie hören, damit wir uns gut und sicher fühlen können?

Auf was müssen auch unsere Gedanken hören? Sie müssen auf ihre Folgen für uns hören.

Wie zeigen sich diese Folgen? Sie zeigen sich in einer Unruhe, auch in einer gewissen Hektik. Und sie zeigen sich in der Angst. Diese Angst verkleidet sich oft hinter feindseligen Gedanken und feindseligem Tun.

Was sind die Folgen dieser Gedanken? Wir werden durch sie unfrei.

Durch andere Gedanken jedoch werden wir ruhig und gesammelt. Zum Beispiel durch Gedanken der Liebe. Wenn wir auf sie hören, fühlen wir auch, aber anders. Diese Gedanken machen uns gelassen, in ihnen lassen wir unsere Angst los. Und wir lassen in ihnen von unserer Sorge. Vor allem aber brauchen wir ihnen nicht zu gehorchen, denn sie sind Gedanken der Liebe. Wir hören auf sie und wissen, was uns und anderen gut tut.

Auf wen hören wir mit diesen Gedanken auf eine besondere Weise? Wir hören mit ihnen auf Gott.

In der Bibel sagt der kleine Samuel, als er im Tempel eine Stimme hört, die er anfangs nicht versteht: „Rede, Herr, dein Diener hört."

Das können auch wir manchmal sagen, wenn uns eine innere Bewegung erfasst, deren Richtung wir noch nicht verstehen. Wir sind für den Gehorsam gegenüber dieser Bewegung bereit. Wir sind für die Hingabe an sie bereit.

In dieser Hingabe hört der Gehorsam auf. Denn diese Hingabe ist Liebe, erfüllte Liebe.

In diesem Sinne sind jede tiefe Erkenntnis und jede tiefe Einsicht Gehorsam und Hingabe. Sie sind die Bereitschaft für diesen Gehorsam. Sie führen uns zur Bereitschaft, dieser Erkenntnis und Einsicht auch zu folgen, ihr in allem zu folgen.

Dann können wir diese Erkenntnis und diese Einsicht auf einmal hören. Wir können sie mächtig hören, manchmal sogar als uns Angst machend hören. Und wir fühlen diese Erkenntnis und Einsicht. Wie? Wir fühlen sie als Freiheit.

Was ist das für eine Freiheit? Sie ist die Freiheit, etwas zu bewirken, was uns vorher unzugänglich war. Sie ist die Freiheit, für viele zugleich etwas zu bewirken. Wie? Mit Liebe.

Der Tadel

Wir tadeln uns und andere, wenn wir meinen, etwas sei falsch gewesen. Im Tadel verbirgt sich der Vorwurf, wir oder andere sollten etwas anders gemacht haben.

Wir werden auch durch die Folgen eines Verhaltens getadelt, oft ohne dass wir oder andere diese Folgen zu Wort kommen lassen. So tadeln uns zum Beispiel ein Ereignis oder ein Handeln durch ihre Folgen. Etwa die Folgen einer falschen Wahl. Ihre Folgen bringen uns zur Besinnung.

Gegen einen solchen Tadel brauchen wir uns nicht zu wehren, weil er ohne Überheblichkeit bleibt. Hinter diesem Tadel wirkt eine Bewegung, die uns wohl will.

Manchmal behandeln wir diesen Tadel, als dürften wir ihn zurückweisen. Wir lehnen uns gegen ihn auf, als wollte er uns etwas Böses.

Was ist dann das Ergebnis? Er tadelt uns noch mehr. Wie? Durch die weiteren Folgen.

Manchmal, wenn wir andere tadeln, tadeln wir im Grunde uns selbst. Wir verlagern den Tadel, der uns in den Folgen unserer Gedanken und unseres Verhaltens begegnet, auf andere. Wir wollen uns ihm entziehen und verlieren die Besinnung, zu der er uns führen wollte.

Der andere, den wir auf diese Weise tadeln, fühlt, dass unser Tadel vor allem uns gehört, und wehrt sich gegen ihn.

Wie also gehen wir mit unserem Tadel um, wenn wir uns und andere tadeln? Wir lassen uns und die anderen sein, wie sie sind. In dem Augenblick kann uns das, was uns von woandersher in die Zucht nimmt, auf eine Weise weiterführen, dass sowohl wir wie die anderen in Verbindung kommen mit etwas, was nur vordergründig als Tadel erscheint, im Tiefsten aber Liebe ist.

Was für eine Liebe? Eine Liebe, bei der alles, auch das Widrige, uns zu einer Liebe führt, die über uns hinausgeht, zu einer Liebe, für die alle und alles sein darf, genau wie es ist – tadellos.

Gelassen

Gelassen heißt: Wir sind ruhig. Wir bleiben ohne Sorge, ohne Eifer, ganz im Hier und Jetzt, weil das Unnötige, obwohl als für uns wichtig vorgestellt, außerhalb von unseren Gedanken und Wünschen bleibt, von uns woanders gelassen.

Wenn wir einem gelassenen Menschen begegnen, kommen auch wir zur Ruhe. Auch wir können etwas zurücklassen, fühlen uns im Hier und Jetzt gesammelt.

Gelassen ist vor allem der Geist, unser gesammelter Geist. Er ist auf jenen Geist hin gesammelt, von dem er weiß, dass er in ihm wirkt. Dieser Geist hat ihn in eine Bewegung mitgenommen, in der alles gleichermaßen seinen Platz hat, seinen Weg und sein Ziel.

Nichts braucht sich in dieser Bewegung beeilen, nichts kann mit etwas anderem um seinen Platz besorgt sein. Nichts kommt in dieser Bewegung zu spät. Nichts kann in ihr etwas versäumen. Alles bleibt in dieser Bewegung gelassen, so wie dieser Geist. Vor allem wird in dieser Bewegung nichts und niemand alleingelassen.

Sobald wir meinen, wir müssten uns um jemanden Sorgen machen, als sei er vom Geist verlassen, stellen wir uns zwischen diesen Geist und ihn. Dann muss sich der andere gegen unsere Sorge wehren. Er muss sie zurückweisen, damit er in Verbindung mit dieser anderen Bewegung bleibt.

Das Gleiche gilt, wenn andere sich um uns Sorgen machen.

Was passiert mit jemandem, der sich um uns Sorgen macht, und was passiert mit uns, wenn wir uns um andere Sorgen machen? Wir und sie verlieren die Verbindung zu ihrem Schicksal, wie es ihnen von dieser schöpferischen Macht vorgegeben und bestimmt ist.

Also kehren wir besser gelassen in den Bannkreis unseres Schicksals zurück und lassen alle, um die wir uns Sorgen gemacht haben, im Bannkreis ihres Schicksals.

Auf einmal sind alle von der Sorge anderer frei. Sie sind frei für ihr eigenes Schicksal, unverfälscht durch Sorgen oder Hilfen, die vom Einklang mit den Bewegungen dieses Geistes abweichen. Alle bleiben gelassen bei sich und im Einklang mit der Liebe dieses Geistes.

Und doch sind alle auf eine besonders tiefe Weise miteinander eins – gelassen eins mit ihrem Schicksal, gelassen eins in der Liebe dieses Geistes, der alle anders und doch gleichermaßen liebt, der sie gelassen liebt, alle nur von ihm im Letzten gehalten, immer gehalten und immer geliebt.

Noch etwas wird auf diese Weise gelassen. Unsere Erkenntnis. Auch sie braucht weder zu suchen, noch sich Sorgen zu machen. Denn die letzte Erkenntnis, jene Erkenntnis, die unser Leben und das Leben vieler anderer schöpferisch weiterbringt, kommt uns, wenn wir das Frühere hinter uns lassen. Wir schauen gesammelt auf etwas, das kommt, wartend, dass es kommt, gelassen wartend, dass es rechtzeitig kommt und uns mitnimmt in eine schöpferische Bewegung. Wir werden schöpferisch mit ihr, und sie zeigt sich schöpferisch durch uns.

Allerdings immer gelassen: wir von dieser Erkenntnis gelassen getragen, und sie mit uns gelassen schöpferisch und neu.

Das also ist ein weiteres Gesetz für jene Erkenntnis, die wird. Sie wird und wirkt gelassen.

Der Schutz

Der Schutz umgibt uns. Er schirmt uns gegen etwas, das uns gefährlich werden könnte. Er schützt uns vor anderen und andere vor uns. Der Schutz trennt sowohl sie von uns als auch uns von ihnen. Der Schutz setzt eine Grenze.

Was für eine Grenze? Er setzt eine Grenze den Gedanken, die andere von uns haben, vorausgesetzt, dass wir bereit sind, unseren Schutz gegen ihre Gedanken zu wahren.

Wie erlauben wir anderen, diesen Schutz zu durchbrechen? Wenn wir uns für ihre Gedanken über uns interessieren, wenn wir ihren Gedanken über uns in uns Raum geben, dass diese sich in uns ausbreiten können. Dabei spielt es keine Rolle, ob es lobende oder tadelnde Gedanken sind. Sowohl die einen wie die anderen nehmen von uns Besitz. Sie stellen sich gegen jene Kraft, die uns gedacht hat, wie wir sind, die uns richtig gedacht hat, wie wir sind, die uns mit Liebe so gedacht hat.

Wenn wir bei den Gedanken dieser Kraft bleiben, indem wir ihnen zustimmen, wie sie sind: Was haben dann die Gedanken anderer über uns in uns noch zu suchen? Ihre Gedanken über uns, wie immer sie sind, betreffen unser Ich. Sie nehmen Einfluss auf unser Ich. Dann vergleicht unser Ich ihre Gedanken mit den Gedanken, die diese schöpferische Kraft von uns hat. Dann trennen ihre Gedanken uns von diesen Gedanken. Unser Ich stellt sie sogar an die Stelle dieser Gedanken, stellt sie über diese anderen Gedanken und verhindert unsere Hingabe an sie. Im Vergleich zu den Gedanken, die uns gedacht haben, wie wir sind und werden, werden wir durch die Gedanken anderer weniger statt mehr.

Wie schützen wir uns vor den Gedanken anderer? Wie bleiben wir in Verbindung mit den Gedanken jener Kraft, die uns gedacht hat, wie wir sind? Wir gehen in die dunkle Nacht des Geistes. Diese Nacht ist dunkel nach außen, jenseits und außerhalb dieses Schutzes. Nach innen aber ist sie hell und klar und rein. Die dunkle Nacht des Geistes führt uns zu einer anderen Erkenntnis, zu einer unmittelbaren Erkenntnis von dem, was ist und wird. Sie führt uns in den Einklang mit den Gedanken des Geistes für alles, wie es ist und wird, zur Zustimmung, wie es ist, zur Liebe für alles, wie es ist und kommt.

In dieser dunklen Nacht sind wir vor den Gedanken anderer sicher und sie vor unseren Gedanken. Im Einklang mit der Liebe dieses Geistes stimmen wir zu, dass alle von diesem Geist gedacht sind, wie sie sind, und ziehen unsere Gedanken von ihnen zurück.

In dieser dunklen Nacht schützen wir andere auch vor unseren Gedanken über sie, sowohl lobende wie tadelnde. Erst so erfahren wir die dunkle Nacht des Geistes bis ins Letzte rein. Rein von unserem Ich, rein für die liebende Schau, ohne Grenzen, ohne Schutz, mit allem liebend da, erfüllt mit allem da, aufgehoben da, angekommen da, bleibend da.

Die Klugheit

Oft sagen wir: „Durch Schaden wird man klug." Wir werden zum Beispiel klug, wenn wir erkennen, dass uns ein Weg, den wir gehen wollten, in die Irre führt. Der Kluge sucht den Weg, der weiterführt. Der Weg in die Irre machte ihn klug.

Die Klugheit ist also das Ergebnis von Versuch und Irrtum, vorausgesetzt, dass wir den Irrtum umgehend hinter uns lassen. Er hat uns gedient, dass wir durch ihn klug geworden sind.

Klug ist, wer weiß, was zu tun ist. Der Kluge weiß, was weiterführt und notwendig wird, um erfolgreich zu sein. Die Klugheit ist also auf ein Handeln bezogen. Sie unterscheidet sich von der Einsicht insoweit, als nur die Einsicht zu neuem Handeln führt und es in Gang bringt.

Natürlich ist auch der Kluge einsichtig, vor allem einsichtig in das, was geht oder nicht mehr geht. Die Klugheit setzt in diesem Sinne ein Lernen voraus, das Lernen aus Fehlern. Die Einsicht dagegen ist neu. Sie braucht keine Fehler, obwohl auch sie von ihnen lernt.

Die Klugheit wägt ab: Geht es oder geht es nicht? Sie sucht in erster Linie den nächsten Schritt. Daher ist sie auf das unmittelbar Nächste bezogen. Die Einsicht dagegen blickt in die Zukunft. Sie bezieht sich auf ein Ziel, die Klugheit auf den Weg.

Einsicht und Klugheit wirken zusammen. Sie sind Geschwister. Sie kommen zusammen ans Ziel.

Die Klugheit im Einklang mit der Einsicht braucht wenig Irrtum. Der Einklang erlaubt ihr, den Irrtum ohne Zögern hinter sich zu lassen, ihn ohne Bedauern hinter sich zu lassen. Sie schaut nach vorn statt rückwärts.

Eine kluge Entscheidung macht Freude. Sie entlastet unmittelbar, und sie macht frei. Sie macht frei für die Einsicht und frei für die Liebe.

Die Klugheit gehört zur Einsicht wie die Liebe zum Handeln. Sie blinzelt der Einsicht zu und macht sie lächeln. Sie lächelt ihr zu.

Die Klugheit gehört zu den so genannten Kardinaltugenden. Sie ist kardinal in dem Sinne, dass sie eine der Angeln ist, um die sich das Tor dreht, das den Weg für das Nächste freigibt.

In diesem Sinne gehört die Klugheit zur Liebe, zur Liebe, die etwas vollbringt.

Getragen

Von wem sind wir getragen? Von unserem Schicksal, wie es ist.

Kann jemand in unser Schicksal eingreifen? Lässt es unser Schicksal zu, dass jemand von außen in es eingreift? Oder steht jeder, der auf die eine oder andere Weise in unser Schicksal eingreift, letztlich im Dienst unseres Schicksals und damit im Dienst jenes Geistes, der unser Schicksal denkt, wie es ist? Selbst wenn es uns, wenn wir es von außen betrachten, als gegen uns erscheint?

Unser Schicksal, wie es ist, überwindet etwas. Es kann nie ein endgültiges Schicksal sein, so wie die Bewegung des Geistes keine endgültige sein kann, da sie immer weitergeht. Daher war vor unserem Schicksal etwas da, und es wird nach unserem Schicksal etwas da sein, etwas, das schon vorher unser Schicksal war und später sein wird.

Unser Schicksal ist also ein vorläufiges Schicksal. Es steht in einer langen Reihe. Ob es ein schweres oder ein leichtes Schicksal ist oder war, zeigt sich am Ende mit allen unseren Schicksalen zusammen, und zwar sowohl mit unseren persönlichen Schicksalen, als auch den Schicksalen, in die wir mit unserem Schicksal untrennbar verwoben sind.

Es verlangt etwas Besonderes von uns, anzuerkennen, dass wir mit unserem Schicksal, wie immer es auch ist, von größeren Kräften getragen sind, und zwar so, wie jeder andere auch.

So von anderen Kräften geliebt und getragen, schauen wir unserem Schicksal ins Auge und wir schauen in sein Herz. Dann lassen wir los, wir lassen zuversichtlich los. Es darf sein, wie es ist. Es darf uns führen, wie es ist, und tragen, wie es ist.

So kommen wir in ihm zur Ruhe und zu unserer Kraft. Auf einmal wissen wir uns im Einklang mit einer anderen Liebe und lieben wie sie. Von ihr getragen, sind wir auf dem richtigen Weg und mit ihr auch schon am Ziel.

Eingestimmt

Wir stimmen ein in einen Gesang. Wir stimmen uns ein in einen anderen Menschen. Wir stimmen uns ein in eine Situation.

Sich einstimmen heißt einerseits: wir passen uns an, jedoch von innen her; wir stimmen uns ein in ein Gefühl. Zum Beispiel, wenn viele gemeinsam ihre Nationalhymne anstimmen oder wenn, wie bei der Rückkehr der letzten Kriegsgefangenen aus Russland, alle gemeinsam einstimmten in das Lied: Nun danket alle Gott.

Wir stimmen uns auch ein in eine Beziehung. Zum Beispiel in eine Beziehung zwischen Mann und Frau. Nur wenn wir uns in sie einstimmen, gelingt sie. Nur wenn beide in der Tiefe in sie einstimmen, stimmen sie zusammen.

Eingestimmt heißt also, mit vielen gemeinsam zusammenstimmen. Wir singen das gleiche Lied und werden von den gleichen Gefühlen mit vielen gleichzeitig in eine Bewegung mitgenommen, mit ihnen getragen, hochgetragen.

Die Einstimmung hat etwas mit Liebe zu tun, mit einer gemeinsamen Liebe. Es ist jedoch eine selbstlose Liebe. In ihr bleibt unser Ich zurück. In dieser Einstimmung fallen die Grenzen unseres Ich so weit, dass wir über sie hinausgehen, uns mit vielen zusammen wie ein gemeinsames Ich erleben, wie ein uns überragendes und uns umfassendes größeres Ich, ein Ich, das aufgeht in ein Wir.

Eingestimmt sind wir auch mit anderen Lebewesen: mit den Pflanzen, den Tieren und der Welt als Ganzes. Es macht einen Unterschied, ob wir uns einstimmen in die Bedürfnisse von Pflanzen, so wie wir das oft bei Gärtnern und Bauern beobachten, oder ob wir sie übersehen und sie benutzen, ohne mit ihnen in einer liebevollen Beziehung zu sein. Es macht einen Unterschied, ob wir uns einstimmen in die Lebensweise eines Tieres und mit ihm in einen achtsamen Austausch treten, wie uns das oft mit Haustieren gelingt, oder ob wir sie zum Beispiel für Trophäen jagen, ohne Einstimmung in sie und ihren Platz in unserer mit ihnen gemeinsamen Welt. Indem wir uns in sie einstimmen, kommen wir mit ihnen in eine Verbindung, die unser Leben bereichert. Wir wissen uns gemeinsam mit ihnen da und kommen auch mit ihnen in ein Wir-Gefühl.

Einstimmen müssen wir uns vor allem in unser Schicksal, wie es ist, und in die Lebensumstände, die uns vorgegeben sind. Das heißt, wir geben es auf, uns ihnen getrennt und ihnen gegenüber zu fühlen, als wären sie uns fremd und oft sogar im Wege. Wir stimmen uns in sie ein, fühlen uns mit ihnen als ein Wir.

Dieses umfassende Uns-Einstimmen gelingt uns immer mehr, wenn wir in Einklang kommen mit den Bewegungen des Geistes, der allem gleichermaßen zugewandt ist, weil er es gedacht hat, wie es ist, und es weiterhin denkt, wie es ist und wie es sich bewegt.

Wir können diese Einstimmung üben in unseren Beziehungen. Unsere Einstimmung erlaubt es anderen, sich auch auf uns einzustimmen und sich mit uns zusammen als einem größeren Ganzen zugehörig zu erfahren, einem großen Wir.

So zieht uns am Ende auch jener schöpferische Geist, vor dem alle Einzelnen zugleich ein von ihm gewolltes Wir sind, mit in seine Einstimmung hinein für alles, wie es ist, mit hinein in die Einstimmung seiner Liebe, seiner schöpferischen Liebe. In dieser Einstimmung beginnen wir zu denken, wie er denkt, zu erkennen, wie er erkennt, zu handeln, wie er handelt, so zu sein wie er, eingestimmt auf seinen Ton, auf seine Melodie, in eine große Symphonie des Wir, in ihr mit allem im Einklang, wie es ist, eingestimmt in seine Liebe.

Weiter

„Weiter geht's!", sagen wir manchmal. Das heißt: wir brechen auf zum Nächsten, das auf uns wartet. Wir brechen auf zu einem Ziel, zu einem neuen Vorhaben.

Manchmal werden wir angetrieben, weiterzumachen, wenn wir schon müde geworden sind und aufhören wollen. Manchmal schleppen wir uns auch weiter, sogar mit letzter Kraft, wenn stehenbleiben für uns gefährlich werden würde.

Weiter wollen wir meistens aus eigenem Antrieb. Nur, was weitergeht, führt auch weiter. So wie unser Leben, geht auch alles andere weiter, endlos weiter, auf weiteres Neues hin. Dann fragen wir uns und andere oft: „Wie geht es jetzt weiter?"

Weiter geht es in der Zeit, denn alle Zeit geht weiter. Auch wenn etwas aufzuhören scheint, geht es auf andere Weise weiter.

Alles, was sich ausdehnt, geht weiter, solange es sich ausdehnt. Sei es im Raum, sei es in der Menge, wie zum Beispiel das Wissen, sei es in die Tiefe, wie zum Beispiel ein tieferes Verständnis.

Manchmal geht etwas auch weiter zurück. Zum Beispiel ein Erfolg oder die eigenen Kräfte. Nur die Bewegung geht weiter. Es bleibt aber offen, wohin sie geht, denn auch die Bewegung zurück bewegt sich innerhalb einer umfassenden Bewegung, die weitergeht, einer Bewegung, die anderen Zielen dient, die uns verborgen bleiben.

Wenn wir in den Einklang mit dieser Bewegung kommen, erfahren wir uns von ihr getragen, immer getragen, weit getragen.

Wie also geht es für uns immer weiter? Wenn wir uns weit tragen lassen: in der Zeit, in die Weite, in die Tiefe, in die Fülle, in die weite Liebe.

Gleich

Wenn jemand nach uns ruft und wir antworten: „Gleich", gehen wir dann gleich? Oder warten wir noch ein bisschen, erledigen schnell noch etwas, bevor wir gehen?

Das Gleich erschreckt uns, denn so gleich wollen wir lieber nicht.

Mit dem Gleich verbindet sich das Bild: Gleich heißt: sonst nichts mehr, alles andere muss zurückstehen, nur dieses Eine zählt.

Noch etwas wirkt hinter diesem Gleich: Alles andere ist jetzt vorbei, plötzlich vorbei.

Womit verbindet sich also letztlich das Wort Gleich? Mit was verbindet sich unser Hinauszögern-Wollen des Gleich? Gleich heißt hier, der Tod, Hinauszögern heißt, Leben. Mit dem Hinauszögern schlagen wir dem Tod gleichsam ein Schnippchen.

Übertreibe ich hier? Soll ich es nicht besser gleich zurücknehmen?

Auf was kommt es für uns beim Gleich letztlich an? Auf den Einklang mit dem Augenblick, auf den Einklang mit dem Augenblick jetzt. In ihm ist alles gleich-gültig. Das heißt, jeder Augenblick ist dem anderen gleich. Jeder ist gleich voll und gleich am Ziel.

Dieser Augenblick ist gedehnt, lange genug gedehnt, damit ich seine Fülle wahrnehmen kann. In ihm bin ich bereit für den nächsten Augenblick. In diesem Sinne kommt jeder Augenblick gleich. Gleich heißt hier: Leben, das volle Leben gleich.

Hinauszögern heißt das Gegenteil von Leben, die Furcht, es könnte vorbei sein.

Wie also stimmen wir dem Leben zu? Gleich. Wie stimmen wir der Liebe zu? Ebenfalls gleich. Wie stimmen wir dem Ende zu, wenn es kommt? Genauso wie dem Augenblick, dem Leben und der Liebe – mit Liebe gleich.

Dieser Augenblick kennt keine Furcht, denn auch das Glück ist gleich.

Aufhören

„Hör endlich auf!", rufen wir manchmal, wenn uns jemand auf die Nerven geht. Wenn er nicht aufhört, hört die Beziehung auf, zumindest für eine Weile. Erst muss etwas aufhören, bevor sie wieder aufgenommen und weitergeführt werden kann. Das Aufhören steht also am Ende, bevor etwas Neues beginnt.

Von der Liebe heißt es, sie hört nie auf. Wo die Liebe dennoch aufhört, hört zwischen Menschen alles auf.

Was muss aufhören, damit die Liebe beginnen oder wieder beginnen kann? Alles, was uns von anderen trennt.

Was trennt uns von ihnen vor allem? Vor allem trennen uns unsere Urteile, sowohl gute wie schlechte. Sie trennen uns auch von Gott und seiner Liebe.

Durch unsere Urteile, selbst durch unsere guten Urteile, erheben wir uns über andere. Im Grunde erheben wir uns mit unseren Urteilen über ihr Leben und ihren Tod. Wer bei unseren Urteilen gut wegkommt, darf leben. Wer schlecht wegkommt, wird zurückgewiesen. Von was zurückgewiesen? Vom Leben. Also hören wir mit unseren Urteilen am besten schnell auf.

Mit was fällt uns jemand besonders auf die Nerven? Mit seinen Urteilen, vor allem mit seinen Urteilen über uns. Je schneller er damit aufhört, desto besser für ihn und für uns. Denn sonst beginnen vielleicht auch wir, über ihn zu urteilen.

Was bleibt dann von unserer Liebe übrig? Nichts. Denn durch unsere Urteile ist auch die Liebe zum Scheitern verurteilt.

Wo beginnt das Aufhören, das zur Liebe führt?

Es beginnt in unseren Gedanken. Es beginnt mit der Zucht unserer Gedanken. Die Zucht bewirkt, dass etwas aufhört.

Als Nächstes hören wir mit unseren Erwartungen an andere auf, die mehr von ihnen verlangen, als sie haben.

Das wäre der Anfang des Aufhörens. Schon er bringt uns in der Liebe sehr weit.

Nach diesem Aufhören gibt es für uns auch etwas zu tun. Was beginnt nach diesem Aufhören auf eine schöne Weise? Das Dienen, das Dienen mit Liebe. Mit diesem Dienen hört vieles andere, was der Liebe sonst noch im Wege steht, von selbst auf. Zum Beispiel hören die Grenzen auf, die wir der Liebe setzen, wenn wir uns und anderen etwas nachtragen.

Wenn das Frühere, das der Liebe einmal im Wege stand, aufhören darf, hat unsere Liebe Zukunft – und mit ihr auch das Glück.

Das Ende

Das Ende rundet etwas ab. Wenn etwas gut zu Ende gebracht wurde, sind wir für das Nächste frei. In diesem Sinne freuen wir uns auf das Ende und auf den neuen Beginn. Dann sagen wir sowohl mit Bezug auf das Ende wie auch auf den Anfang: „Endlich."

Ende und Anfang gehören für uns also zusammen. Sie gehören zur gleichen Bewegung.

Manchmal lässt der Anfang nach einem Ende auf sich warten. Es schiebt sich noch etwas dazwischen. Manchmal ist etwas noch nicht ganz zu Ende gekommen und zögert den neuen Anfang hinaus. Manchmal muss noch etwas geschehen, damit der Anfang beginnt.

Was steht dem neuen Anfang am meisten im Wege? Dass etwas noch nicht vorbei sein darf, dass es nicht wirklich sein Ende gefunden hat. Zum Beispiel ein Groll. Auch hier gilt das Wort: „Ende gut, alles gut." Erst dann kann alles endlich weitergehen.

In diesem Sinne gibt es ein heilsames Ende und manchmal ein schreckliches Ende. Doch auch beim schrecklichen Ende atmen wir oft auf, dass etwas sein Ende gefunden hat.

Im Grunde kommt alles an sein Ende. Wir brauchen nur lange genug zu warten. Das gilt für das Gute und für das Schlimme. Das Rad der Zeit dreht sich für beides auf gleiche Weise, sowohl hinauf wie hinunter.

Die Frage ist: Macht es für uns einen Unterschied? Müssen wir auf das eine warten und das andere fürchten? Gehört nicht beides zum Lauf der Zeit?

Nur für uns dreht sich das Rad der Zeit vom Ende zum Anfang und vom Anfang zum Ende. In der Bewegung des Geistes, der alles denkt, wie es ist, und der es in jedem Augenblick in der Bewegung hält, wie er sie denkt, gibt es weder Ende noch Anfang. Wie kann etwas beginnen, das ewig gedacht ist? Wie kommt etwas zu Ende, das ewig gedacht ist? Ist in dieser Bewegung nicht alles gleichzeitig da, ohne Ende, ohne Anfang, gleichermaßen gedacht, gewollt, bewegt, geliebt?

Wenn wir in den Einklang mit dieser Bewegung kommen, wenn wir von ihr erfasst und in sie mitgenommen werden, werden auch wir mitgenommen in eine schöpferische Bewegung, die alles bewegt, wie sie es denkt, die auch uns bewegt, wie sie uns denkt.

Haben wir in dieser Bewegung einen Anfang? Haben wir in ihr ein Ende? Hat in dieser Bewegung unser Erkennen einen Anfang, hat es in ihr ein Ende? Es hat alles zugleich: Anfang und Ende, Sein und Nichtsein, Gehen und Bleiben, mit allen in allem zugleich in der Liebe, einer ewigen Liebe.

Mit

„Mit mir, mit dir, mit uns, mit Gott." Mit jedem Mit werden wir mit anderen verbunden. Das Mit führt uns zusammen.

Das entscheidende Mit ist das Mit zwischen Mann und Frau, denn mit diesem Mit beginnt unser Leben.

Wenn der Mann der Frau sagt: „Mit dir", und wenn sie dem Mann sagt: „Mit dir", sagen sie bald einem Kind: „Mit uns."

Alles Leben kommt für uns aus dem Mit. Ohne das Mit kein Leben, und ohne das Mit keine Liebe. Nur mit können wir leben, nur mit können wir lieben, nur mit können wir uns freuen, nur mit können wir glücklich sein.

Nur mit können wir auch bei uns sein, seltsamerweise. Denn wo sind wir ohne ein Mit? Selbst das Ich gibt es nur mit einem Mit. Denn womit will es sich sonst vergleichen? Gegen welches Mit will es sich abgrenzen? Ohne Mit auch kein Ich.

Gibt es ein Mit auch ohne Ich? Gerade dann gibt es ein Mit am umfassendsten und tiefsten, weil sich nichts mehr zwischen das viele schiebt und es voneinander trennt. Daher zeigt sich die Liebe nur mit, und der Frieden nur mit, und die Erkenntnis nur mit, und das Handeln nur mit.

Auch Gott gibt es nur mit, was immer sich für uns hinter diesem Bild verbirgt. Daher gibt es auch das Schöpferische nur mit, und die Zukunft nur mit.

Ohne das Mit gibt es nichts. Nur mit dem Mit gibt es alles.

Selbst die Einsamkeit gibt es nur mit. Das Gleiche gilt für die Vollendung und die Fülle. Es gibt sie nur mit.

Wo wären wir ohne das Mit? Es gäbe uns nicht. Es gibt uns nur mit.

Wir erfahren uns am innigsten mit, im Einklang mit den Bewegungen des Geistes. Im Einklang mit ihm erfahren wir uns mit allem eins, eins mit, eins mit Liebe.

Die Geduld

Der Geduldige wartet auf die rechte Zeit. Er ist geduldig, weil er sicher ist, dass sich etwas zur rechten Zeit zum Guten fügt. Daher bleibt er auch in scheinbar widrigen Umständen gelassen.

Woher nimmt der Geduldige für dieses Warten die Kraft? Aus dem Einklang mit einer inneren Bewegung, von der er sich an die Hand genommen erfährt, fest an die Hand genommen, sowohl zurückgehalten als auch mit Macht zum Handeln gezogen, wenn die Zeit für dieses Handeln gekommen und da ist. Denn der Geduldige sieht sich und alles andere von der gleichen Kraft gewollt und in den Dienst genommen. Von daher bleibt er ohne eigenen Auftrag und ohne eigene Sorgen.

Diese Geduld ist wach. Sie ist auf dem Sprung. Sie wartet auf das entscheidende Zeichen, den entscheidenden Wink. Dann ist sie da, gesammelt da, kraftvoll da.

Der Geduldige schaut also über das Nahe hinaus in die Weite. Er nimmt vieles gleichzeitig wahr, weil er zu nichts Besonderem hingezogen wird. Er ist für alles offen, wann immer es erscheint und Handeln fordert und möglich macht.

Daher gibt es für den Geduldigen auch keine Auswahl, als würde er das eine einem anderen vorziehen. Die Auswahl trifft eine andere Kraft. Er folgt ihr nur, mit ihr im Einklang, wohin sie ihn führt, zu welchem Handeln und zu welchem Dienst.

Ist das Entscheidende getan, zieht sich der Geduldige zurück. Ohne Auftrag hat er nichts zu tun, denn was getan ist, geht seinen Lauf von selbst.

Auch dieses neue Warten ist schöpferisches Warten, in dem sich Neues anbahnt, sich gesammelt anbahnt, bis es ans Licht kommt und den Geduldigen erneut in die Pflicht nimmt, so lange, bis es sich erfüllt.

Die Geduld ist schöpferische Ruhe, gesammelte Ruhe, und letztlich gesammelte Liebe.

Die Ruhe

Die Ruhe kommt aus dem Einklang mit jenen Kräften, die hinter allem, was sich bewegt, schöpferisch wirken. Nur im Einklang mit ihnen können auch wir wirken und nur so weit, als sie uns tragen.

Jede Abweichung vom Wirken jener Kräfte, zum Beispiel durch eigene Ziele, die wir uns selbst setzen, im Unterschied zu jenen Zielen, die uns vorgegeben werden und zwar von Augenblick zu Augenblick, macht uns unruhig: unruhig, weil wir den Einklang mit diesen Kräften verloren haben.

Wir wollten ihnen zum Beispiel vorauseilen, wollten etwas nach unseren Bildern und Wünschen in Gang bringen und verloren damit die eigentliche schöpferische Kraft, die nur im Einklang mit diesen Mächten etwas Entscheidendes und etwas Bleibendes bewirken kann.

Also suchen wir, in den Einklang mit diesen Kräften zurückzufinden. Wie? Durch die Zurückhaltung. Wir nehmen Abschied von jenen Zielen, die wir uns setzen, bei denen unser Ich eine Rolle spielt, und warten, bis diese anderen Kräfte uns den Weg weisen, ihren Weg. Soweit sie uns ihn zeigen, folgen wir ihm. Wie? Ruhig. Denn sie bewirken, was sie in Gang bringen, ruhig. Nichts kann sie aufhalten, nichts kann sie beschleunigen. Nichts kann sie antreiben, als müsste etwas schneller oder früher kommen. Sie folgen ihren Gedanken zu ihrer Zeit.

Die Ruhe also, weit davon entfernt, etwas zu verzögern oder zu behindern, bringt uns zutiefst mit diesen Kräften in Einklang, gelassen und kraftvoll und immer auf etwas Neues, auf etwas Überraschendes ausgerichtet. Immer zu seiner Zeit.

Das Allgemeine

Allgemein ist, was allen gemeinsam ist. Daher hört beim Allgemeinen das Trennende auf. Vom Allgemeinen gibt es nur wenige Abweichungen. Es ist sowohl allgemein da, als auch allgemein gültig.

Hier spreche ich vor allem von dem, was uns Menschen allgemein ist, von dem uns Menschen allgemein Wichtigen, weil alle Menschen es gleichermaßen haben, es gleichermaßen brauchen, es gleichermaßen wissen, gleichermaßen fühlen und fürchten. Dieses menschliche Allgemeine ist allen Menschen allgemein verständlich und von ihnen allgemein erhofft und ersehnt. Es ist ihnen allgemein erfahrbar und macht sie allgemein glücklich.

Wenn wir uns in unseren Beziehungen auf das allgemein Mögliche einigen, sodass es allen gleichermaßen zugute kommt und entspricht, bleibt jeder vor den Übergriffen der anderen sicher. Daher halten sich auch die Konkurrenz, der Wettbewerb und das Ringen um den eigenen Platz und um das eigene Überleben innerhalb der uns allgemein gesetzten Grenzen. Zum Beispiel innerhalb der uns zugemessenen Zeit, vor allem innerhalb der uns zugemessenen Lebenszeit und unserem Anfang und Ende.

Allgemein sind auch unsere Fehler und das Lernen aus unseren Fehlern. Allgemein sind die Anziehung zwischen Mann und Frau und die Weitergabe des Lebens nach den gleichen allgemeinen Gesetzen. Allgemein ist daher auch die Liebe zwischen den Menschen und das gegenseitige Nehmen und Geben. Allgemein sind die Bindung an unsere Familie und allgemein die Sicherheit, die wir in ihr finden und suchen.

Allgemein ist alles, was das Leben weiterbringt und es wachsen und sich entfalten lässt, und allgemein ist die Freude, wo immer uns das Leben gelingt.

Nicht allgemein und die Menschen voneinander trennend ist die eigene Religion. Daher ist der Gott, den viele verehren, nicht allgemein. Allgemein jedoch ist die Ahnung, dass hinter allem Leben etwas uns in jeder Hinsicht Übersteigendes wirkt. Diese allgemeine Ahnung und die Ehrfurcht vor dieser Macht verbinden uns zutiefst, und sie verbinden allgemein. Diese Macht ist das letzte Allgemeine, von der alles andere Allgemeine ausgeht und in der es gründet. Wie? Mit Liebe.

Was kommt

Was kommt, bleibt uns verborgen. Denn was immer wir erwarten, Gutes oder Unheilvolles, es zeigt sich erst, wenn seine Zeit gekommen ist. Warum also sollten wir das Kommende fürchten oder herbeisehnen?

Wie immer es kommt, es ist anders, als wir es uns vorgestellt haben. Wieso? Weil es letztlich von anderen Mächten in Gang gesetzt wird. Was kommt, ist also schon vorgegeben, ob wir es zuversichtlich oder mit Bangen erwarten oder, wenn es kommt, uns Vorwürfe machen.

Dennoch gibt uns das Ergebnis manchmal zu denken. Das nächste Mal stellen wir uns, durch unsere Erfahrungen gewitzigt, anders auf das Kommende ein.

Doch macht es einen Unterschied? Bleibt dadurch das, was kommt, weniger in der Hand der anderen, der eigentlichen schöpferischen Macht?

Wenn wir uns im Einklang mit dieser Macht bewegen, wird das, was kommt, von unserem Gefühl und unserem Ich her von uns mitgestaltet. Doch zutiefst wissen wir uns auch hier am Gängelband und von woandersher geführt.

Wie erwarten wir also das, was kommt? Wir erwarten es offen, wie immer es kommt. Wir erfahren uns mit anderen Kräften verbunden, bis wir uns am Ende weder Sorgen um das eine noch um das andere machen.

Vor allem aber wissen wir uns zutiefst begrenzt. Begrenzt zu unserem Nachteil? Oder so begrenzt, dass wir uns diesen schöpferischen Mächten umso gelassener überlassen? Wir überlassen uns ihnen mit Liebe.

Unmerklich

Das Neue bahnt sich oft unmerklich an. Auf einmal ist es da. Doch welches Neue? Das Neue, das Grenzen auf eine Weise überwindet, die Menschen furchtlos miteinander verbindet, weil es ihre Einzigartigkeit achtet.

Dieses Neue breitet sich unmerklich aus, weil es anzieht, ohne zu ziehen, weil es von innen kommt, ohne von außen gedrängt zu sein, weil es mehr als eine innere Schwingung kommt, ohne von außen angeschlagen zu sein.

Solange das Neue in diesem Sinne unmerklich bleibt, kann es niemanden bedrohen. Es wirkt, weil es wohl tut, unmerklich wohl tut. Daher brauchen wir es auch nicht festzuhalten, als könnten wir es verlieren.

Es berührt uns, als würde es an uns vorübergehen, als würde es weitergehen, ohne uns mitzunehmen. Dennoch hinterlässt es eine Wirkung, als wäre es schon lange wirksam, nur bisher von uns unbemerkt.

Unmerklich wirkt auf diese Weise eine Bewegung des Geistes, weil sie in vielen gleichzeitig wirkt, in jedem, als käme sie aus seinem Inneren. Von daher gibt es gegen sie auch keinen Widerstand, zumal sie wie eine Offenbarung uns etwas Neues eröffnet: neues Wissen, neue Möglichkeiten. Vor allem aber eine neue, in die Weite reichende Liebe, unmerklich, aber da.

Alles, was uns von innen durchdringt, trifft auf keinen Widerstand. Es entfaltet sich wie eine Blume, inneren Gesetzen folgend. Sie umgeht die Widerstände, einfach indem sie wächst, unmerklich für ihre Umgebung und auf einmal da mit ihrer vollen Pracht, neben anderem und mit ihm da.

Die tiefen Einsichten beginnen ebenfalls unmerklich. Sie überraschen uns, ohne sich aufzudrängen. Doch unmerklich verändern sie etwas. Sie nehmen uns mit in etwas, was viele verbindet, mit einer stillen Achtung für alles, wie es ist. Sie nehmen uns mit in eine Zustimmung, die bereit ist, den Dingen ihren guten Lauf zu lassen, wohin sie die Bewegung des Geistes auch führt.

Unmerklich sind wir auf einmal im Einklang mit allem und allen, und sie, nach einiger Zeit, mit uns.

Der Einklang

Der Einklang schwingt mit vielem mit, mit uns und anderen zugleich. Weil wir gemeinsam schwingen, erreicht diese Schwingung über uns hinaus noch viele andere. Auch sie beginnen mitzuschwingen. So wird aus dieser Schwingung ein Hall, wie wenn eine Glocke weithin nach allen Seiten tönt, mit vielen Ober- und Untertönen, sich an vielem Starren bricht, es auch in Schwingung bringt und von ihm widerhallt.

Einklang heißt hier: wir werden von etwas Gemeinsamem in Schwingung gebracht, etwas, das uns sowohl anstößt als auch mitnimmt in einen vielstimmigen Klang, in dem jede eigene Schwingung mit allem anderen zusammen schwingt wie ein vielstimmiger Chor. Jede Stimme anders und dennoch voll, mit allen anderen in Harmonie.

Dieser Einklang ist Andacht, denn er lauscht und tönt zugleich, dem Letzten hingegeben, in Schwingung gebracht und weiterschwingend, schöpferisch weiterschwingend, sich selbst im Klang verlierend und in dieser Schwingung nur noch da, mit allem da, erfüllt da, immer da, ganz da.

Handeln mit Liebe

Der Einstieg

Wir steigen ein in eine Bewegung. Wir steigen auch ein in einen Schacht, der in die Tiefe führt. Wir steigen ein in einen Beruf und in ein Unternehmen. Wir steigen ein in ein Gefährt, das uns an einen anderen Ort bringt.

Mit dem Einstieg lassen wir etwas hinter uns und bewegen uns auf etwas Neues hin.

Manchmal versäumen wir den Einstieg. Dann bleiben wir draußen vor stehen, bis uns ein neuer Einstieg gelingt. Manchmal versäumen wir den Einstieg für immer, weil die Zeit dafür vorbei ist.

Das gilt vor allem für unsere Beziehungen, insbesondere für unsere Beziehung zu einem Lebenspartner. Manchmal verausgaben wir uns an Nebensächliches, vielleicht auch an Nebenbeziehungen, ohne dass wir bereit sind, voll einzusteigen, so einzusteigen, dass es ernst wird. Denn dieser Einstieg verlangt Hingabe, und er verlangt eine Leistung.

Auch die Freude verlangt den Einstieg, den Einstieg in eine Bewegung mit vielen zusammen.

Der Einstieg gelingt, wenn ihm ein Ausstieg vorausging. Nur selten können wir in Mehreres zugleich einsteigen, gleichzeitig mit der vollen Aufmerksamkeit und der vollen Liebe.

Dem Einstieg geht also eine Entscheidung voraus: für das eine, ohne das andere.

Sind wir auch in das Leben eingestiegen? Oder hat es uns mitgenommen, ohne dass wir uns für das eine oder andere entscheiden konnten?

Wir können noch nachträglich in das Leben einsteigen, so wie es uns bestimmt ist, mit all seinem Drum und Dran. Wenn wir entschlossen einsteigen, verändert sich etwas für dieses Leben. Es wird wirklich unser Leben.

Auch anderweitig werden wir mitgenommen, ohne dass wir uns entscheiden können, wohin. Das gilt für alle Bewegungen des Geistes, auch für die Erkenntnis des Geistes und die Einsichten, in die er uns mitnimmt. Einsteigen können wir jedoch in die Umsetzung dieser Einsichten im Handeln, vor allem im Handeln mit Liebe.

Weil diese Liebe in Bewegung ist, müssen wir laufend in sie einsteigen, immer wieder neu, immer anders und immer tiefer.

Wer ist hier zuerst eingestiegen? Dieser schöpferische Geist. Von seiner Bewegung mitgenommen, meinen wir manchmal, wir seien eingestiegen. Doch wir werden mitgenommen, in jeder Hinsicht mitgenommen, mitgenommen mit Liebe.

Das Glück

Das Glück überrascht uns oft. Wir sprechen dann manchmal von einem Glückstreffer. Deswegen können wir es auch nicht suchen. Es begegnet uns oft zufällig. Es kommt uns entgegen.

Manche rennen dem Glück hinterher, ohne zu wissen, dass das Glück hinter ihnen her ist. Sie brauchen zur innezuhalten, und schon ist es da.

Wenn wir so vom Glück reden, reden wir von ihm, als sei es eine Person. Vielleicht ist das Glück wirklich eine Person. Es begegnet uns in einer Person, die wir lieben und die uns liebt. Dann wird diese Person zum Glück für uns, und wir für sie.

Was sagt uns das über das Glück? Das Glück ist gemeinsam, gemeinsam wie die Liebe.

Wo also beginnt das Glück? Dort, wo wir Liebe erfahren. Wer das Glück suchen muss, dem fehlt meist die Liebe. Sonst bräuchte er es nicht zu suchen.

Doch so, wie das Glück uns oft entgegenkommt, unverhofft in einer Person entgegenkommt, können auch wir ihm entgegengehen, ihm in einer Person entgegengehen. Wie?

Zuerst mit wohlwollenden Gedanken. Mit ihnen laden wir das Glück ein. Es kommt uns ebenfalls wohlwollend entgegen.

Zweitens, wir öffnen uns für dieses Wohlwollen, indem wir es nehmen, wie es uns entgegenkommt. Hier vor allem liegt der Schlüssel für unser Glück.

Drittens, wir erschaffen die Person, die uns wohlwollend entgegenkommt, in unseren Gedanken neu. Wie? Indem wir sie denken, wie der Geist sie denkt, wie er sie mit Liebe denkt, wie sie durch seine schöpferische Liebe wird, wie sie ist.

Auf einmal verändern wir uns, diese Person und ich, als wäre unter der warmen Morgensonne eine Blume aufgegangen, die noch geschlossen war, weil sie auf diesen Sonnenstrahl gewartet hat. Und schon blüht das Glück für uns beide.

Nachgeben

Nachgeben heißt: Ich lasse dem Deinen Raum. Es darf sein, wie es ist, es darf sich auch ausdehnen, wie es ist.

Wir geben nach, wenn wir einem Anspruch nachgeben, den andere an uns haben, vor allem aber geben wir nach, wenn wir nachgeben, wenn wir von einem Anspruch lassen, den wir an andere zu haben meinten.

Was geschieht in diesem Augenblick? Wir werden frei. Wir werden frei für uns, wie wir sind, wir werden frei für unseren eigenen Weg und unser eigenes Schicksal.

Merkwürdigerweise ist das, was wir gehen lassen, indem wir nachgeben, für uns keineswegs verloren. Wir gewinnen es auf eine andere Weise zurück, denn es bleibt uns wohlwollend zugewandt.

Wir gewinnen es als eine Kraft zurück, als eine wohlwollende Kraft. Wir gewinnen es als Liebe zurück, vorausgesetzt allerdings, dass wir kraftvoll nachgegeben haben, ohne Schwäche und ohne Furcht. Vorausgesetzt auch, dass unser Nachgeben ohne Hintergedanken blieb im Sinne von dem, dass sich für uns später etwas anderes aus ihm ergeben würde.

Unser Nachgeben bleibt ein Abschied für immer, ein Abschied von etwas, an dem wir hingen, ohne dass es uns noch gehörte.

Dieses Nachgeben wirkt wie eine innere Reinigung, eine bleibende Reinigung. Beim Nachgeben geben wir etwas von unserem Ich auf. Dieses Nachgeben macht uns frei von unserem Ich. Es macht uns frei von vielem, das uns von anderen trennt. Vor allem macht es uns frei von etwas, das uns von jener schöpferischen Macht trennt. Sie hat mehr für uns bereit, als wir durch unseren Anspruch gewonnen hätten.

Dieser Macht gegenüber geben wir noch auf eine andere Weise nach. Wir geben ihrer Bewegung nach, wir geben ihrer Liebe nach. Wir geben ihr nach, wohin ihre Bewegung uns führt. Mit diesem Nachgeben gewinnen wir alles ohne Anspruch – als Gnade.

Geholfen

„Hat es dir geholfen?" So fragen wir manchmal jemanden, dem wir beigestanden sind. Oft antwortet er: „Ja, es war mir eine Hilfe, sogar eine große Hilfe."

Wer oder was hat hier geholfen? Waren es wir, oder hat uns eine Macht, die über uns hinausgeht, für andere in ihren Dienst genommen?

Wie erkennen wir, dass etwas Größeres uns in seinen Dienst genommen hat? Wenn unser Helfen unausweichlich wurde, weil nur wir zur Stelle waren und wir in uns auf einmal die Kraft spürten, entscheidend einzugreifen, und auch wussten, wie. Dann fragen wir den anderen nicht: „Habe *ich* dir geholfen?" Wir fragen ihn: „Hat *es* dir geholfen?" Damit erkennen wir an, dass durch uns eine andere Kraft am Werk war, eine hilfreiche Kraft, und wir in ihren Diensten waren.

Was ist, wenn andere uns geholfen haben? Wenn sie uns unzählige Male geholfen haben, wie zum Beispiel unsere Eltern? Wer war hier am Werk? Ebenfalls etwas Größeres, das sie zur rechten Zeit zur Stelle sein ließ, mit der Liebe und der Kraft und der Einsicht, die ihnen diese Hilfe möglich machte.

Was also hilft? Was hat uns geholfen, anderen zu helfen? Was hat anderen geholfen, uns zu helfen? Eine andere, eine größere Liebe, eine uns gemeinsame Liebe, eine Liebe, von der wir gemeinsam mit Liebe geführt wurden.

Wie wird uns in Zukunft geholfen? Wie können wir anderen in Zukunft helfen?

Wenn wir warten, bis diese andere Kraft etwas zum Guten fügt, ohne dass wir uns um uns und andere Sorgen machen. Die Sorge verhindert, dass uns und anderen auf eine Weise geholfen wird, die im Einklang mit unserer Bestimmung bleibt. Denn diese Sorge ist Misstrauen.

Nicht dass unsere Sorge die Liebe des Geistes daran hindern könnte, uns und anderen zu helfen. Doch die Sorge, weil sie Misstrauen ist, macht uns blind für das, was anderen und uns gemäß ist, weil wir dann nach unseren Vorstellungen zu handeln beginnen, uns innerlich an die Stelle dieser Kraft stellen und uns vor ihr verschließen.

Wie entgehen wir dieser Sorge? Durch die Hingabe an alles, wie es uns begegnet. Denn in allem begegnet uns das Göttliche in jedem Augenblick und auf seine Weise hilfreich. Wie? Weit über uns hinaus mit einer anderen, mit einer größeren Liebe, mit einer Liebe für alle und alles zugleich.

Mittragen

Mittragen heißt: mit vielen etwas gemeinsam tragen. Zum Beispiel ein gemeinsames Schicksal. Das Mittragen verbindet uns auf eine Weise, dass wir uns gemeinsam mitgenommen fühlen, unwiderstehlich und unausweichlich. Zum Beispiel in einer Familie mit einem behinderten Kind. Alle werden vom Schicksal dieses Kindes mitgenommen. Sie tragen es mit ihm gemeinsam.

Andere tragen auch unser Schicksal mit. Es erleichtert uns, wenn sie es mit uns tragen. Zum Beispiel, wenn wir behindert sind oder krank werden.

Mittragen ist Liebe. Mitgetragen werden, ist geschenkte Liebe. Wir fühlen sie zutiefst, wenn wir uns in jeder Hinsicht auf andere angewiesen erfahren, auf ihre Liebe angewiesen. Nur von ihrer Liebe mitgetragen, können wir am Leben bleiben.

Können wir diese Liebe ertragen? Wir können sie ertragen, wenn auch wir, wo wir noch können, das Schicksal anderer mittragen.

Im Mittragen mit anderen und im Mitgetragen-Werden erfahren wir unser gegenseitiges Aufeinander-Angewiesensein auf eine demütige Weise. Wir werden uns unserer Grenzen auf eine Weise bewusst, dass wir loslassen von vielen Vorstellungen von Macht, Vorstellungen von Ansprüchen,

Vorstellungen von Unabhängigkeit und von Freiheit.

Werden wir dadurch weniger? Oder werden wir mehr? Werden wir dadurch kleiner, oder werden wir größer? Werden wir weniger glücklich, oder werden wir es mehr?

Mittragen und Mitgetragen-Werden ist das volle Leben, das volle menschliche Leben. Vor allem ist es die volle Liebe, die volle gemeinsame Liebe, und am Ende das volle Glück.

Dieses Glück kommt aus einer Einsicht und der Zustimmung zu ihr. Aus der Einsicht, dass wir von einer uns übersteigenden Macht mitgetragen werden, dass wir alle gleichermaßen mitgetragen werden, von ihr mit Liebe mitgetragen werden. Im Einklang mit ihr tragen wir vieles mit anderen mit und stimmen demütig zu, von ihnen mitgetragen zu werden – menschlich mitgetragen und göttlich zugleich.

Ich komme

Du rufst, und ich komme. Wer ruft, damit ich komme?

Zuerst rufen uns unsere Mutter und unser Vater. Sie rufen uns bei unserem Namen. Wenn wir uns bei unserem Namen gerufen hören, kommen wir. Wir kommen, um bei ihnen zu sei. Denn sie rufen uns mit Liebe, fast immer mit Liebe.

Auch wir rufen sie oft, und sie kommen. Sie kommen, wenn wir auf sie gewartet haben, und sie kommen uns tagtäglich zu Hilfe.

Wenn wir sie rufen, kommen sie gerne. Auch wir kommen gerne, wenn sie uns rufen.

Später ruft uns oft eine Pflicht oder eine Aufgabe, und wir kommen, um sie zu erfüllen. Meistens kommen wir gerne, doch manchmal mehr aus Angst als aus Liebe.

Unsere Beziehungen sind im Grunde ein ständiges Rufen und Kommen auf vielerlei Weise. Der Austausch in unseren Beziehungen ist ein dauerndes Rufen und Kommen, Bitten und Geben. Er ist gegenseitiges Rufen und Kommen und gegenseitiges Füreinander-da-Sein.

Ruft uns auch Gott? Zum Beispiel ins Leben? Kommen wir, weil er uns ruft? Ruft er uns am Ende unseres Lebens zu sich, wenn wir sterben, und kommen wir, weil er uns ruft?

Ruft er uns auch zu einer Aufgabe? Beruft er uns sogar, und wir folgen seinem Ruf, indem wir kommen?

Dieses Bild lehnt sich an unsere Erfahrung als Kinder an, wenn unsere Eltern uns gerufen und uns zu etwas gerufen haben. Hier hatten wir die Freiheit, zu kommen oder nicht zu kommen, wenn auch in begrenztem Umfang.

Wie ist es aber, wenn Gott uns ruft? Sind wir frei, zu kommen oder nicht zu kommen? Ruft er uns überhaupt, als sei er uns persönlich gegenüber, und als wäre sein Rufen begrenzt und unser Kommen auch? Oder werden wir von Kräften gerufen und in den Dienst genommen, weit über unser Wollen und Können hinaus?

In diesem Sinne ruft uns alles, was ist. Wir folgen diesem Ruf in jedem Augenblick, oft allerdings, ohne wahrzunehmen, welchem Ruf wir folgen. Denn wir kommen immer. Wir leben, weil wir kommen, und wir lieben, weil wir kommen.

Manchmal müssen wir kommen, ohne uns entscheiden zu können. Dann kommen wir, durch die Umstände gezwungen.

Wir können aber auch kommen mit Liebe. Wir kommen, weil wir dem Leben zustimmen mit Liebe. Zu unserem Leben vor allem, mit allem, was zu ihm gehört, sagen wir in jedem Augenblick: Ich komme, ich komme mit Liebe.

Die Güte

Die Güte will den anderen gut. Sie will auch uns gut. Die Güte lässt etwas gut sein, gut wie es war, auch wenn wir uns seiner schämen und wenn andere sich dessen schämen. Wenn wir gütig sind, sind wir nachsichtig. Wir sehen anderen und uns etwas nach. Das heißt: es darf vorbei sein, ohne dass es im Gedächtnis bleibt und noch einmal aufgegriffen und erwähnt wird.

Die Güte macht uns und die anderen frei für die Liebe jetzt.

Lehren heißt Lassen

Wer mit Liebe lehrt, will, dass der Lernende eines Tages seines Weges weiterzieht. Er bereitet ihn durch sein Lehren darauf vor. Er lässt also den Lernenden ziehen. Dann weiß er, dass sein Lehren weiterwirkt, gerade weil er den Lernenden ziehen lässt.

Weil der Lernende nehmen darf, ohne seinem Lehrer etwas davon zurückzugeben, kann er, was er lernen durfte, in seiner Fülle mit sich nehmen und selbst ein Lehrer werden.

Der Lehrer wurde für den Lernenden in den Dienst genommen. Von wem? Von jener Kraft, die alles Leben zu seiner Fülle führt. Er lehrt im Dienst dieser Kraft und findet in diesem Dienst seine Erfüllung. Daher fließt er in seinem Lehren über, ohne etwas zurückzuhalten. Denn je mehr er überfließt, desto mehr erfüllt ihn das Lehren.

Zwischen dem Lehrer und dem Lernenden gibt es ein Gefälle, aber nur für eine Zeit, so wie es zwischen den Eltern und ihren Kindern ein Gefälle gibt, bis diese, groß geworden, selbst Eltern werden. Das Gefälle steht also im Dienst des Lebens. Daher wird es im Dienst des Lebens immer geringer, bis ein neues Gefälle entsteht, diesmal vom Lernenden zu denen, in deren Dienst er selber lehrt, auch hier für eine Zeit.

Lehren im Dienst des Lebens ist immer neues Lehren, weil es neues Leben begleitet und voranbringt. In diesem Sinne ist es von Anfang bis Ende lebendiges Lehren, wachsendes Lehren, glückliches Lehren.

Nur wenn etwas an die Stelle des neuen Lebens tritt, zum Beispiel ein Pensum, hören das lebendige Lehren und Lernen auf – und mit ihnen die Freude.

Dieses lebendige Lehren und Lernen kennt keine Vorschriften. Es folgt dem, was das Leben verlangt und bietet, im Einklang mit ihm und der schöpferischen Bewegung, die es ins Leben bringt und am Leben hält.

Deswegen gibt es bei diesem Lehren und Lernen immer nur Neues. Selbst das, was alt erscheint, wird neu in dem, was es bewirkt und indem es über das Frühere hinausgeht. Daher lässt der Lehrer auch das Alte weitergehen. Er lässt es gehen, wie er die von ihm Lernenden gehen lässt.

Wird er dadurch weniger? Oder kommt er erst dann zu seiner Fülle, erst alles andere hinter sich lassend, ans Ziel?

Die Absicht

Die Absicht ist gerichtet. Sie will, dass etwas geschieht. Wo beginnt diese Absicht? Sie beginnt in mir. Ich will etwas erreichen, und ich bin bereit, es zu erreichen. Das heißt, ich stelle mich auf dieses Ziel ein, erwarte es auch und bleibe mit meinem Blick und meiner Absicht auf es ausgerichtet.

Allerdings, ohne zu handeln. Ich habe es im Blick, ohne auf es zuzugehen. Ich vertraue, dass allein diese Absicht bereits etwas bewirkt. Denn diese Absicht öffnet ein neues Feld, eine neue Dimension. Sie spürt von sich aus die Möglichkeiten auf, die sich bieten. Ist unsere Absicht mit einer Möglichkeit auf diese Weise verbunden, kommt ihr diese Möglichkeit entgegen, sodass sie sich verwirklicht.

Durch die Absicht bin ich mit einer schöpferischen Kraft verbunden, mit einer Kraft, die etwas verwirklicht, was es noch nicht gibt. Daher gibt es für diese Kraft auch keine Hindernisse. Sie erreicht ihr Ziel immer, und zwar auf eine neue, überraschende Weise.

Steht diese Kraft in meinen Diensten? Sie würde in meinen Diensten stehen, wenn ich es bin, der mit ihrer Hilfe etwas Bestimmtes erreichen will. Mit meiner Absicht lasse ich jedoch offen, auf welche Weise sie sich verwirklicht. Das setzt voraus, dass sie sich auf eine unendliche Vielfalt einstellt, innerhalb der sie sich verwirklicht. Daher bleibt meine Absicht im Einklang mit dieser schöpferischen Vielfalt, bereit und offen für jene Möglichkeit, die diese Kraft bereitstellt und verwirklicht.

Letztlich war sogar meine Absicht im Einklang mit diesen Kräften, weil sie die Enge der bisher von mir gedachten Möglichkeiten hinter sich ließ. Sie hat das Ego und seine Zweifel hinter sich gelassen, auch seine Wünsche und Ängste. Als Absicht hat sie sich bereits auf das bis jetzt noch nicht verwirklichte Neue eingestellt, war bereits in Bewegung auf das Neue hin. Sie bewegt sich weiterhin auf dieses Neue hin, wobei das Neue von sich aus unserer Absicht zugewandt bleibt und sie auf neue Weise verwirklicht.

Sobald diese Absicht Wirklichkeit wird, komme ich noch zuversichtlicher in den Einklang mit diesen schöpferischen Kräften. Auf diese Weise führt die Erfahrung zu weiteren Absichten, wieder im Einklang mit ihnen, und zur Verwirklichung weiterer, bisher ungeahnter Möglichkeiten. Sie zeigt sich als Erkennen und Wissen, was wird, und sie lässt es geschehen.

Die Reinheit

Wir bleiben rein, wenn nichts Fremdes unser zutiefst Eigenes auf eine Weise beeinflusst und sich mit ihm vermischt, dass es etwas von dem verliert oder aufgibt, was es in seiner besonderen Eigenart da sein und leuchten lässt.

Das gilt auch umgekehrt. Ich lasse dem anderen seine Reinheit, wenn ich ihn so bei sich sein lasse, dass er für mich in seiner besonderen Eigenart da sein und leuchten darf. Zum Beispiel, weil ich mich an ihm freue, wie er ist.

Weil wir beide in unserer Eigenart leuchten, jeder auf seine Weise, erreicht unser Licht den anderen. Doch nur als Licht, rein als Licht. Es leuchtet ohne Absicht, und doch bewirkt es etwas. Zusammen leuchten wir heller und reiner.

In diesem Sinne rein werden wir, wenn auch unsere Eltern für uns rein leuchten dürfen, rein von unseren Erwartungen, rein von unseren Vorwürfen, rein von unseren Urteilen, rein als unsere Eltern. Und wenn auch wir für sie rein leuchten, rein als ihre Kinder.

Unser Eigenes wird rein und bleibt rein, wenn es als Ganzes so da sein darf, wie es ist, auch hier ohne Urteil, ganz in seiner verborgenen Schönheit und Kraft.

Seltsamerweise ist es gerade das Eigene, das uns am tiefsten mit anderen verbindet.

Denn unser Eigenes, weil es so, wie es ist, unser Eigenes sein und bleiben darf, erlaubt dem anderen, auf gleiche Weise sein Eigenes zu haben und es als sein Eigenes leuchten zu lassen. Durch unser reines Eigenes werden auch unsere Beziehungen rein – und rein wird unsere Liebe.

Die Milde

Die Milde ist sanft, ohne Ecken und Kanten. Sie schmiegt sich an, geht liebevoll mit und hält sich zugleich zurück. Sie leuchtet, ohne zu blenden, auch ihr Licht bleibt mild.

Der Milde weiß viel, deshalb ist er milde. Er hat vieles durchschaut, auch das Heilige. Er hält sich bevorzugt bei den Sündern auf, pflegt mit ihnen Gesellschaft, ohne einer von ihnen zu werden. Er ist auch gegenüber den Gerechten milde, denn er sieht ihre Not.

Mild werden wir zuerst in unseren Gedanken. In ihnen verschwimmen die Grenzen, die Menschen voneinander trennen. Der Milde überwindet diese Grenzen so sanft, dass es kaum auffällt.

Die Milde ist wohltuend. Jeder fühlt sich in ihrer Gegenwart angenommen, ohne sich verstellen zu müssen. Vor ihr ist alles in etwas Größeres aufgenommen, vor dem unsere Grenzen nichtig werden. Daher bleibt die Milde grenzenlos. Sie geht in die Weite, in die Weite einer anderen, einer größeren Liebe.

Die Milde bleibt im Einklang mit allem, wie es ist, weil sie mit allem in der Liebe bleibt. Allerdings in einer Liebe, die vor allem da ist, ohne etwas für sich zu wollen oder zu erwarten. Im Grunde hat sie schon alles, weil sie mit allem in Andacht eins ist.

Über unsere milden Gedanken werden wir auch milde in unserem Gefühl. Zuerst milde mit uns, wie wir sind, auch mit dem, was wir können und wollen. Wir werden auch milde für jene, die andere ablehnen. Für uns dürfen auch sie sein, wie sie sind, schon deshalb, weil auch sie so sind, wie sie es vermögen.

Milde werden wir vor allem im Geist, im Einklang mit der Liebe des Geistes. Für seine Liebe sind alle gleich, weil er sie denkt, wie sie sind. Sie sind aber nur in gewisser Weise den anderen gleich, weil sie auf dem ihnen bestimmten Weg anderen Erfahrungen begegnen müssen, Erfahrungen, welche andere ablehnen, weil sie selbst vor ihnen verschont blieben.

Der Milde weiß, dass auch ihnen diese Erfahrungen im Innersten vertraut sind. Weil er das weiß und es in sich fühlt, bleibt er in der Milde – und auch hier in der Liebe.

Der Friede

Der Friede kommt, wenn die Liebe gelingt. Wie gelingt die Liebe? Wo der Widerstand aufhört und wo jener Energie, die Schaden stiften und Vergangenes (das vielen Menschen Unheil brachte) wiederbeleben will, etwas begegnet, das über das Vergangene hinausreicht und es auf eine Ebene hebt, wo alles gut sein darf.

Diese Liebe stellt sich, ohne einzugreifen. Sie vertraut der Kraft, die durch sie von woandersher wirkt. Sie schreitet vorwärts, ohne zurückzuweichen. Vor ihr verliert das Schuldige seine Macht.

Diese Liebe hält das Widersinnige in Schach. Wie? Indem sie gesammelt sich einer Provokation stellt, ohne auf sie zu antworten. Sie weiß sich mit anderen Kräften verbunden und ist mit ihnen nur da.

Friede ist Kraft, ist größere Kraft. Vor dieser Kraft schwindet das Wider-Sinnige und und Wider-Wollende. Es löst sich auf. In was? Ebenfalls in die Liebe.

Triumphiert der Friede? Er kommt wie lange erwarteter Regen nach langer Dürre. Endlich atmet alles auf und beginnt zu sprießen.

Der Friede ist das Neue, das weiterführt. Er lässt das Frühere zurück, ohne es eines Blickes zu würdigen. Denn der Friede schaut nach vorn. Er wird von einer Bewegung erfasst, die schöpferisch das Frühere hinter sich lässt, als hätte es dieses nie gegeben.

Der Friede ist neu, ohne sich auf etwas Altes zu berufen. Er ist neu, weil das Alte vorbei sein darf.

Dieser Friede ist Liebe, reine Liebe. Er ist rein, weil er das Leben und die Liebe über eine Grenze weiterführt, ohne Rück-Sicht, ohne Altes aufzugreifen.

Weil er neu ist, ist er offen, offen für das Neue, und im Einklang mir dem, was weiterbringt.

Können wir diesen Frieden planen oder wollen? Das Leben will ihn, und wir im Einklang mit dem Leben, das mehr will als das Alte.

Dieser Friede ist Anfang, neuer Anfang, von größeren Kräften denen geschenkt, die auf ihn warten und für ihn sich vorbereiten und bereit sind.

Acht geben

Wenn wir Acht geben, was erscheint in uns als ein inneres Bild? Es ist das Bild einer Gefahr. Wir geben Acht, damit uns und anderen nichts passiert, damit ihnen und uns kein Schaden an Leib und Leben geschieht. Wenn wir auf diese Weise Acht geben, werden wir vorsichtig.

Das gilt vor allem für äußere Gefahren, zum Beispiel im Straßenverkehr. Hier geben wir Acht, auf uns und auf andere. Hier wird das Achtgeben zur Liebe. Durch dieses Achtgeben sind wir uns und anderen achtsam verbunden.

Manchmal geben wir Acht aus einem Misstrauen anderen gegenüber. Wir geben zum Beispiel Acht, dass sie uns nicht hereinlegen, sich nicht auf unsere Kosten einen Vorteil verschaffen, vielleicht sogar mit unlauteren Mitteln. Wir haben dann ein bestimmtes Bild von ihnen und ihnen gegenüber mit diesem Bild verbundene Gefühle.

Diese Bilder und Gefühle bewirken, was wir mit diesem Achtgeben vermeiden wollen. Denn der andere, von dem wir dieses Bild und die mit diesem Bild verbundenen Gefühle haben, nimmt diese Bilder und Gefühle in sich wahr, und er antwortet ihnen, wie sie es von ihm erwarten. Unser Misstrauen bewahrheitet sich dann und gibt unserem Achtgeben Recht. Es bewahrheitet sich, weil wir es bewirkt haben.

Das Ergebnis dieses Achtgebens richtet sich also nach unseren Bildern und Gefühlen. Sie bewirken, was wir uns vorstellen und was wir fürchten. Denn auch die Furcht ist eine Vorstellung. Sie verwirklicht sich, weil wir sie haben. Genau genommen heißt das zugleich, dass wir insgeheim darauf warten, dass sich diese Vorstellungen und Ängste erfüllen.

Auf was geben wir dann vor allem Acht? Auf die Verwirklichung dessen, was wir erwarten, was wir wie zur Rechtfertigung unserer Vorstellungen und Ängste auch kommen sehen wollen.

Können wir diesem Achtgeben entgehen? Wollen wir ihm entgehen? Sind wir bereit, auf die Vorstellung zu verzichten, dass unser Achtgeben in dieser Hinsicht berechtigt war, weil es sich als gerechtfertigt erwiesen hat?

Was ist das Gegenteil von dieser Art Achtgeben? Die Offenheit für eine uns überraschende Liebe, eine selbstlose Liebe von anderen, eine Liebe im Einklang mit einer Bewegung, die allen wohl will und sie in den Dienst ihrer Liebe nimmt, wie immer sie sind. Nicht in unseren Dienst, sonst müssten sie Acht geben, dass wir ihre Liebe nicht für unsere persönlichen Ziele missbrauchen, sondern im Dienst für etwas gemeinsames Großes, gemeinsam einer Bewegung des Lebens hingegeben, einer Bewegung der Liebe für alle.

Heilung

Die von uns erfahrene Heilung ist eine Bewegung von innen, aus unserer Tiefe, die sich nach oben ausweitet, die etwas Enges aufbricht und in seine Bewegung mitnimmt.

Woher kommt diese heilende Bewegung? Wer oder was steuert sie? Welches Wissen und welche Liebe? Kommt sie von außen oder offenbart sich in ihr eine uns bei weitem übersteigende schöpferische Kraft als eine unser Dasein bestimmende wissende Liebe, als wären wir von ihr bis in unsere letzte Tiefe gewollt, von ihr am Leben und am Leben bleibend gewollt?

Die Heilung erfasst uns also als eine schöpferische Bewegung der Liebe, oft ohne dass wir uns ihrer bewusst sind, oft auch ohne dass wir uns ihr mit Hingabe übergeben und überlassen. Indem sie uns heilt, segnet diese Kraft unser Leben. Sie will unserem Leben wohl.

Im Einklang mit dieser Kraft wollen auch andere Menschen und andere Lebewesen unserem Leben wohl. Zuerst unsere Mutter und unser Vater, dann viele Ärzte und Heiler, viele, die uns selbstlos gepflegt oder gerettet haben, oft unter Einsatz ihres eigenen Lebens. Auch durch sie und in ihnen wirkte diese schöpferische Kraft mit ihrer Liebe.

Mit dieser Kraft und ihrer Liebe im Einklang wollen auch wir anderem Leben wohl, ihrem Leben heilend wohl.

Mit dieser Liebe im Einklang wollen wir auch in unseren Beziehungen anderen wohl. Wir wollen ihnen heilend wohl, im Dienste des Lebens wohl. Zum Beispiel, indem wir in unseren Beziehungen diese heilende Kraft am Werk sehen und uns in ihnen im Einklang mit ihr heilen lassen und andere heilen.

Wie in unserem Körper hängt auch hier das Letzte von diesen heilenden Bewegungen ab, vorausgesetzt, dass wir ihnen in unseren Beziehungen Raum geben und heilend mit ihnen gehen.

Heilung in diesem umfassenden Sinn geschieht vor allem im Geist, wenn unser Geist sich diesen Bewegungen der Liebe liebend überlässt, von ihnen geheilt und andere heilend zugleich.

Heilung in diesem umfassenden Sinn ist Hingabe und Dienst im Einklang mit unserem Daseinsgrund. Sie ist der wesentliche Gottesdienst im doppelten Sinn dieses Wortes: Gottes Dienst an uns und unser Dienst an dem uns von ihm geschenkten Leben. In jedem Augenblick von ihm im Dasein gehalten und in seiner sich in ihm offenbarenden Liebe.

Wem die Stunde schlägt

Welche Stunde schlägt? Die letzte Stunde schlägt. Wann schlägt sie? Sie hat schon geschlagen. Sie schlug schon bei unserer Geburt, als auch für uns die Engel sangen: Ehre sei Gott in der Höhe, und auf Erden Friede den Menschen, an denen er sein Wohlgefallen hat. Denn es ist die gleiche Stunde, die Stunde des einen und die Stunde des anderen Lebens.

Die Stunde schlägt, damit wir kommen. Sie schlägt, weil sie uns ruft.

Vom Anfang bis zum Ende unseres Lebens ist es der gleiche Ruf. Wir kommen in jedem Augenblick. Wir kommen jetzt.

Jeder Herzschlag sagt: Ich komme. Jeder Herzschlag sagt: Ich bin schon auf dem Weg, ich kann nicht mehr anders, als zu kommen, ich muss kommen.

Wem sage ich, dass ich komme? Allen, denen diese Stunde im Tod geschlagen hat, sodass ihr Herz zu schlagen aufhörte. Sie brauchen nicht mehr zu kommen, sie sind schon dort.

Wo sind sie dort, und wo werde ich sein, wenn ich mit ihnen dort bin? Dort, woher wir kommen, dort, wo wir schon waren, und dort, wohin wir kommen. Wir kommen zurück.

Kommen wir als die Gleichen zurück? Oder kommen wir anders zurück? Sowohl als auch. Wir kommen gleich zurück mit allem, was uns in die Wiege gelegt wurde. Wir kommen anders zurück durch alles, wozu unser Leben diente.

Wie also höre ich diesen Ruf? Wie komme ich wie einer, der ihn hört, der ihn mit Liebe hört? Indem ich diene, indem ich jetzt diene, indem ich mit allem diene, indem ich mit jedem Herzschlag diene – bis mein Herz zu schlagen aufhört.

Hörst du das Neue, Herr ?

Das Neue kündigt sich an. Zum Beispiel dadurch, dass viele auf es warten. Eine Situation wurde so unerträglich, dass etwas kommen muss, das es verändert. Wenn es kommt, wird es aufgenommen wie ein befreiendes Geschenk, von weit her zu uns gekommen und hier willkommen geheißen. Das Neue liegt oft schon in der Luft.

In diesem Sinne geht das Neue mit einer großen Bewegung, zum Beispiel eine Revolution.

Umgekehrt wird das Neue auch gefürchtet. Auch dann kündigt es sich an, denn sonst bräuchte es niemand zu fürchten. Es wird gefürchtet, weil es eine bisherige Sicherheit gefährdet und sie zusammenbrechen lässt. Auch hier zum Beispiel eine Revolution, nur durch die Augen der Verlierer betrachtet.

Dieses Neue setzt etwas in Bewegung, das viele erfasst, das Neues verlangt, Neues bewirkt und Altes überwindet. Wie zum Beispiel die Völkerwanderungen früher wie heute.

Vieles Neue kündigt sich heimlich an, oft im Geist und im Herzen von nur einer Person. Es fällt kaum auf, und doch ist wie mit einem Schlag Entscheidendes in Gang gebracht.

Nehmen wir zum Beispiel die Einsicht und den Satz des Heraklit: „Der Krieg ist der Vater aller Dinge." Bis heute sitzt uns der Stachel dieses Satzes im Fleisch, ohne dass wir ihn herausziehen können.

Oder nehmen wir den Satz des Aristoteles vom ersten Beweger. Die Folgen dieses Satzes haben wir bis heute noch nicht zu Ende gedacht. Ernst genommen, hebt er jede Unterscheidung von Für und Wider auf.

Oder nehmen wir den Satz: Leben ist Ja, Moral ist Nein. Wer wagt es, ihn zu Ende zu denken? Er untergräbt die Grundlage einer ganzen Kultur und ihrer Religion.

Hören wir hier das Neue? Haben wir den Mut, es zu hören? Denn dieses Neue ist der Anfang für das nächste Neue, das es aus sich entlässt – wenn wir es furchtlos hören. Vor allem aber, wenn wir es mit Zuversicht hören und uns auf sein Kommen freuen.

Heraus-
forderungen

Unterwandert

Unterwandert wird etwas heimlich. Das, was unterwandert, darf sich keineswegs zeigen. Es würde sofort abgelehnt und aus dem öffentlichen Bewusstsein verbannt.

Wenn es unauffällig bleibt, wenn es kaum wahrgenommen wird, unterwandert es das Bestehende, das sich vor ihm noch sicher weiß, auf eine Weise, dass es dessen Fundamente untergräbt, bis es auf einmal in sich zusammenfällt.

Was ist es, das etwas anderes unterwandert? Was ist es, das auf diese Weise unterwandert und zum Einsturz gebracht wird?

Es ist eine Illusion, die sich auf eine breite Zustimmung verlassen kann, auf eine Zustimmung, die das andere, das sie infrage stellt, jederzeit in die Enge treiben und ihre Anhängerschaft genügend einschüchtern kann, sodass das Neue es vorzieht, im Verborgenen zu bleiben.

Doch weil die Unterwanderung heimlich und unauffällig bleibt, fühlt sich das Bestehende selbst dann noch vor ihr sicher, wenn seine Fundamente bereits nachgeben und der Einsturz droht.

Was also unterwandert etwas Bestehendes auf diese Weise? Eine andere Erkenntnis, eine umfassendere Erkenntnis, eine schöpferische Erkenntnis, die weiterbringt.

Was ist das für eine Erkenntnis? Es ist die Erkenntnis von einer anderen Liebe, von einer Liebe, die bestehende Grenzen hinter sich lässt und die Mauern, mit denen eine enge Liebe andere abhalten und fernhalten wollte, bröckeln und in sich zusammenfallen lässt. Was also unterwandert? Eine größere Liebe.

Was geschieht mit denen, deren enge Liebe sie unterwandert? Auch sie werden von ihr aufgefangen. Die Mauern, die fallen, lassen auch die, die innerhalb von ihnen gefangen waren, endlich frei. Frei für eine andere Liebe und für ein anderes Glück.

Prophezeiungen

Wem dienen Prophezeiungen, und was bewirken sie? Verbinden sie uns tiefer mit dem, was uns erwartet? Wappnen sie uns dagegen? Oder lenken sie uns ab von dem, was wir im Augenblick tun können und tun müssen, damit wir auf eine gute Weise leben und überleben können?

Hinter den Prophezeiungen und unserem Interesse an ihnen steht oft die Vorstellung, als hätten wir, wenn wir uns von ihnen führen lassen, unser Leben und unser Schicksal auf eine andere Weise in der Hand als jene, die nichts von ihnen wissen und nichts von ihnen wissen wollen.

Wer nichts von ihnen weiß und nichts von ihnen wissen will, bleibt von ihren Einschüchterungen und Verheißungen verschont. Vor allem bleibt er auf eine Weise gesammelt, die ihn jenen Kräften vertrauen lässt, die ihn im Augenblick auf das hin leiten, was jetzt möglich und fällig wird. Deswegen bleiben ihm die Gefühle der Angst erspart, die sich manchmal an diese Prophezeiungen heften. Vor allem bleibt er im Einklang mit seinem Ende, wann immer es über ihn kommt. So im Einklang, braucht er es weder hinauszuschieben versuchen, noch ihm zuvorkommen.

Weil er sich über sein Ende keine Gedanken macht – er stimmt ihm schon jetzt zu, wie es kommt –, bleibt er den Prophezeiungen gegenüber taub.

Mit den Prophezeiungen verwandt scheint die Weisheit zu sein, denn auch sie beeinflusst unsere Vorstellungen von dem, was uns erwartet. Allerdings ohne uns Angst zu machen. Denn die Weisheit ist auf das Nächste ausgerichtet, auf das unmittelbar Machbare, wie es unserem Leben und unserem Glück im Augenblick dient.

Wie steht es dann mit den Weisheitsorakeln und den Weisheitsbüchern, wie zum Beispiel dem I Ging oder den Tarotkarten? Sind auch sie Prophezeiungen?

Sie geben uns Hinweise, die uns im Augenblick die Richtung für ein Handeln zeigen und die uns vor etwas warnen. Sie sind auf das unmittelbar Nächste gerichtet, auf einen nächsten Schritt. Sie stehen offensichtlich in Verbindung mit einem uns persönlich übersteigenden größeren Bewusstsein und dienen unmittelbar unserem Leben und Glück. Vor allem sind sie immer persönlich und nah. Sie führen zu einem Handeln sofort. Mit ihrer Hilfe bleiben wir in der Sammlung, also eher bei uns als außerhalb von uns, wie zum Beispiel jene, die sich nach Prophezeiungen richten.

Wenn wir allerdings das I Ging oder die Tarotkarten regelmäßig befragen, behandeln wir sie ähnlich wie Prophezeiungen. Auch sie stehen dann dem Einklang mit unserem Leben und Schicksal, wie sie sind, eher im Wege als in ihrem Dienst.

Wir haben auch sonst Vorahnungen. Plötzlich erfasst uns unwiderstehlich der Drang, irgendwohin zu gehen. Wenn wir diesem Drang folgen, erkennen wir auf einmal, dass wir zur rechten Zeit dort hinkommen, wo jemand auf uns wartet, der Hilfe braucht.

Oft wissen wir im Voraus, was auf uns wartet. Das zeigt uns, dass die Zukunft für uns gegenwärtig sein kann, dass sie also schon existiert, bevor sie kommt.

Können wir diese Vorahnungen mit den Prophezeiungen vergleichen? Oder bewegen wir uns in einem anderen Feld? Bewegen wir uns im Feld eines Bewusstseins jenseits der Grenzen von Vergangenheit und Zukunft?

Dieses Bewusstsein kann nur ein umfassendes Bewusstsein sein, an dem letztlich alle Menschen teilhaben, und zu dem der Zugang allen Menschen offen ist. Dieses

Bewusstsein – so wenigstens zeigt es sich für uns in vielen Zusammenhängen – steht im Dienst des Lebens. Es steht im Dienst des konkreten Lebensvollzugs jetzt. Das heißt, es ist auf ein Handeln ausgerichtet, das im Augenblick fällig wird.

Dieses Bewusstsein macht niemals Angst. Es ist auf das nächste Handeln ausgerichtet, es dient dem nächsten Handeln. Daher bleibt es auch beim Nächsten: beim nächsten Tun und der nächsten Zeit. Es genügt, dass es dem nächsten Handeln dient. Daher genügt es auch für uns, beim nächsten Handeln zu bleiben, von ihm zum Nächsten geführt.

Welche Voraussicht brauchen wir also letztlich? Nur die nächste, nur für den nächsten Schritt.

Einsam

Einsam bin ich, wenn niemand bei mir ist, mit dem ich in Beziehung treten kann und der mit mir in Beziehung treten will. Einsam bin ich auf mich selbst angewiesen.

Wie kann ich auf diese Einsamkeit reagieren? Erstens, ich kann warten, bis jemand zu mir kommt. Dieses Warten ist mühselig. Je länger es dauert, desto einsamer fühle ich mich.

Zweitens, ich kann mich auf die Suche nach jemandem machen, mit dem ich in Beziehung treten will. Am einfachsten geht das, wenn ich jemandem diene, der etwas braucht. Sofort bin ich mit ihm in Beziehung. Meine Einsamkeit ist vorbei.

Drittens, ich suche die Verbindung mit einer anderen Kraft und sammle mich auf sie. In ihrer Gegenwart erfahre ich mich geborgen, von ihr mitgenommen und da.

Doch bin ich vor ihr nicht nur da. Sie nimmt mich mit in eine Bewegung und in ihren Dienst. Auf einmal weiß ich, was ich tun kann und in ihrem Dienst tun muss. Ich mache mich im Einklang mit ihr auf einen Weg, der mich mit vielen anderen in Beziehung bringt.

Aber nicht allein. Sie nimmt uns mit in eine Bewegung, in der wir sowohl mit anderen verbunden sind als auch gemeinsam mit ihnen etwas unternehmen, das schöpferisch der Liebe dient.

Der Ruhm

Der Ruhm haftet. Er zehrt an uns, denn er stellt Ansprüche. Damit nimmt er uns gefangen und benutzt uns für etwas anderes.

In wessen Diensten benutzt er uns? Steht er uns zu Diensten? Oder werden wir durch ihn in den Dienst von anderen Kräften genommen, die sich über unser persönliches Schicksal hinwegsetzen, wie dieser Ruhm? Dabei spielt es keine Rolle, ob es ein guter Ruhm ist oder ein schlechter. Von uns aus gesehen haben beide die gleiche Wirkung.

Beide benutzen uns für etwas, das über uns hinausgeht. Daher können wir den Ruhm betrachten, als existiere er unabhängig von uns. Er besteht weiter, auch wenn wir schon tot sind, manchmal sogar schon sehr lange tot.

Wie also gehen wir am besten mit unserem Ruhm um, oder, etwas allgemeiner ausgedrückt, mit unserem guten oder schlechten Ruf?

Wir ertragen ihn, wie wir auch sonst unser Schicksal ertragen, wissend, dass es vorübergeht. Zur gleichen Zeit schauen wir auf jene Kräfte, die sich unseres Ruhmes bedienen. Wir stimmen ihnen zu, was immer sie mit und durch ihn für uns und andere bewirken. Auf diese Weise wachsen wir über unseren Ruf hinaus. Wir gewinnen die Freiheit, als trügen wir unseren Ruhm und unseren Ruf wie ein Gewand, das wir bei besonderen Gelegenheiten tragen, um es danach zurück in seinen Schrank zu hängen. Auf diese Weise dienen wir ihm und werden zugleich von ihm frei.

Genau genommen ist jeder Ruhm und jeder Ruf eine Komödie. Wir spielen sie mit, schmunzeln dabei, legen danach unser Kostüm wieder ab – und atmen auf.

Das Kleine

Das Kleine ist lediglich im Verhältnis zu etwas anderem klein. In sich selbst ist es umfassend und groß, ja sogar für vieles andere, auch für anderes Großes, entscheidend. Wer auf das Kleine herabschaut, schaut oft auf das entscheidende Große herab.

Anders ist es, wenn jemand sagt, dass er sich mit etwas Kleinem begnügt. Mit was begnügt er sich dann? Begnügt er sich mit etwas Entscheidendem, oder begnügt er sich mit etwas, das weniger Anforderungen an ihn stellt, sodass er durch dieses Kleine das für ihn mögliche Große außer Acht lässt und damit verliert.

Das Arme ist oft so etwas Kleines, auch manche Bescheidenheit. Das sehen wir daran, dass das Bescheidene oft eher trennt, als dass es verbindet.

Das Kleine ist manchmal das Unauffällige. Es bleibt unauffällig, weil es sich das leisten kann, weil es sich gleichzeitig seiner Größe und seiner Macht bewusst bleibt. Gerade weil es unauffällig bleibt, wirkt es umso mächtiger.

Klein sind vor allem viele Gedanken, auch viele Erwartungen und Wünsche. Klein bleibt manchmal unsere Bereitschaft, etwas Großes zu wagen. Dann bleibt für uns auch das mögliche Große klein.

Klein bleiben wir im Verhältnis zu anderen, denen wir uns gleich wissen. Hier vor allem in unserer Beziehung zu anderen Menschen. Gerade indem wir uns ihnen gleich wissen, erfahren wir uns mit ihnen auch groß, gleichermaßen groß.

Vor wem groß? Vor jenen Mächten, vor denen wir groß werden, weil wir uns vor ihnen klein wissen. Mit ihnen eins, werden wir auch als Kleine groß. Mit ihnen groß, weil wir klein mit ihnen groß werden, schöpferisch groß.

Endlich

Endlich frei, endlich klar. Sobald jeder bei seinem Eigenen bleibt, nur bei seinem Eigenen, hören die Vergleiche und die Unterscheidungen auf. Dann steht jeder für sich selbst, nur für sich selbst.

Hier wird offenbar, wer er selbst ist, nur er selbst. Hier braucht er sich gegen niemanden abzusetzen, als nehme ihm der andere etwas weg. Nur hier gewinnt er seine eigene Würde.

Wozu also die Konflikte, was richtig ist oder falsch? Wird es ihn kümmern, wenn er bei sich ist, nur bei sich?

Wenn er endlich bei sich ist, gewinnt er auch andere für sich und für das, was er von sich aus ihnen zu geben und anzubieten hat. Endlich wissen auch die anderen, mit wem sie es zu tun haben, nämlich nur mit ihm.

Mit sich im Einklang, braucht er sich gegen niemanden zu verteidigen oder sich von ihm abzuheben. Alle wissen, wer er ist, nur er selbst. Daher steht er zu niemandem in einem Gegensatz und braucht sich vor niemandem zu rechtfertigen.

Endlich hören hier auch die Vorstellungen von Besser oder Schlechter auf. Wie gut jemand ist, erweist sich in dem, was er bewirkt, ohne sich mit einem anderen zu vergleichen oder sich über ihn zu stellen.

Endlich heißt: alles ist gleichermaßen von anderen Kräften gewollt und in ihrem Dienst.

Endlich ist Raum für die Liebe, eine umfassende Liebe.

Die Türe

Eine Türe wird geöffnet. Nur wenn wir sie geöffnet haben, können wir sie hinter uns schließen. Die geschlossene Türe schützt uns gegen Eingriffe von außen. Wenn jemand zu uns kommen will, bleibt sie so lange vor ihm verschlossen, bis wir sie öffnen und ihn zu uns hereinlassen. Wenn er geht, schließen wir sie hinter ihm, wir verschließen sie auch und sind wieder allein mit uns und allen, die bei uns wohnen, die sogar den gleichen Schlüssel haben, mit dem sie die uns gemeinsame Türe schließen und öffnen.

Wir schließen diese Türe hinter uns auch, wenn wir gehen, um anderen während unserer Abwesenheit den Zutritt zu verwehren.

Wir sprechen auch von der Türe des Herzens. Sie wird nur von innen geöffnet. Wer uns zu nahe treten will, vor dem verschließen wir sie. Sie schützt unsere Herzensgeheimnisse. Niemand darf sie wissen, außer wir eröffnen sie ihm.

Das Herz birgt vor allem die Geheimnisse der Liebe, auch unserer tiefsten Einsichten und unseres tiefsten Glücks.

Wir verschließen diese Tür vor der Neugier, vor der Forderung anderer, sie ihnen zu öffnen. Wir verschließen sie oft auch vor uns selbst. Zum Beispiel vor unseren tiefsten Ängsten und vor unserer Schuld.

Wer öffnet für uns die eigene Herzenstüre? Auch hier die Liebe, vor allem jene Liebe, die größer ist als unser Herz. Sie öffnet unsere Herzenstüre für uns oft unerwartet durch eine tiefe Einsicht. Auch sie öffnet unsere Herzenstüre von innen. Sie zieht uns in unser Herz hinein, auf seinen tiefsten Grund. Von dort, mit dieser Liebe verbunden, steigen wir wieder auf und öffnen unsere Herzenstüre für viele andere, vor denen wir sie verschlossen hielten. Wir lassen sie mit Liebe kommen und wieder gehen.

Der Standpunkt

Der Standpunkt verhindert eine Bewegung. Eine Bewegung verlangt, dass wir den festen Stand verlassen und uns in Bewegung setzen. Das heißt: wir setzen uns mit anderen gemeinsam in Bewegung, die ebenfalls ihre Standpunkte verlassen und sich mit uns einer Bewegung anvertrauen, die uns über unsere Standpunkte hinausführt und etwas gemeinsames Neues bewirkt.

Die meisten Standpunkte haben mit Richtig oder Falsch zu tun, mit Ich oder Du und mit Mein oder Dein. Durch unseren Standpunkt grenzen wir uns ein und ab. Wir verwehren anderen den Zutritt in unserem Bereich.

Der Standpunkt entzweit. Er verhindert die Liebe und nimmt ihr die gemeinsame Zukunft.

Besonders gefährlich für die Liebe und für den Frieden sind Standpunkte, die sich auf Gott berufen, als seien ihre Standpunkte göttliche Standpunkte und als würde jede Abweichung von ihnen uns von Gott entfernen und uns seinem Strafgericht ausliefern. Bei ihnen geht es oft um Leben und Tod.

In ähnlicher Weise und oft mit dem gleichen Eifer werden Standpunkte im Namen des Gesetzes vertreten, oder im Namen der Wissenschaft, oder im Namen des Volkes, oder im Namen des Zeitgeistes, heutzutage vielfach unter dem Namen political correctness bekannt.

Was hebt die Standpunkte auf? Jede Bewegung auf Neues hin, jede Bewegung, die sich ausdehnt und immer mehr Unterschiedliches in sich aufnimmt.

Vor allem aber hebt die Liebe unsere Standpunkte auf und die Achtung für alle, auch für ihre Unterschiede.

Mit dieser Bewegung dehnt sich auch unser Wissen aus und die Reichweite unseres Handelns und unseres Erfolgs. Mit ihnen dehnt sich unser Leben aus und unsere Zukunft und unser Glück.

Also, wir sagen den Standpunkten ade, und die Bewegung Hand in Hand hat eine Chance.

Das Risiko

Alles, was wir tun, ist mit einem Risiko verbunden. Was ist das Risiko, das uns auf Schritt und Tritt begleitet? Das Risiko des Todes und des Scheiterns.

Es gibt kein Leben ohne diese ständige Gefährdung. Das fängt schon an mit dem Risiko des Sterbens bei unserer Geburt, sowohl für uns als auch für unsere Mutter. Daher ist alles, was wir tun und erfahren, Leben mit diesem Risiko.

In diesem Sinne ist jeder Fortschritt sowohl Gewinn wie Risiko, und der Rückschritt, jedes Zögern, ist es auch. Wollten wir dauernd an dieses Risiko denken, wären wir handlungsunfähig. Dieses Denken ist auch ein Risiko, vielleicht das größte Risiko.

Daher vergessen wir das Risiko. Das heißt: Wir wagen das Leben mit seinem Risiko, ohne uns über unser Ende besondere Sorgen zu machen. Wir stellen uns diesem Risiko erst, wenn es wirklich ernst wird.

Anders ist es mit den Risiken des Denkens. Wir vergessen manchmal, welche Risiken mit unserem Denken verbunden sind, und spielen mit unserem Denken, als hätte es keine Folgen.

Das Gleiche gilt von unseren Wünschen und vielen Illusionen. Durch sie spielen wir oft mit unserem Leben und mit unserem Glück. Wir verspielen es sogar.

Können wir ohne Risiko leben? Im Geiste ja, in der Liebe des Geistes. In der Zustimmung zu allem, wie es ist, gibt es kein Risiko des Scheiterns und nicht das Risiko, dass etwas aufhört, auch nicht unser Leben.

Die Fülle ist ohne Risiko, weil es in ihr keine Einschränkungen gibt und keine Gefahr.

Das Gleiche gilt von der Sammlung. Auch sie ist ohne Risiko. In ihr ist alles gleichzeitig da.

Allerdings gehe ich in der Sammlung kein Risiko ein über jenes Risiko hinaus, das notwendig zum täglichen Leben gehört. Es wird Teil des Lebens. Es wird auch

Teil der Liebe, jeder Liebe, und macht sie erst so für uns kostbar und reich.

Der Ausweg

Einen Ausweg suchen wir, wo etwas nicht mehr weitergeht. Nach welcher Richtung wir auch gehen wollen, es steht uns etwas im Weg.

Wie verhalten wir uns in einer solchen ausweglosen Situation?

Wir halten inne und sammeln uns auf unsere Mitte, ohne uns zu bewegen. So gesammelt, warten wir auf einen Hinweis, doch ohne zu suchen. Wir lassen los, bis uns auf einmal etwas in den Sinn kommt, wie von außen geschickt, uns mit Liebe geschickt. Auch hier warten wir noch eine Weile, bis wir sicher sind.

Mit diesem Hinweis bekommen wir neue Kraft und schöpfen Mut. Wir folgen diesem Hinweis, bis wir uns wieder in einer ausweglosen Situation wähnen. Da wir gelernt haben, wie mit ihr umzugehen ist, halten wir wiederum inne, sammeln uns, warten auf den nächsten Hinweis und finden die Lücke, durch die wir schlüpfen können.

Im Grunde besteht unser ganzes Leben aus Situationen, in denen wir einen Ausweg finden müssen. Angefangen bei unserer Geburt, dann bei den vielen Anforderungen, in denen wir Hindernisse überwinden, in denen wir Neues wagen, zu Kräften kommen, wenn wir erschöpft oder krank waren, und in denen uns die Liebe immer wieder gelingt.

Am Ende, wenn wir dem Tod begegnen, gibt es keinen Ausweg mehr. Wie bei unserer Geburt bleibt uns nur das Mitgehen und Mitgenommenwerden auf etwas Unbekanntes hin, vielleicht zu einem neuen Erwachen in einem anderen Licht. Auch hier ist uns der Weg vorgezeichnet, aber sein Wohin bleibt für uns im Dunkeln.

Hier hören alle Wege auf, weil alle an ihr Ziel gekommen und wir für immer angekommen sind – endlich.

Befreit

Befreit weiß sich, wer unfrei war. Etwas, was ihn zurückgehalten und gefesselt hielt, gibt nach. Er wird von ihm befreit. Befreit kann er aufatmen und Neues beginnen. Befreit fühlt er sich weit.

Doch fühlt er sich auch sicher? Denn befreit weiß er sich zugleich auf sich verwiesen in dem, was er denkt, in dem, was er will, in dem, was er unternimmt und in dem, was ihm gelingt oder schadet.

Ist er auch befreit von der Liebe und den wesentlichen Bindungen, die zu seinem Leben gehören? Im Gegenteil. Durch die Befreiung wird er für diese Bindungen frei, für Bindungen der Liebe.

Von was müssen wir uns vor allem befreien? Was steht unserer Freiheit am meisten im Wege? Unsere einschränkenden Gedanken und Ängste. Was schränken wir mit ihnen vor allem ein? Die Bilder von unseren Möglichkeiten, die Bilder von unserer Liebe zu anderen und von ihrer Liebe zu uns. Zum Beispiel, indem wir etwas als für uns zu schwierig einstufen und andere oder anderes ablehnen. Sofort werden wir eng, fesseln uns und brauchen Befreiung.

Wir brauchen die Befreiung durch andere innere Bilder, durch weite Bilder, freie Bilder, durch Bilder der Zuversicht, Bilder, die zum Handeln ermutigen, Bilder, die dem Leben dienen, dem ganzen Leben, dem glücklichen Leben, dem langen Leben und der Liebe, die alles wagt.

Der Rand

Der Rand begrenzt: bis hierher und nicht weiter. Jenseits von ihm beginnt etwas anderes. Über ihn hinauszugehen, erscheint manchmal gefährlich, denn nur innerhalb unseres Randes sind wir bei unserer Kraft und innerhalb unserer Möglichkeiten.

So ist zum Beispiel unsere Haut ein solcher Rand. Auch unsere Lebenszeit, die uns vorgegebene und für uns mögliche Lebenszeit, ist ein uns gesetzter Rand. Jenseits von ihr hören wir auf. Vor ihr hat es uns noch nicht gegeben, zumindest nicht in dieser greifbaren Form.

Jenseits dieses Randes geraten wir außer Rand und Band, sind nicht mehr wirklich bei uns selbst und daher auch gefährdet, gefährdet in jeder Hinsicht.

Hat unser Geist auch einen solchen Rand? Geht er nicht jederzeit über den Rand unseres Körpers und unserer physischen und der für uns und andere greifbaren Existenz hinaus, auf eine schöpferische Weise außer Rand und Band? Denn auch das uns bisher Mögliche ist ein Rand. Jedes Neue, jede neue Erkenntnis, jede neue Liebe, geht über diesen Rand hinaus, weit hinaus.

Unser Unendliches hat daher auf der einen Seite einen Rand, einen physischen Rand. Zur gleichen Zeit gehört es in einen Bereich, der diesen Rand in etwas Unendliches jederzeit übersteigt, bleibend übersteigt.

Wie gelingt uns diese Bewegung am leichtesten? Wenn wir auf der einen Seite innerhalb unseres Randes bleiben, wenn wir seinen Grenzen zustimmen und sie anerkennen, auf der anderen Seite jedoch, im Einklang mit einer Bewegung des Geistes, über diesen Rand hinausblicken und uns über ihn hinausbewegen. Wie? Schöpferisch mit Liebe.

Das Leben

Schwanger

Manchmal spüren wir und sagen es auch: „Wir gehen mit etwas schwanger.“ Wir tragen etwas mit uns, das noch wachsen und reif werden muss, bevor es ans Licht kommen kann.

Der Schwangerschaft geht etwas voraus: eine Begegnung, ein Austausch, ein gegenseitiges Sich-Befruchten, aus dem etwas Neues entsteht, das sich zu entwickeln beginnt, bis es nach einer Weile für uns sichtbar und greifbar wird.

Die Schwangerschaft braucht ihre Zeit, die volle Zeit. Wird sie vor der Zeit unterbrochen oder zu lange hinausgezögert, gefährdet sie ihr Ergebnis. Oft können wir nicht von uns aus entscheiden, wie lange wir warten können oder müssen. Wenn die Wehen einsetzen, ist es in jedem Fall Zeit.

Auch das Leben als Ganzes ist wie eine Schwangerschaft. Sie endet, wenn wir zu einem anderen Leben geboren werden, von dem wir nur ahnen, was uns nach dieser Geburt erwartet. Doch anders als bei unserer ersten Geburt können wir uns auf diese Geburt bewusst vorbereiten, ein ganzes Leben lang.

Oft setzen die Wehen ein, bevor wir uns dieser Geburt bewusst werden können. Extrem erfährt das ein abgetriebenes oder ein abgegangenes Kind. Es wird zur zweiten Geburt schon vor seiner ersten geboren.

Diese Überlegungen sind vordergründig. Am Ende kommt es für uns auf die zweite Geburt an. Alles andere hat auf sie vorbereitet.

Mit was gehen wir also letztlich schwanger? Wir gehen schwanger mit unserem Tod. Auf ihn warten wir. Durch ihn werden wir in ein anderes Leben und Dasein geboren.

Auf diese Weise schwanger, sind wir sowohl da als auch woanders. Zählt dann diese Schwangerschaft noch? Hebt diese Geburt sie nicht auf? Vollständig auf?

Der Rauswurf

Der erste Rauswurf für uns war unsere Geburt. Dort wurden wir wirklich rausgeworfen, schmerzlich rausgeworfen, rausgeworfen ins Leben.

Doch tief innen in uns bleibt die Sehnsucht, dorthin zurückzukehren, von wo wir auf diese Weise rausgeworfen wurden.

Das Wiedererleben der Rückkehr und des Rauswurfs suchen wir auf vielfältige Weise.

Ankuscheln, zum Beispiel, ist ein solcher Versuch. Die Sehnsucht, nach Hause zu kommen, ist ein solcher Versuch. Sich warm und geborgen fühlen, ist ein Wiedererleben der ursprünglichen Geborgenheit. Auch unser Zubettgehen, unter die Dekke schlüpfen, den Tag hinter uns lassen, die Augen schließen, zurückkehren in das Dunkel der Nacht und in ihr zu träumen.

Am Morgen wachen wir auf, reiben uns die Augen und fragen uns: „Wo war ich bloß?“ Dann müssen wir raus aus dem warmen Bett, hinein in den hellen Tag, zurück ins wache Leben.

Doch auch in der Nacht, in ihrem Dunkel und im tiefen Schlaf, waren wir am Leben. Es war nicht das gleiche Leben wie das, was uns am Tag erwartet. Dieses andere Leben hat uns auf das Leben während des Tages vorbereitet. Wir würden das Leben am Tag nicht aushalten, würden wir nicht immer wieder in diesen Mutterschoß zurückkehren, in ihm die Kraft für den neuen Tag gewinnen und zu ihm wieder erwachen.

Deshalb, wenn uns am Morgen jemand fragt, wie wir uns fühlen, sagen wir manchmal: „Ich fühle mich wie neu geboren.“

Ähnliches erleben wir in der tiefen Sammlung. In ihr ziehen wir uns vom hellen Tag zurück, gehen in die eigene Tiefe, dorthin, wo wir uns an unseren Ursprung angeschlossen fühlen. Wir kommen in den Einklang mit einer Kraft, die uns trägt, uns nährt, und gewinnen Einsichten und Hinweise, die uns bereichert zurückkehren lassen in die Helle des Tages, zu neuem Handeln fähig, auch hier wie neu geboren.

Auch die Familie ist für uns wie ein Mutterschoß. In ihr fühlen wir uns geborgen, zu ihr kehren wir zurück, wenn wir müde geworden sind. In ihr werden wir mit allem versorgt, was wir zum Leben brauchen. Auch aus ihr treten wir immer wieder neu hinaus in den Tag.

Wenn wir in unserer Familie alles bekommen und genommen haben, was uns lebenstüchtig macht, können wir diese Familie verlassen und uns eine andere, eine eigene Familie suchen oder eine andere Gemeinschaft oder Gruppe. Wir verlassen also den Mutterschoß dieser Familie und treten hinaus in das erwachsene Leben.

Auch das ist wie eine neue Geburt. Manchmal ist es wie ein Rauswurf, wenn wir noch zögern, endlich auf eigenen Füßen zu stehen. Diese Trennung und dieser Rauswurf sind oft schmerzlich. Sie werden wie ein Verlust erlebt, als würden wir unsere bisherige Lebensgrundlage verlieren. Doch erst durch diese Trennung und diesen Rauswurf gewinnen wir die Kraft, uns auf eine neue, auf eine selbstständige Weise unserem Leben zu stellen.

Ähnliche Situationen wiederholen sich laufend in unserem Leben. Zum Beispiel, wenn wir nach unserer Ausbildung einen Beruf ergreifen und den Anschluss an eine Arbeitstelle finden, die uns eine neue Lebensgrundlage ermöglicht und die es uns erlaubt, unser Leben eigenständig zu gestalten.

Wenn wir unseren Beruf und unseren Arbeitsplatz verlieren, wenn wir also arbeitslos werden, stehen wir vor der gleichen Situation. Wieder werden wir auf gewisse Weise rausgeworfen, stehen allein auf der Straße, müssen uns neu orientieren.

Dann suchen wir einen neuen Beruf, einen neuen Arbeitsplatz, oder wir machen uns selbstständig. Die Selbstständigkeit löst uns endgültig vom Mutterschoß der Gruppen, von denen wir noch abhängig waren und uns dennoch in ihnen geborgen und sicher fühlen konnten.

Wie ein Mutterschoß wirken viele Wertegemeinschaften. Zum Beispiel die Religionen. In diesen Zusammenhang gehören auch andere Wertegemeinschaften, die ihren Anhängern ähnliche Heilsversprechen machen, ihnen aber auch mit dem Rauswurf drohen, wenn sie von deren Vorgaben abweichen, einem Rauswurf mit manchmal tödlichen Folgen.

Zu diesen Wertegemeinschaften gehören gewisse Weltanschauungen, wie zum Beispiel der Kommunismus und ähnliche politische Wertegemeinschaften wie die Demokratie, ja sogar die Menschenrechte, bestimmte Menschenrechte. Wer sie nicht anerkennt, wird oft rausgeworfen.

Auch die Völker sind solche Wertegemeinschaften. Sie bieten ihren Anhängern und Mitgliedern die Sicherheit, dazugehören zu dürfen und von ihnen in Notlagen Hilfe zu erwarten.

Doch wehe denen, die von diesen Wertegemeinschaften abweichen, wie zum Beispiel die Ketzer.

Wieso weicht jemand von den Vorgaben solcher Wertegemeinschaften ab? Oft wegen einer neuen Einsicht, die von den Vorgaben dieser Wertegemeinschaften abweicht und diese infrage stellt.

Der Rauswurf, wenn er ihn überlebt, denn oft ist er ja sehr gefährlich, löst ihn vom Mutterschoß dieser Wertegemeinschaften und macht ihn selbstständig. Allerdings nur auf eine begrenzte Weise, denn uns ganz von ihnen lösen können und dürfen wir nicht. Zu sehr sind wir weiterhin auf sie angewiesen.

Dennoch, die entscheidenden Fortschritte im Dienst des Lebens und der Liebe sind die Folgen abweichender Einsichten.

Was sind die für das Zusammenleben der Menschen entscheidenden Einsichten? Es sind die Einsichten, die das vorher einander Entgegenstehende zusammenführen. Diese Einsichten überwinden Grenzen. Sie anerkennen die Unterschiede als zur Fülle des Lebens gehörend und bringen sie zusammen, ohne sie aufzuheben. Sie führen zu einer größeren, zu einer umfassenderen Liebe und sind daher die Gefahren des Rauswurfs aus dem Mutterschoß dieser Wertegemeinschaften auch wert. Denn nur die ganze Liebe ist die volle Liebe und das volle Leben.

Alle, die in dieser gegenseitigen Achtung und Liebe miteinander verbunden sind, bilden auch eine Wertegemeinschaft.

Doch eine Wertegemeinschaft ohne Ausschluss und ohne Rauswurf.

Auch in dieser Wertegemeinschaft sind wir gebunden. Jeder ist für sich einzeln eingebunden in eine Bewegung, von der alles Dasein ursprünglich kommt. Diese Bewegung ist unser wahrer Ursprung und unser wahres Ziel. In der Rückkehr zu ihr sind wir dort angekommen, von wo unser Leben seinen Anfang nahm. Sie ist für uns der eigentliche Mutterschoß. Zu ihm kehren wir zurück mit unserem letzten Rauswurf – unserem Tod.

Angekommen

„Endlich angekommen", seufzen wir manchmal, wenn eine Reise lange gedauert hat. Wir sind froh, am Ziel zu sein. Auf dieses Ziel kommt es an. Es war die lange Reise wert.

Am Ziel lassen wir die Reise hinter uns. Was immer sie uns an Erfahrungen gebracht hat, was immer sie uns an Mühen gekostet hat, am Ziel lassen wir sie hinter uns. Dort sind wir angekommen, endlich angekommen.

Am Ziel bleiben wir, wenn es ein letztes Ziel ist. Über dieses Ziel führt nichts hinaus.

Von welcher Reise habe ich hier gesprochen und von welchem Ziel? Von unserer Lebensreise und von unserem Lebensziel.

Wann sind wir an diesem Ziel wirklich angekommen? Wie sind wir an ihm angekommen? Sind wir alleine angekommen? Sind wir mit vielen angekommen? Kommen wir sogar mit allen und allem an?

Hinter diesem Bild wirkt die Vorstellung, als seien wir von uns aus auf der Reise zu unserem Ziel. Doch so, wie wir diese Reise von uns aus weder beginnen noch sie von uns aus an ihr Ziel bringen können, geht es allen Menschen und der gesamten Kreatur. Alle sind nur mitgenommen, von Anfang an mitgenommen, von anderen Mächten mitgenommen. Von ihnen mitgenommen, kommen alle am Ende an.

Wie bewegen wir uns auf dieser Reise? Wir bewegen uns im Blick auf dieses Ziel zuversichtlich. Wir bewegen uns zuversichtlich, gut anzukommen, zur rechten Zeit anzukommen, ganz anzukommen, endlich anzukommen.

Wir übergeben uns dieser Bewegung mit Liebe. Wir erfahren uns auf dieser Reise mit dieser Liebe schon jetzt im Einklang. Wir erfahren uns schon auf der Reise bei ihr angekommen, sowohl auf dem Weg und schon am Ziel – glücklich am Ziel, mit Liebe am Ziel.

Die Geduld

Geduld heißt: Ich warte. Ich warte, bis etwas gut wird, bis es gleichsam von alleine gut wird, ohne dass ich einzugreifen brauche.

Die Geduld vertraut. Sie vertraut anderen Kräften. Sie vertraut guten Kräften, die zu ihrer Zeit etwas zum Guten lenken.

Die Geduld müssen wir üben. Geduldig langsam zu sein, fällt uns schwer. Wieso? Weil wir manchmal dem guten Ergebnis vorauseilen wollen, bevor seine Zeit gekommen ist.

Die Geduld hat Zeit. Sie hat die volle Zeit, denn erst die volle Zeit kommt an ihr Ziel.

Der Geduldige behält den Überblick. Er behält den Überblick, weil er Zeit hat.

Weil er Zeit hat, bleibt der Geduldige langsam. Viele überholen ihn, wollen ihn überholen. Doch wer kommt zuerst an, wirklich an?

Vor allem kommt der Geduldige ausgeruht an. Nichts hat ihn erschöpft. Er kommt gesammelt an, mit seiner vollen Kraft.

Geduldig ist vor allem die Liebe. Sie lässt allem seine Zeit. Es darf in Ruhe wachsen.

Geduldig ist auch die Fürsorge, zum Beispiel für ein Kind. Die Geduld macht ein Kind glücklich. Es fühlt sich aufgehoben und getragen.

Geduldig ist auch das Leben. In ihm kommt alles zu seiner Zeit. Das Leben hat keine Eile. Nur wenn Not am Mann ist, eilt auch das Leben. Es eilt, um am Leben zu bleiben.

Geduldig, seltsamerweise, ist auch das Neue. Es kommt in jedem Fall. Wenn wir geduldig auf es warten, kommt es manchmal schneller, als wir es erwartet haben.

Doch dann ist es da, endlich da.

Nichtig

Nichtig ist, was zu nichts mehr taugt. Nichtig sind viele Gedanken. Wozu diese Gedanken? Wem dienen sie?

Nichtig sind vor allem viele Gedanken von Richtig und Falsch.

Was wäre hier richtig, und was wäre falsch? Richtig ist vor allem, was dem Leben dient. Falsch ist alles, was sich dem Leben entgegenstellt, was das Leben einschränken und mindern will.

Nichtig ist alles, was keinen Erfolg hat. Wozu soll es nütze sein?

Nichtig ist alles, was der Liebe entgegensteht. Ohne Liebe haben wir weniger Leben statt mehr.

Nichtig sind unsere Gottesgedanken. Was könnte nichtiger sein als das, was wir über das Göttliche denken, vor allem, wenn wir ihm vorschreiben wollen, wie es sein soll, damit es vor unseren Gedanken besteht?

Nichtig sind unsere Vorstellungen von unserer Zukunft. Denn wer könnte sie voraussehen und wer könnte wissen, was uns an ihr weiterbringt und dem Leben in dem Augenblick dient?

Nichtig sind alle Gedanken von Ursachen, warum das eine so ist und das andere anders, warum die einen Glück haben und die anderen Unglück.

Wer von uns weiß, was uns letztlich vollendet, und was uns zur Vollendung noch fehlt?

Nichtig vor allem sind alle Gedanken über Unschuld und Schuld. Was können sie anderes bewirken, als was der Liebe und dem Leben im Wege steht?

Was ist dem Schicksal der Nichtigkeit entzogen? Alles, was der Liebe dient und dem Leben. Allerdings nur, was dem Leben dient, wie es ist: dem wirklichen Leben, dem ganzen Leben und mit ihm der ganzen Liebe.

Atmen

Atmen ist Austausch. Es ist nehmen und wiedergeben, nehmen und abgeben. Nur insoweit ich abgebe, wird Raum für das Nächste.

Der Atem, der Lebensodem, hält die Lebensflamme am Lodern. Mit dem Atem erlischt auch das Leben.

Auch eine Beziehung wird am Leben gehalten durch Abgeben und Nehmen. Auch eine Beziehung ist in Flammen. Je mehr sie lodert, desto mehr Atem von Nehmen und Abgeben verlangt sie. Dieser Austausch lässt sie glühen. Dieser Austausch entfacht ihre Glut von neuem, wenn sie zu verglühen droht.

Alles, was uns in Bewegung bringt und in Bewegung hält, atmet. Jede Begeisterung atmet, jeder Eifer atmet, jede Entschlossenheit atmet, und jede Liebe atmet. Wenn ihre Flammen zu heftig lodern, verzehren sie auch, was sie zum Lodern bringen. Von daher brauchen sie das beständige und tiefe Atmen, das Atmen ohne Unterlass. Dieses Atmen erneuert und bewahrt zugleich.

Auch der Geist atmet. Er erneuert sich im Lassen und im Wieder-von-vorne-Beginnen. Der Geist weht. Nur wo er weht, ist Leben. Nur wo er weht, lodert die Liebe. Nur wo er uns bis in unsere tiefsten Tiefen erfasst und durchdringt, erreicht der Atem des Lebens das uns verborgene Letzte, erfahren wir ihn unfassbar am Werk, ununterbrochen am Werk, in ständigem Austausch am Werk, liebend am Werk, als Geist von diesem Geist glühend am Werk.

Atmet auch Gott? Oder ist es sein Geist, der in jedem Atem alles beständig in Gang hält, es in jedem Augenblick neu ins Dasein bringt, es in jedem Augenblick vergehen und wieder beginnen lässt? Atmen wir ihn ein und aus und bleiben am Leben, weil wir immerfort vergehen und wiedererweckt werden? Atmen wir in ihm?

Die Freude

Die Freude kommt von Herzen. Sie geht von innen nach außen wie ein warmer Strom, wie ein warmes, helles Licht. Die Freude ist allem zugewandt. Unter ihrem Einfluss beginnt unser Gesicht zu leuchten. Denn die Freude scheint.

Auch sonst verändert sich unter ihrer Bewegung unser Gesicht. Wir beginnen freudig zu lächeln, ja laut zu lachen, und stecken andere mit unserer Freude an.

Die Freude ist Leben, pulsierendes Leben. Sie hält uns nicht länger auf unseren Sitzen. Von ihr erfasst, stehen wir auf. Wir beginnen uns zu bewegen, am liebsten mit anderen zusammen. Wir fangen an, mit ihnen zu tanzen, fassen uns bei den Händen, beginnen mit ihnen im Reigen zu tanzen, schauen uns an und beginnen, mit ihnen gemeinsam zu singen.

Diese Freude ist Lebenslust, die Freude am Dasein. Erst in ihr fühlen wir uns ganz da, mit vielen anderen zusammen da.

Daher sucht die Freude die Gesellschaft mit anderen Menschen, den Austausch mit ihnen, auch die gemeinsame Feier.

Die Freude überwindet, was uns von anderen trennt. In ihr fühlen wir uns reich, mit vielen verbunden. Sie erfasst uns mit Leib und Seele. Sie lässt uns vieles vergessen und lässt das Widrige vorbei sein. Sie schaut nach vorne, und sie hat Erfolg.

Vor allem aber ist die Freude im Geist. Erst der Geist setzt sie wirklich frei. Er beflügelt sie. Denn die Freude im Geist ist schöpferisch.

Was berührt uns tiefer als eine neue Erkenntnis, mit der uns etwas Neues gelingt, eine neue Entdeckung, die weiterführt und ein Geheimnis ans Licht bringt: in uns, in anderen, in der Welt?

Die Freude im Geist kommt aus der Liebe für alles, wie es ist und wie es kommt. Sie ist eine Bewegung der Liebe, die uns mit allem verbindet, wie es sich bewegt, und bringt uns in Einklang mit dem, was alles trägt.

Diese Freude ist tief. Diese Freude hebt alle Unterschiede auf. In ihr fühlen wir uns angekommen und am Ziel, jetzt schon vollendet und glücklich.

Das Ja

Das Ja kommt aus der Seele. Es ist eine kraftvolle Bewegung, in der wir uns aufrichten, in der wir größer werden, in der wir auf etwas Neues zugehen mit Zuversicht, um es an uns zu nehmen, um mit ihm eins zu sein, um an ihm größer zu werden und mehr.

Das Ja ist in erster Linie eine Zustimmung zum Leben, wie es ist: zu unserer Herkunft, wie sie ist, zu unseren Eltern, wie sie sind, zu unserer Umgebung, wie sie ist, zu den Umständen, die wir in ihr vorfinden, zu ihren Herausforderungen und zu ihren Gaben.

Durch das Ja wachsen wir. In ihm schreiten wir von Mehr zu Mehr, zu immer mehr Einsicht, zu immer mehr Können, zu immer mehr Wollen, zu immer mehr Liebe zu immer mehr Menschen.

Daher ist dieses Ja ein freudiges Ja, ein zuversichtliches Ja, ein großes Ja, ein umfassendes und weites Ja. Es geht laufend über unsere bisherigen Grenzen hinaus.

Dieses Ja bewegt sich im Einklang mit einer schöpferischen Bewegung. Im Einklang mit ihr ist es eine fortlaufende Bewegung. Sie ist von Augenblick zu Augenblick neu, wach, voller Erwartung, unermüdlich und froh.

Es gibt auch ein entgegengesetztes Ja. Dieses Ja ist nur scheinbar ein Ja. Dieses Ja ist Abschied von jenem Ja, das weiterführt. Wir kennen es als Resignation, als das demütige sich Fügen in sein Schicksal, oft sogar unter dem verführerischen Bild des sich Ergebens in den Willen Gottes.

Dieses Ja lähmt. In ihm hört die schöpferische Bewegung auf und mit ihr das Leben, oft auch die Liebe, und immer das Glück.

Wenn wir uns in einem solchen Ja gefangen erfahren, überwinden wir es durch das vorwärts blickende, zuversichtliche und selbst hier freudige Ja. Und schon beginnen unsere Augen wieder zu leuchten, und wir schöpfen selbst im Widrigen sein Angebot und seine Herausforderung bis zum Letzten aus – ohne ein Letztes.

Das Schöpferische

Der schöpferische Gedanke, das schöpferische Wort und das durch das Wort wirkende schöpferische ins Dasein-Treten von etwas, was es vorher noch nie gab, beginnen eine schöpferische Bewegung, die, weil sie schöpferisch ist, schöpferisch weitergeht. Denn wie könnten ein schöpferischer Gedanke und das aus ihm kommende schöpferische Wort je an ein Ende kommen und aufhören?

Das Schöpferische kann also nur in einer nie endenden Bewegung gedacht werden, in einer endlos Neues schaffenden Bewegung.

Die Frage ist: Nimmt diese schöpferische Bewegung, das, was sie ins Dasein und in eine Bewegung bringt, in diese schöpferische Bewegung mit hinein, und zwar auf eine Weise, dass auch sie schöpferisch werden kann? Dass sich also das Schöpferische dieses Geistes vervielfältigt und anderes Schöpferisches aus sich entlässt, sodass auch dieses sich schöpferisch erfährt, zum Beispiel der Mensch?

Hier liegt das Geheimnis des freien Willens. Er erlaubt uns, schöpferisch zu sein, schöpferisch im Denken und schöpferisch im Vollbringen dessen, was wir auf diese Weise denken. Doch frei ist er nur im Einklang mit dieser umfassenden schöpferischen Bewegung und nur im Einklang mit ihr auf eine Weise schöpferisch, die Neues und Großes schafft, das dem Leben dient.

Die Frage ist: Trauen wir uns dieses Schöpferische zu, dieses neue Schöpferische? Zum Beispiel im Bewahren und Wiedererlangen unserer Gesundheit? Übernehmen wir in dieser Hinsicht die Verantwortung für unsere Gesundheit und treten in schöpferischen Kontakt mit unserem Körper und seinen Organen und Funktionen?

Wie alles Schöpferische beginnt das schöpferische gesund Bleiben und gesund Werden mit schöpferischen Gedanken, also mit neuen Gedanken, die sofort etwas bewirken. Sie bewirken etwas, wenn wir in eine Bewegung gehen, die umsetzt, was auf diese Weise gedacht ist. Der schöpferische Gedanke und der Befehl an unseren Körper, sich entsprechend auf ihn einzustellen und zwar mit einer Bewegung, erreicht sein Ziel in einer neuen Bewegung, die etwas Früheres hinter sich lässt und damit überwindet, es ganz überwindet.

Diese Bewegung ist immer eine Bewegung nach vorne und in die Weite. Diese Bewegung gelingt, wenn sie begleitet wird von schöpferischen neuen Gefühlen, die ebenfalls nach vorne und in die Weite gehen. Entsprechend reagiert unser Körper, zum Beispiel mit tieferem Atem, einer aufrechten Haltung, mit Lächeln und Freude, mit freundlichem Blick und Liebe für das, was sich anbahnt und Grenzen überwindet.

Das Schöpferische bewährt sich sofort. Das heißt, die Gesundheit wird sofort im Körper wirksam und nachprüfbar.

Wir sind also frei und zugleich in die Zucht genommen, schöpferisch frei und schöpferisch gefordert, mit Liebe gefordert.

Schuld und Unschuld

Die grundlegenden Bewegungen, nach denen wir unser Leben ausrichten, stehen im Dienst der Zugehörigkeit zu der Gruppe, die unser Überleben sicherstellt, also in erster Linie unsere Familie. Wir erleben diese Bewegungen als Gewissen.

Diese Gewissensbewegungen lenken uns durch zwei unterschiedliche Gefühle. Das eine Gefühl ist das der Sicherheit, dass wir dazugehören dürfen. Wir kennen es als das Gefühl der Unschuld. In der Unschuld fühlen wir uns leicht und unbeschwert. Auch wissen wir genau die Grenzen, innerhalb derer wir uns ohne Angst frei bewegen können, ohne uns wegen der Sicherheit der Zugehörigkeit Sorgen machen zu müssen. Wir wissen, hier gehören wir dazu.

Das zweite Gefühl, mit dem uns dieses Gewissen lenkt, fühlen wir als die Angst, die Zugehörigkeit zu verlieren oder sie bereits verloren zu haben. Dieses Gefühl erfahren wir als Schuld. Schuld in diesem Sinne steht ebenfalls im Dienst der Zugehörigkeit. Es zwingt uns, alles zu tun, um das Recht auf Zugehörigkeit wiederzugewinnen, wenn wir es verloren haben, oder unser Verhalten so zu verändern, dass wir der Gefahr entgehen, dieses Recht zu verlieren. Daher wissen wir auf Schritt und Tritt, ob wir uns innerhalb der Grenzen der für unser Leben wichtigen Gruppe bewegen, oder ob wir diese Grenzen überschritten haben und wieder umkehren und uns in unserem Denken und Wollen den dort geltenden Gesetzen unterwerfen und anpassen müssen.

Diese Gefühle von Unschuld und Schuld begleiten uns immer. Ohne sie wären wir verloren. Sie dienen unserem Überleben und unserem Glück, allerdings innerhalb bestimmter Grenzen. Sie machen uns sowohl sicher als auch eng.

Auch der Geist lenkt uns durch Gefühle, die mit den Gefühlen der Schuld und Unschuld zu vergleichen sind, allerdings auf eine völlig andere Weise, die den Gefühlen der Schuld und Unschuld, wie wir sie von unserem Gewissen her kennen, entgegengesetzt sind, denn sie gehen in die entgegengesetzte Richtung.

Unschuldig fühlen wir uns hier ohne Grenzen, schuldig fühlen wir uns hier, wenn wir Grenzen setzen. Was sind das für Grenzen? Es sind Grenzen der Liebe.

Wenn unsere Liebe weit bleibt wie die Liebe des schöpferischen Geistes, wissen und fühlen wir uns im Einklang mit ihm. Dieses Gefühl ist mit dem Gefühl der Unschuld innerhalb des anderen Gewissens vergleichbar. In diesem geistigen Gefühl der Unschuld fühlen wir uns weit und leicht, in einer Bewegung der Zustimmung und Liebe zu allem, wie es ist. Diese Liebe ist bis ins Letzte selbstlos, weil wir im Einklang mit der Liebe des Geistes unser Ich zurücklassen. Wir werden gleichsam ohne unser Ich mit allem in Liebe eins. Daher bleiben wir in dieser Bewegung ohne Sorge, ohne Absicht, ohne Furcht. Wir bewegen uns, ohne uns selbst zu bewegen, weil wir von einer anderen Bewegung erfasst werden, ihr hingegeben und von ihr sowohl geführt als auch getragen.

Wie fühlt sich hier die Unschuld an? Als gesammelte Ruhe, ohne Vergangenheit, denn diese bleibt hinter uns, allein im Augenblick wie reiner Gegenwart. Daher auch ohne Vorausschau und ohne Angst vor dem, was kommt. Im Gegenteil, es ist die Ruhe freudiger Erwartung auf das nächste

Neue hin, wohin der schöpferische Geist uns mitnimmt, schöpferisch mitnimmt.

Auch diese Unschuld ist ein Gefühl der Zugehörigkeit, einer grenzenlose Zugehörigkeit zu allem, was ist. Es ist das Gefühl einer liebenden Zugehörigkeit und daher mit allem in einer liebenden Schwingung, vom gleichen Geist gewollt und aufeinander bezogen.

Sobald wir von dieser Liebe abweichen, ihr zum Beispiel Grenzen setzen, andere von ihr ausschließen, weil wir uns von ihnen bedroht oder eingeschränkt meinen, wenn wir vor ihnen Angst haben oder ihnen gegenüber argwöhnisch werden und sie aus unserer Liebe ausschließen, erfahren wir uns von diesem Geist in die Zucht genommen, oft schmerzlich in die Zucht genommen, sogar von ihm wie verlassen.

Dieses Gefühl ist vergleichbar mit der Schuld, die wir bei unserem anderen Gewissen fühlen. Es zwingt uns, innezuhalten. Es zwingt uns, zu überdenken, wo und wie wir von der Liebe des Geistes abgewichen sind. Vor wem wir zum Beispiel Angst bekommen haben, wen wir vielleicht sogar weghaben und loswerden wollten und wem wir missgünstig wurden. Dieses Gefühl zwingt uns, zur Liebe zurückzufinden, zur Liebe für alles gleichermaßen. Es zwingt uns, uns für sie mit der gleichen Liebe zu öffnen, wie dieser Geist sie bewegt, und sie zu achten, wie dieser Geist sie in seinen Dienst genommen hat.

Die Abweichung von der Liebe des Geistes erfahren wir auf mehrfache Weise.

Zuerst werden wir unruhig. Wir verlieren die Orientierung, wir bewegen uns im Kreis, ohne weiterzukommen. Oft werden wir auch eifrig, verfolgen Ziele, die von vorneherein zum Scheitern verurteilt sind, und geben nach einiger Zeit, weil wir nicht mehr weiterkommen, auf.

Zweitens fühlen wir uns verlassen und ohne die für die nächsten Schritte notwendige Kraft.

Drittens fühlen wir uns eng und einsam, als hätten wir die Beziehung zu anderen Menschen verloren. Wir wissen weder ein noch aus.

Hier wird unsere Liebe geprüft, oft hart geprüft, manchmal auch körperlich geprüft. Was ist dann der Ausweg?

Erstens, wir halten still, ohne uns weiterzubewegen.

Zweitens, wir überprüfen, wo wir von der Liebe abgewichen sind.

Drittens, Schritt für Schritt geben wir der Liebe für jene Raum, die wir als für uns gefährlich oder als uns einschränkend gefürchtet haben.

Wie geben wir der Liebe für sie Raum? Mit Wohlwollen für alle, wie sie sind und was sie wollen.

So finden wir zur Ruhe und zum Einklang mit den Bewegungen des Geistes zurück – und zu seiner Liebe. Wir finden zurück zur Weite dieses geistigen Gewissens und im Einklang mit ihm zu einem tiefen und weiten Glück.

Die Wirkung

Der Wirkung geht etwas voran. Sie ist das Ergebnis einer Bewegung, die etwas in Bewegung gebracht hat. In diesem Sinne ist die ihr folgende Bewegung die Wirkung jener Bewegung, die ihr vorausging.

Aber auch die erste Bewegung, welche der zweiten vorausging, ist die Wirkung einer anderen Bewegung, oder sogar von vielen Bewegungen, deren Ergebnis sie als deren Wirkung wurde. In diesem Sinne ist alles Wirkung und Ursache zugleich.

Wir können also das Gleiche sowohl als Ursache als auch als Wirkung wahrnehmen. Es hängt nur vom Blickwinkel ab, als was wir es primär wahrnehmen.

Wir können auf diese Unterscheidung verzichten, wenn wir uns in jedem Augenblick in Bewegung erfahren und in diesem Sinne in einer endlosen Bewegung, angestoßen und anderes anstoßend, ohne uns über das Woher und das Wohin eigens zu kümmern. So bleiben wir in allem gelassen.

Das Eigene

Das Eigene gehört mir nicht, genauso wenig, wie dein Eigenes dir gehört. Unser Eigenes, so wie es ist, ist von woandersher gedacht, weil es nur so jenem Ganzen dient, in dem alles Eigene für etwas allem Eigenen Gemeinsames zusammenwirkt. Daher darf mein Eigenes nicht anders sein, als es ist, so wie dein Eigenes so sein und bleiben muss, wie es mir als dein Eigenes gegenübertritt.

Wenn ich also an meinem Eigenen etwas aussetze, an was setze ich etwas aus? Wenn ich an deinem Eigenen etwas aussetze, an wem setze ich etwas aus? Bin ich dann noch im Einklang mit jener schöpferischen Kraft, die alles Eigene gedacht hat, wie es ist, die es so in sein eigenes Dasein gebracht hat und es so, wie es ist, in seinem Dasein jeden Augenblick hält?

Wie kann ich dieser schöpferischen Kraft bis in mein inneres Letztes hinein zustimmen, außer ich stimme zugleich jedem einzelnen Eigenen zu, wie es ist und wie es mir begegnet, das, weil es ein anderes Eigenes ist, mein Eigenes sowohl braucht als an ihm auch zu seinem Eigenen findet?

Die Zustimmung zu jedem Eigenen, wie es ist, lässt es als ein göttliches Eigenes leuchten, doch nur, wenn es jederzeit dieses Eigene bleibt.

Wenn ich an meinem Eigenen und am Eigenen von anderen etwas auszusetzen habe, was geht dann in mir vor? Ich halte dieses Eigene nicht aus, wie es ist, weil ich das Göttliche in ihm in seiner Größe wie ein mich blendendes Licht nicht aushalte, es nicht ertrage.

Dann schließe ich meine Augen, setze mich innerlich in meinem Dunklen diesem Licht aus, bis es für mich mild wird, mild wie letzte, tiefe Liebe.

Die Ordnung

Die Ordnung hält zusammen, denn innerhalb einer Ordnung hat alles den Platz, der ihm im Ganzen zukommt. Daher unterstützt innerhalb der Ordnung jedes zugleich alles andere.

Diese Ordnung ist eine dynamische, weil sie sich laufend den gegebenen Umständen anpasst und sich von dorther weiterentwickelt.

Allerdings gibt es einige grundlegende Ordnungen, die bleiben. Sie sind Ordnungen des Lebens. Sie dienen dem Leben und erlauben ihm, sich zu entfalten.

Zu diesen Ordnungen gehört zum Beispiel das gleiche Recht für alle, da zu sein. Zwar muss sich jedes Leben dieses Recht auch erkaufen, indem es mit anderem Leben in einen Wettbewerb tritt, bei dem das stärkere Leben die Oberhand gewinnt. Doch dient auch der Wettbewerb dem Fortschritt des Lebens und ist von daher in Ordnung.

Das Leben braucht zu seiner Weiterentwicklung die Gegensätze, ja sogar den Konflikt. Daher fordert es vom einzelnen Lebewesen, dass es sich diesem Konflikt auch stellt, sich ihm kraftvoll stellt. Recht hat daher für das Leben immer das, was siegt, was überbleibt.

Daher kann der Einzelne sein Recht auf Leben auch nicht einklagen. Er muss beweisen, dass er in der Auseinandersetzung obsiegt.

Dennoch hat auch das, was unterliegt, im Leben seinen Platz, allein schon daher, dass es den Kampf um das Überleben aufgenommen hat, selbst wenn es dabei unterlag. Das Wort von Heraklit: polemos pater panton, das heißt: Der Krieg ist der Vater aller Dinge, gilt daher noch heute.

Viele Ordnungen schützen die Schwachen und geben auch ihnen einen wichtigen Platz. Die Ordnung sorgt für den Ausgleich, sodass auch das, was schwächer scheint, den ihm zukommenden Platz im Ganzen behält. Allerdings nur, wenn es bereit ist, für das Ganze den ihm möglichen Beitrag zu leisten. Auch sein Beitrag ist daher aktiv, weit über das Passive hinaus.

Alles, was dem Leben dient, muss sich auf die eine oder andere Weise bewähren und durchsetzen. Diese Ordnungen dienen dem Leben, einem kraftvollen Leben – und erst so auch der Liebe.

Dienen

Dienen ist Hingabe, sie ist Hingabe an das Leben und an das, was dem Leben dient. In diesem Sinne ist Dienen tätige Liebe am Leben und für das Leben.

Das Dienen ist auf etwas gerichtet, weg von mir, hin auf etwas, das mir gegenüber und mit mir da ist. Indem ich ihm diene, kommt es mir auch entgegen. Es schenkt mir etwas, sodass mein Dienen mich ebenfalls reich macht. In diesem Sinne dient es auch mir. Es gibt sich auch mir hin.

Das schönste und das umfassendste Dienen ist das Dienen der Eltern, das Geben des Daseins an ihre Kinder und ihr Da-Sein für ihre Kinder. Auch die Kinder kommen dem Dienen der Eltern entgegen. Als Antwort auf dieses Dienen schenken sie ihnen ihre Liebe, machen auch sie reich. Je mehr die Kinder ihren Eltern zeigen, wie sie am Dienen ihrer Eltern in jeder Hinsicht wachsen, desto mehr freuen sich ihre Eltern an ihnen und dienen ihnen umso lieber.

Auch die Liebe zwischen Mann und Frau ist gegenseitiges Dienen, ist gegenseitiges füreinander Da-Sein. Auch sie kommen dem Dienen des anderen entgegen, freuen sich an ihm und dienen ihm umso lieber.

Dieses Dienen mit Liebe, als Hingabe an das Leben, macht den anderen frei. Daher dienen wir ihm immer mit Achtung und lassen ihn gleichzeitig für das ihm Gemäße frei, so, dass er daran wachsen kann.

Dienen kann daher auch ein Beschneiden bedeuten, das wehtut. Zum Beispiel in der Erziehung, auch in der Behandlung von körperlichen Schäden beim Heilen von Wunden. Dieses Dienen verlangt manchmal den Eingriff, der dem Wildwuchs Grenzen setzt und Ordnung schafft.

Können wir auch Gott dienen oder seiner Sache? Braucht er uns?

Wir dienen Gott, wenn wir dem Leben dienen.

Leben als Hingabe

Nur dem Leben völlig hingegeben, leben wir es in seiner Fülle. Wir geben uns dem Leben hin, weil wir es haben, vor allem aber, weil es uns hat. Wir haben es nur, weil es uns hat.

Das Leben hat uns zusammen mit allem anderen Leben. Es nimmt uns in eine Bewegung des Lebens mit, an der wir teilhaben mit allem, was lebt. Nur im Einklang mit allen Kräften des Lebens, im Einklang mit unserer Hingabe an dieses umfassende Leben und durch unseren Beitrag und unseren Dienst an ihm, haben wir das ganze Leben, das ewige Leben.

Ewig heißt hier: ewiger Anfang, ewige Dauer, weit vor unserem Anfang und weit über unsere Lebenszeit hier hinaus. In diesem Sinne lebt alles, was war, im jetzigen Leben weiter, genauso wie das Leben jetzt in alles zukünftige Leben reicht und es mittragen wird, so wie alles frühere Leben uns in diesem Leben trägt.

Was also heißt hier Leben als Hingabe? Es heißt die Hingabe an dieses ganze Leben, an dieses ewige Leben, an das Leben in unserer Zeit, getragen und begleitet von allem früheren Leben und schon jetzt dem künftigen Leben hingegeben, wie immer es kommt.

Was ist dieses ewige Leben? Was heißt Hingabe an dieses Leben?

Es ist die Hingabe an jene ewige Kraft, aus der alles Leben immerfort quillt als die Verwirklichung ihrer Gedanken, von ihr ausgesprochen als ein ewiges „Es werde."

Daher ist unsere Hingabe an das Leben eine Hingabe weit über das von uns als unser eigenes Leben erfahrene Leben hinaus. Sie ist Hingabe an die Schöpfung als ewige Schöpfung in allem, was wir in ihr staunend wahrnehmen, im staunenden Mitschwingen mit ihr, im dienenden Mitschwingen mit ihr, in einer Liebe zum Leben, die ebenfalls immerfort sagt: Es werde.

Die Hingabe an das Leben ist also Hingabe an die Bewegung des Lebens, an seine ganze Bewegung, Daher ist sie auch Hingabe an das Vorläufige des Lebens, an das, was uns im Augenblick als unvollendet erscheint, ja sogar an das, was ihm als entgegengesetzt erscheint und es gefährdet. Als Teil der ganzen Bewegung dient ihm das Vorläufige genauso wie das, was das Leben offensichtlich weiterbringt, zum Beispiel seine gelungene Weitergabe.

Wir nehmen also in dieser Hingabe das Leben auf uns, auch in seinen Widrigkeiten und Gefahren, insbesondere dort, wo wir es für andere einsetzen. Zum Beispiel eine Mutter bei der Geburt ihres Kindes, oder ein Vater, der seine Familie unter Einsatz seines Lebens schützt, oder Menschen, die unter eigener Lebensgefahr anderen zu Hilfe kommen, um sie zu retten. Wenn sie dabei ihr Leben verlieren, ist es der höchste Dienst am Leben, die höchste Hingabe an das Leben, die Hingabe des eigenen Lebens für das Leben anderer, die es dadurch gewinnen oder wiedergewinnen.

Hier vor allem zeigt sich, dass die Hingabe an das Leben mehr ist als nur die Hingabe an unser persönliches Leben.

Doch ohne die Hingabe an unser eigenes Leben, so wie wir es haben und wie es uns geschenkt ist, bleibt unsere Hingabe an das Leben ohne den Einklang mit seiner ganzen Bewegung.

Die Hingabe an das Leben beginnt also bei uns. Erstens, indem wir es nehmen, wie es uns geschenkt ist, mit der ganzen Liebe für alle, von denen es unmittelbar zu uns kam, also vor allem für unsere Eltern und Ahnen. Dann für alle, die es gefördert, beschützt, herausgefordert und helfend begleitet haben.

Im Einklang mit ihnen nehmen wir es selbst auch in die Hand, indem wir es nähren, schützen, indem wir an ihm wachsen und es dienend weiterentwickeln, vor allem dann in unseren Beziehungen zu anderen Menschen und zutiefst in der Gemeinschaft mit einem geliebten Partner, mit dem wir unser Leben weitergeben.

Wie gelingt uns diese Hingabe am umfassendsten und schönsten? Wenn wir uns an unserem Leben freuen, wie es ist, uns an ihm mit anderen freuen, uns in einer Lebensgemeinschaft mit vielen anderen an ihm freuen, gebend und nehmend, für seine Fülle, was immer sie uns schenkt und zugleich abverlangt, mit Liebe bereit.

Der Lauf des Lebens

Jedes Leben nimmt seinen Lauf, wie es ihm bestimmt ist. So nimmt mein Leben seinen Lauf, wie es für mich bestimmt ist. So nimmt das Leben anderer Menschen seinen Lauf, wie es für sie bestimmt ist.

Warum also sollte ich mir über mein Leben Sorgen machen, wie es für mich läuft? Warum sollte ich mir über das Leben anderer Sorgen machen, wie es für sie läuft? Ihr Leben und mein Leben und ihr Lauf liegen in anderen Händen.

Wieso machen wir uns also oft Gedanken, wie unser Leben sein soll? Wie sogar das Leben anderer Menschen sein soll, vor allem das Leben jener Menschen, die uns nahe stehen und mit denen wir in einer besonderen Beziehung sind oder waren?

Weil wir ihr Leben als Teil von unserem Leben haben wollen, obwohl es ihr Leben ist, das ihnen gehört und so, wie es ist, den für sie bestimmten Lauf nimmt.

Wie gehen wir dann mit ihnen und ihrem Leben um? Wir entlassen sie und ihr Leben aus unseren Gedanken und Wünschen. Wir entlassen sie und ihr Leben auch aus unserer Sorge und unseren Hoffnungen. Wir entlassen sie und ihr Leben vor allem aus unserer und ihrer Schuld. Wir entlassen sie also aus unserer Reue, aus unserem Vorwurf, aus unserer Gerechtigkeit. Wir lassen sie und uns für ihr und unser Leben frei.

Entlassen wir sie dann auch aus unserer Liebe? Auf gewisse Weise ja. Wir entlassen sie aus jener Liebe, die von ihnen etwas will, was weder ihrem noch unserem Leben dient. Wir entlassen sie aus jener Liebe, die sie an unsere Schuld bei ihnen und sie an ihre Schuld bei uns auf eine Weise bindet, die unserem und ihrem Leben auf unserem und ihrem Weg wie ein Stolperstein den nächsten Schritt erschwert. Wir bleiben in unserem inneren Gefühl auch von dieser Liebe frei.

Welchen Lauf nimmt dann unser Leben? Seinen Lauf, ganz seinen Lauf, seinen vollen Lauf.

Doch jedes Leben nimmt seinen Lauf zusammen mit anderem Leben, in gegenseitiger Abhängigkeit, und in Gemeinschaft mit ihm. Wir brauchen die anderen, und sie brauchen uns. Zugleich steht unser Leben in Spannung zu anderem Leben. Es muss sich gegen anderes Leben durchsetzen und muss, um zu überleben, sogar anderes Leben vernichten.

Auch hier nimmt jedes Leben seinen Lauf, wie er ihm bestimmt ist. Am Ende reicht sein Lauf weit über den eigenen Lebenslauf hinaus im Dienst von anderem Leben, dessen Lauf fördernd oder beendend und von ihm gefördert oder beendet.

Wir stimmen auch hier dem Lauf des Lebens zu, wie er uns und anderen vorgegeben ist, im Einklang mit jener großen Bewegung, die auch in dieser Auseinandersetzung jedem seinen Lauf lässt, ohne den einen einem anderen vorzuziehen. Schon deshalb nicht, weil für sie jeder Lebenslauf früher oder später in einem anderen Lebenslauf weitergeht, anders und dennoch für sie in ihrem Dienst gleich.

Mitschwimmen

Wer mitschwimmt, wird von etwas Größerem getragen. Wohin, bleibt für ihn ungewiss. Auch weiß er nicht, was es ist, das ihn mitnimmt, und woher es kommt. Er selbst braucht sich kaum zu bewegen, er wird so und so woandershin getragen.

Innerhalb dieser Bewegung, die ihn mitnimmt und trägt, kann er mitschwimmen. Er hat auch die Möglichkeit, mit eigener Kraft voranzukommen und mit dem Strom zu schwimmen. Doch weder kann er sich gegen den Strom wehren, indem er versucht, gegen ihn zu schwimmen, noch kann er ihn verlassen, als gäbe es in seiner Reichweite ein Ufer. Ob er nun mitschwimmt oder sich treiben lässt, ob er dagegen zu schwimmen versucht, oder ob er sogar aussteigen will, er bleibt im großen Strom, wird von ihm mitgenommen.

Mit ihm schwimmen alle anderen im gleichen Strom. Auch sie werden mitgenommen wie er, zum gleichen verborgenen Ziel.

Wie immer sich einer verhält, ob er sich über andere zu erheben versucht, ob er von ihnen als besonders angesehen wird, ob er sie sogar führen und ihnen vorstehen will, er schwimmt mit ihnen im gleichen Strom, von ihm mitgenommen wie sie.

Auch unsere Gedanken schwimmen mit, auch unsere Wünsche, unsere Erfolge oder Misserfolge, unser Glück und unser Unglück, unsere Hoffnungen, unsere Überzeugungen, unsere Unschuld und Schuld, unser Überfluss und unsere Armut, unsere Tugend und unsere Sünde, unser Anfang und unser Ende.

Auch unsere Freiheit schwimmt mit, ein bisschen anders vielleicht als andere, doch ohne dass es auffällt.

Auf was kommt es für uns dabei letztlich an? Nur auf den Strom, für alle auf den gleichen Strom.

Macht er zwischen uns einen Unterschied? Nimmt er die einen mehr mit und die anderen weniger? Er bleibt für alle der gleiche Strom.

Von diesem Strom getragen, schwimmen wir ohne Sorgen mit, auch ohne Sorgen für andere und ohne Sorgen um den Strom. Er fließt immer, allen in allem nah, und doch bleiben uns seine Tiefe und sein Woher und Wohin unergründlich.

Was also braucht uns noch zu kümmern? Wenn wir uns diesem Strom anvertrauen, uns ihm mit vielen gemeinsam anvertrauen, schwimmen wir, und wir lassen uns treiben: gelassen treiben, gemeinsam treiben, sicher treiben, uns ihm hingegeben treiben, dankbar treiben, in ihm mit allem eins.

Ich lebe

Was immer ich tue, was immer ich an Freud und Leid erfahre, an Erfolg und Misserfolg, an Aufstieg und Abstieg, es gehört zu meiner Wirklichkeit, der es dient.

Was ist meine Wirklichkeit? Meine Wirklichkeit ist: Ich lebe. Nichts geht über diese Wirklichkeit hinaus, sie allein zählt.

Alles, was ist, dient oder schadet meinem Leben. Alles was wird, wird nur möglich, weil ich lebe. Alles, was anderem Leben dient, kann ihm nur insoweit dienen, als ich lebe.

Alles, was mir schadet, alles, was anderen schadet, schadet mir und ihnen, weil ich abgewichen bin von meinem Leben, von dem, was wirklich in mir vorgeht, wenn ich mir bewusst bin: Ich lebe.

Umgekehrt, wenn ich den Blick auf diese für mich einzig wichtige Wirklichkeit verliere, wenn ich mich hinreißen lasse zu etwas, was über mein Leben jetzt hinausgeht, wenn ich mein Leben sichern will, ohne ihm in allem zu vertrauen, und wenn ich mich über andere auf eine Weise erhebe, die ihrem Leben schadet oder die ihr Leben herabsetzt, lebe ich gegen mein eigenes Leben. Es wird für mich weniger statt mehr.

Jedes Leben ist immer ein eigenes Leben mit eigenem Anfang und eigenem Ende. Nur als eigenes Leben dient es auch anderem Leben, vor allem wenn wir es weitergeben. Indem es anderem Leben dient, dient es auch meinem Leben.

Wenn ich also sage: „Ich lebe", wenn ich mich über mein Leben freue, wenn ich es in seiner Fülle lebe, liebe ich mich. Ich liebe alle, die meinem Leben mit ihrem Leben gedient haben, und ich liebe alle, denen ich mit meinem Leben diene. Allerdings so, dass es immer mein Leben bleibt, und das Leben der anderen ihr Leben bleibt. Jedes Leben bleibt das eigene, wie es von woandersher am Leben gehalten wird – für jeden mit der gleichen Liebe.

VERBUNDEN

Jeder

Jeder Mensch hat sein Leben wie jeder andere Mensch. Er kann mit seinem Leben etwas machen und es leben wie jeder andere. Jeder kann und muss sich auch den Gefahren und den Anforderungen seines Lebens stellen. Keiner kann ihm abnehmen, was zu seinem Leben gehört. Nur er kann sein eigenes Leben leben, so wie jeder andere sein eigenes Leben leben kann und muss.

Zugleich ist jeder auf andere angewiesen, und andere auf ihn. Er ist für sein Leben auf sie angewiesen wie andere auf ihn für ihr Leben. Das auf andere Angewiesensein gehört zum Leben eines jeden Menschen. Dennoch lebt jeder nur sein Leben, wie jeder andere auch.

Jeder ist für sein Leben sein eigenes Maß. Daher hat jeder auch seine eigene Gesundheit und sein eigenes Glück. Er hat auch seinen eigenen Partner und seine eigenen Kinder, und er hat seine eigene Unschuld und Schuld. Jeder hat auch sein eigenes Schicksal und zu seiner Zeit seinen eigenen Tod.

In diesem Sinne hat jeder seine eigene Vergangenheit und seine eigene Zukunft.

Jedermann ist hier jedem anderen gleich und zugleich von jedem verschieden.

Von jedem hat Gott gesagt, dass er werde und sei, wie er ist, jeder anders und dennoch jedem anderen gleich.

Darf ich daher wünschen, dass der andere anders sei? Darf ich mir vorstellen, wie er sein müsste? Darf ich für ihn sein Leben leben wollen, oder wollen, dass er mein Leben lebt? Darf ich über sein Leben verfügen oder er über meines?

Wenn ich sein Leben achte, wie er es lebt, achte ich meines, wie ich es lebe. Ich lasse mich und jeden anderen für sein Leben frei – mit Achtung und Liebe.

Mitschuldig

„Du bist schuldig.“ Wer so etwas sagt, wird mitschuldig. Denn was geht in einem Menschen vor, der einen anderen schuldig spricht? Er identifiziert sich mit dem Schuldigen, indem er ihn ablehnt, auch wenn es vordergründig anders scheint. Indem er den Schuldigen und die Schuld ablehnt, offenbart sich, dass sie ihn faszinieren und anziehen. Sonst könnte er sie ja in Ruhe lassen. An ihnen fasziniert ihn eine eigene Schuld, die er verleugnet, weil sie ihm gleichzeitig Angst macht. Indem er den anderen schuldig spricht, spricht er sich als Schuldigen frei.

Wieso befasst er sich daher mit der Schuld des Schuldigen, vielleicht sogar mit einem seltsamen Eifer? Braucht er den Schuldigen, damit es ihm besser geht? Was geschähe in seiner Seele, würden er und andere den Schuldigen in Ruhe lassen, ohne ihn zu verurteilen, weder nach außen vor anderen mit ihren Reden und Taten, noch innerlich mit ihrer Neugier und ihrem Gefühl?

Offensichtlich werden sie, indem sie jemanden schuldig sprechen, selbst schuldig. Indem sie jemanden schuldig sprechen, lehnen sie ihn nicht nur selbst ab. Sie wollen, dass auch andere ihn ablehnen und ihm etwas antun. Sie verbünden sich mit anderen gegen ihn, wollen, dass er zur Rechenschaft gezogen wird und ihm und seiner Familie ein Leid geschieht.

Können wir sie dann von dem, den sie schuldig sprechen, unterscheiden? Können sie sich noch von ihm unterscheiden?

Jetzt habe auch ich sie schuldig gesprochen, als mitschuldig, als in die gleiche Schuld verstrickt. Kann ich das, ohne selbst mitschuldig zu werden?

Wie gehe ich mit mir um, um mich aus ihrer und meiner Schuld zu lösen? Ich löse mich von ihnen schuldig in dem Sinne, dass ich mich im Tiefsten ihnen gleich weiß, unausweichlich gleich, auch ich wie sie schuldig und mitschuldig, beiden mitfühlend gleich, mit Liebe gleich, auf Abstand gleich.

Gibt es dann mehr Schuldige und Mitschuldige? Oder gibt es weniger Mitschuld und Schuld? Es gibt mehr Hoffnung und Menschlichkeit für viele – auch für uns.

Der Abstand

Der Abstand macht frei. Fast alle Konflikte sind nahe Konflikte. Durch den Abstand werden beide Seiten auf ihr Eigenes zurückgeworfen, dorthin, wo ihre Kraft zum Tragen kommt.

Der Konflikt entsteht vor allem dort, wo ich etwas haben will, das einem anderen gehört. Indem ich Abstand nehme, lasse ich dem anderen sein Eigenes. Da er sich von mir nicht mehr eingeengt oder bedroht fühlt, kann er in Ruhe bei seinem Eigenen bleiben und mir mein Eigenes lassen.

Wie gelingt uns die Anerkennung des je Eigenen? Durch den Abstand, durch den inneren Abstand und, in seinem Gefolge, den äußeren Abstand.

Allerdings können wir den Abstand manchmal überwinden. Wie? Durch die Liebe. Was die Liebe zusammenführt, weiß sich voreinander sicher, so sicher, dass es im Angesicht des anderen ohne Angst sein Eigenes zeigen kann, wie es ist. Wenn beide ihr Eigenes dem anderen auf diese Weise offenbaren, überwinden sie den Abstand, allerdings ohne ihn aufzuheben. Die Liebe lässt dem anderen sein Eigenes, doch so, dass sein Eigenes zugleich auf den anderen zukommt und sich ihm mitteilt. Es teilt sich auf eine Weise mit, die dem anderen etwas vom eigenen Eigenen schenkt. Beide wachsen durch das Eigene des anderen über sich hinaus und finden zu einer anderen Fülle, zu einer ihnen gemeinsamen Fülle.

Das Nahe

Alles ist nah, nichts ist fern, denn alles Ferne erreicht uns im Nahen. Nur im Nahen wird es von uns wahrgenommen.

Oft fliehen wir vor dem Nahen in die Ferne, zum Beispiel in eine ferne Zukunft und oft auch in eine ferne Vergangenheit, als sei sie noch nahe. Doch das Vergangene ist als Vergangenes vorbei, es sei denn, wir holen es in das Nahe zurück, als wäre es noch da.

Doch ohne das Vergangene gibt es kein Jetzt. Nur weil uns das Vergangene noch nah ist, sind wir im Nahen da. So sind uns unsere Eltern immer nah, so sind uns unsere Erfahrungen noch nah, so ist uns das Erreichte noch nah und das Verfehlte und Verlorene. Auch frühere Freunde sind uns noch nah und frühere Partner.

Die Frage ist: Wie sind sie uns noch nah und wie nah dürfen sie uns noch sein? Oder sind sie uns besonders nah, wenn sie jetzt fern sein dürfen? Wirkt das Vergangene erst dann im Nahen befreiend, wenn es im Nahen vorbei sein darf?

Nah ist uns alles, was sich bewegt. Es bewegt sich nach vorne, ständig auf ein nächstes Nahes hin, das aus dieser Bewegung entsteht. Daher ist das Nahe auch das Neue, das Neue jetzt.

Die Frage ist auch: Wer ist uns nah und wer darf uns nah sein? Und umgekehrt: Wem sind wir nah, wem sind wir bereit, nahe zu sein? Oder halten wir uns von ihm fern, wo wir ihm doch nahe sind, nahe sein können und müssen?

Sind wir auch uns nah, oder uns oft fern? Wohin schweifen manchmal unsere Gedanken und unsere Wünsche, wo doch das Nahe das Wirkliche ist, das sie erfüllt?

So weit unsere Ziele auch sind und so weit unsere Wege, um sie zu erreichen, ankommen können wir nur beim Nahen, beim Nahen schon jetzt.

Das Nächste

Das Nächste ist das, was als Nächstes kommt und als Nächstes fällig wird. Wir sprechen vom Nächsten auch als von dem, was uns persönlich am nächsten ist, was uns in unserem Leben am wichtigsten ist. In diesem Sinne sprechen wir auch von Menschen als die uns Nächsten. Also von unseren Eltern und von unseren Geschwistern und Verwandten, obwohl es bei diesen einige gibt, die uns näher oder ferner sind. Am nächsten ist uns in unserem Erwachsenenleben unser Partner, mit dem wir in einer Lebensgemeinschaft leben.

Hier geht es mir um die innere Haltung auf das uns Nächste hin, um jene Haltung, die beim Nächsten bleibt. Sie verlangt die höchste Konzentration, eine Konzentration, die bereit ist, von allem anderen abzusehen. Sie sieht von dem ab, was nach dem Nächsten kommt, auch von dem, wohin es führt. Sie bleibt beim nächsten Tun in den Gedanken und im Gefühl. Auf diese Weise hat nur das Nächste für uns Gewicht, und es kommt zuerst.

Genau genommen kommt als Nächstes immer die Liebe und alles, was der Liebe dient. Nur die Liebe führt weiter, sie führt bleibend weiter. Verglichen mit der Liebe, verliert das andere an Bedeutung. Denn was könnte es unserem Leben hinzufügen? Nur wenn etwas als Nächstes kommt und kommen darf, tritt es in unser Bewusstsein und gewinnt unsere Liebe.

Nur beim Nächsten bleiben wir gesammelt. Nur beim Nächsten überlassen wir uns jener Bewegung des Geistes, die hinter allem wirkt. Sie wirkt immer im Nächsten, immer in der nächsten Liebe.

Nur beim Nächsten bleiben wir hingegeben, nur beim Nächsten sind wir mit dieser Bewegung eins. Nur beim Nächsten sind wir in unserer Kraft. Nur beim Nächsten sind wir am Leben. Nur beim Nächsten bleiben wir in der Andacht vor allem, wie es ist. Nur beim Nächsten sind wir am Ziel, an unserem letzten Ziel, denn das Letzte ist jetzt.

Die Bahn

Jeder Planet zieht seine eigene Bahn, weit von den anderen entfernt, doch von der gleichen Mitte angezogen, um die er mit den anderen kreist.

So ziehen auch wir unsere eigene Bahn, jeder für sich und doch um die gleiche leuchtende Mitte, von der jeder von uns seine Wärme und sein Licht hat.

Jeder bleibt auch auf seiner Bahn. Deshalb kreisen wir in Harmonie. Letztlich kommt es nur auf die gemeinsame Mitte an. Wir kreisen um sie in Harmonie, weil wir von ihr allein angezogen und in Bewegung gehalten werden. Nur von ihr kommt für uns jedes Licht und jede Glut.

Lassen sich diese Vergleiche auf unser Leben übertragen? Als ein Bild auf gewisse Weise ja. Dennoch entsprechen sie einer letzten Wirklichkeit und einer letzten Einsamkeit, weil jeder von dieser Mitte einzigartig angezogen wird und sich nur durch sie bewegt.

Weil jeder auf seiner Bahn bleibt, bleiben wir zugleich ohne die Gefahr eines Aufpralls, der beide zerstört, und ohne die Gefahr der Ablenkung auf eine andere Bahn.

Die eigene Bahn erlaubt uns auch die andere Liebe. Obwohl jeder auf seiner Bahn im eigenen Umlauf bleibt, bleiben wir miteinander verbunden durch unseren gleichen Mittelpunkt und durch das gleiche glühende Licht.

Über diesen Mittelpunkt werden wir eins und bleiben dennoch auf unserer Bahn, den anderen nah und fern zugleich, beides mit Liebe, gemeinsam und einsam.

Geist und Leben

Alles Leben ist geistig, weil es ein Bewusstsein hat, nach dem es sich richtet. Alles Leben verhält sich sinnvoll, sodass es einerseits am Leben bleibt und andererseits sein Leben weitergibt. Es weiß, wie es sich verhalten muss, damit ihm beides gelingt.

Dieses Bewusstsein wirkt in ihm im Zusammenspiel von für uns unübersehbaren Antrieben, die jeder Bewegung eigen sind, damit sie gelingt. Allerdings nicht so, dass sie dem Lebewesen bewusst sind. Deswegen ist es umso erstaunlicher, wie in einem Lebewesen alles zusammenwirkt, damit es lebt.

Auch bei uns Menschen läuft das Wesentliche, das uns am Leben hält, jenseits unseres Bewusstseins ab. Es wird gesteuert von einem umfassenden Bewusstsein, welches das unsere unendlich übersteigt.

Allerdings können wir uns mit unserem menschlichen Bewusstsein diesem anderen Bewusstsein auf eine gewisse Weise auch entgegenstellen, mit ihm also in einen Widerspruch kommen. Wir können dem Leben selbst zuwiderhandeln, indem wir uns über es erheben und es anderen Zielen opfern. Wir verhalten uns dann mit unserem Bewusstsein, als könnten wir mit unserem Leben etwas wollen und erreichen, das sich gegen es stellt, als könnte es Ziele geben, die über ihm stehen, Ziele, die wir uns setzen; als könnte es Ziele geben, die über das Leben hinausgehen, jenseits und über ihm, höher als dieses Leben. Auch indem es anderes Leben dabei infrage stellt, sogar die Grundlagen des eigenen Lebens und das Leben derer, die nach uns kommen.

Auf der anderen Seite können wir mit unserem Bewusstsein das Leben auch fördern und seine Grundlagen auf eine Weise erweitern und sichern, dass es sich zum Wohle auch vieler anderer Lebewesen entfalten lässt.

Wie gelingt uns das auf eine schöpferische Weise? Im Dienst dieses anderen Bewusstseins, indem wir bewusst den Einklang mit ihm suchen, ja indem wir uns, von ihm erfasst, zu eigenen schöpferischen Einsichten mitnehmen lassen und sie mit ihrer Kraft verwirklichen.

Hier wird unser Geist bewusst eins mit diesem schöpferischen Geist und stellt sich in den Dienst dieses Geistes und mit ihm in den Dienst des Lebens.

Wozu?

Wozu?, das ist die grundlegende Frage. Zum Beispiel: Wozu bin ich da? Wozu soll ich das tun? Wozu soll ich das unternehmen? Die Frage: Was bringt es mir, was bringt es anderen, was bringt es der Welt, was bringt es dem Glück?

Am Ende bleibt die Frage: Was bringt es der Liebe? Nur sie zählt, nur sie bleibt. Wenn wir die Frage „Wozu?" auf diese Frage beschränken, sind wir beim Wesentlichen.

Was der Liebe dient, ist oft nur wenig. Vor allem liegt es meist auch auf der Hand.

Das Erste bei der Liebe ist, wir lassen etwas los. Zum Beispiel die Angst, etwas wäre zu wenig. Was soll denn zur Liebe noch hinzukommen, außer dass sie da ist, dass sie aufmerksam da ist?

Wenn sie da ist, wird etwas möglich, das uns mit anderen verbindet. Doch ohne eine besondere Erwartung, vor allem auch ohne die Frage: Wozu?

Diese Liebe lebt aus sich selbst. Sie lebt dienend im Einklang mit jenen Kräften, von denen alles, was ist, sein Dasein hat. Für diese Kräfte, da ihnen nichts mangelt, gibt es kein Wozu. Was sie aus sich entlassen, bleibt bei ihnen. Wohin sonst, außer zu ihnen, könnte es gehen und bei ihnen sein? Diese Kräfte fließen schöpferisch über mit Liebe für alles, was sie ins Dasein bringen. Daher kann alles für sie kein anderes Wozu haben, als dass es da ist, so da, wie sie es im Dasein halten, bewegt, wie sie es bewegen, am Leben, wie sie es beleben.

Was geschieht mit uns, wenn wir, wie von diesen Kräften gewollt, nur da sind? Wenn wir im Einklang mit ihnen da sind? Wenn wir als Antwort auf ihre Liebe da sind, vor ihnen mit Liebe da und für alles da, was sie lieben?

Kann diese Liebe vergehen? Können wir vor dieser Liebe vergehen?

Was immer mit uns und mit unserem Leben geschieht, selbst wenn es aus unserer Sicht aufhört: diese Liebe besteht.

Das Intime

Das Intime ist ein persönliches Geheimnis. Als Geheimnis wirkt es im Verborgenen, weil es etwas schützt, was der Ehrfurcht und der Achtung bedarf. Es verbindet uns mit etwas Letztem, dem wir uns mit dem in uns am meisten Verletzlichen überantworten und anvertrauen müssen. Daher herrscht über das Intime Schweigen, und wir verschließen vor ihm die Augen, um es unserem Blick zu entziehen.

Damit schützen wir zugleich unser eigenes Intime, unser eigenes tiefstes Geheimnis, unser eigenes Verletzliches und seine Unverletzlichkeit.

Das Intime ist vordergründig etwas Körperliches, vor allem alles, was mit dem Geschlecht verbunden ist. Das Geschlecht ist das Schöpferische in uns, aus dem neues Leben entsteht. In ihm offenbart sich das Göttliche in uns am Intimsten. Indem wir unser Intimes vor anderen schützen, schützen wir vor ihnen das Göttliche in uns, unsere unmittelbarste Vereinigung mit ihm.

Indem wir das Intime auch bei anderen ehren und es vor uns schützen, ehren wir in ihnen das in ihnen wirkende Göttliche und ihre Vereinigung mit ihm.

Das Intime führt uns zur Andacht, wenn wir es als etwas Göttliches in uns achten. Es führt uns zur Andacht vor etwas geheimnisvollem Großen und Tiefen. Diese Andacht ist Liebe, göttliche Liebe, intime Liebe, sichere Liebe. In ihr werden wir mit einem geliebten Menschen zutiefst eins, in ihm mit Gott eins.

Berührt

Wir sind berührt, wenn uns etwas auf eine Weise bewegt, die uns mit anderen verbindet. Es berührt uns auf eine Weise, dass wir uns innerlich mit Liebe und Anteilnahme auf sie zubewegen. Wenn wir auf diese Weise berührt werden, bewegen wir uns vielleicht auch wieder neu auf sie zu, zum Beispiel wenn wir gemeinsam um jemanden trauern.

Uns berührt vor allem, wenn andere uns ihre Liebe zeigen, wenn sie uns nahe sind, wenn uns etwas aus der Bahn geworfen hat und wir etwas Neues beginnen müssen. Es ist ihre Mitmenschlichkeit, die uns berührt. Wir fühlen uns von ihnen aufgefangen und mitgenommen.

Berührt werden wir auch durch eine tiefe Einsicht, von einer Einsicht, die uns anderen näherbringt. Es sind diese Einsichten, die uns menschlicher machen, bescheidener und nachsichtig mit uns und anderen. Nach einer solchen Einsicht atmen wir auf. Mit ihr fällt eine Last von unseren Schultern, vor allem die Last des Besserseinwollens und Besserseinmüssens.

Es berührt uns also in diesem Sinne vor allem das Einfache, das Schlichte, zum Beispiel das Einfache in einem Kind und seiner Not. Uns berührt, wenn etwas gut ausgegangen ist.

Immer berührt uns die Liebe, vor allem die wiedergefundene Liebe und das wiedergefundene Glück.

In diesem Sinne berühren kann uns nur das Nahe, denn nur das Nahe geht uns zu Herzen und unter die Haut. So berührt, bleiben wir unten, mitmenschlich unten, mit anderen mitmenschlich da, mit Liebe da.

Wach

Wach heißt gerichtet, aufmerksam auf etwas gerichtet, was im Augenblick kommt. Wach sammeln sich unsere Kräfte. Wach sind wir bereit.

Das Wache richtet sich nach außen. Es nimmt wahr, was sich zeigt, was sich als gegenwärtig zeigt und als das nächst Kommende.

Wach ist vor allem der Geist. Wach lässt er hinter sich, was vorbei ist, denn er ist auf das Nächste gerichtet. Wach ist er schöpferisch. Wach beginnt er das Nächste, und wach nimmt er alles mit sich, was das Nächste ermöglicht.

Das Gegenteil von wach ist benommen. Benommen sind wir, wenn wir von etwas in Anspruch genommen werden, was schon vorbei ist und uns vom Gegenwärtigen wegzieht. Benommen sind wir rückwärts gewandt, auch selbstbezogen und eng.

Das Wache dagegen ist weit. Es nimmt vieles gleichzeitig wahr, gesammelt auf einen Vollzug.

Das Wache ist gegenwärtig und ganz bei der Sache. Es wird durch nichts abgelenkt. Es bewegt sich geradeaus und ohne Umwege ans Ziel.

Wach ist auch das Wachsame, das sofort wahrnimmt, ob eine Gefahr im Verzug ist, und ihr dann wach und entschlossen begegnet.

Wach ist auch die Liebe. Sie nimmt wahr, was der Augenblick von ihr verlangt und was er ihr bietet, auch hier ausgerichtet auf ein nächst fälliges Tun.

Die Liebe ist wach für das, was dem anderen am Herzen liegt, wohin es ihn im Tiefsten zieht. Sie begleitet ihn umsichtig und wachsam, auch hier nach vorne gerichtet, das Vergangene hinter sich lassend und alles, was dem Augenblick und dem verheißungsvollen Kommenden im Wege steht.

Wach höre ich den anderen. Ich höre genau, was er sagt. Ich höre auch die Zwischentöne, was insgeheim in seinen Worten mitschwingt. Ich höre vor allem sein Herz.

Die wache Liebe ist die volle Liebe. Wach ist in ihr vor allem das Glück.

Der Donner

Eingeschlagen hat der Blitz vor dem Donner. Der Donner ist sein Nachhall, der anzeigt, dass er eingeschlagen hat.

Ein Blitz schlägt ein, wo es einen Gegensatz von Warm und Kalt gibt, vor allem, wenn die Hitze überhandgenommen hat. Der Blitz bewirkt einen Ausgleich, sodass die Wärme erträglich wird.

Allerdings setzt manchmal ein Blitz auch etwas in Brand und verursacht andere Schäden dort, wo er einschlägt. Manchmal kostet er einen Menschen auch das Leben. Daher schützen wir uns vor Blitzen, dass sie uns nicht treffen.

Verglichen mit dem Blitz können wir den Donner vergessen. Auch wenn es laut donnert, er geht vorüber, ohne merkliche Spuren zu hinterlassen. In menschlichen Beziehungen sprechen wir dann vom Theaterdonner.

Nach dem Gewitter kehrt die Ruhe wieder ein. Wir sind froh, dass es vorbei ist – bis zum nächsten Gewitter.

Gewitter gibt es vor allem auf dem Höhepunkt des Jahres, wenn alles ins Kraut schießt und wächst. In ihnen entlädt sich die angestaute Energie. Gleichzeitig kommen die Gewitter dem Wachstum entgegen.

Die Gewitter der Natur sind für uns Spiegel von Lebensbewegungen, auch von Bewegungen der Liebe. Dies gilt für den für uns überschaubaren Rahmen, zum Beispiel zwischen Mann und Frau und zwischen Eltern und Kindern, aber auch von den größeren Gemeinschaften und in der Politik. Auch hier stehen Gewitter im Dienst der Lösung und des Wachstums auf vielerlei Ebenen.

Wie gehen wir mit solchen Gewittern um? Wir stellen uns ihnen, wie sie kommen, und suchen für eine Weile Schutz, ohne uns zu bewegen.

Oft gehen solche Gewitter von selbst vorbei. Manchmal dauern sie etwas länger und verlangen Geduld und einen langen Atem.

Wenn wir sie als eine Lebensbewegung anerkennen, fällt uns das Ausharren leichter. Wir bleiben selbst in einem schweren Gewitter gesammelt und zuversichtlich. Wir bleiben auch in ihnen in der Liebe.

Natürliche Mystik

Bereit

Bereit sind wir für das, was kommt. Doch nicht für jedes Kommende. Damit wir für das entscheidende Kommende bereit sind, bereiten wir uns rechtzeitig vor, manchmal werden wir auch vorgewarnt.

Anderes, was auch kommen und uns in Anspruch nehmen will, weicht vor diesem Kommenden zurück. Sonst überfällt uns dieses entscheidende Kommende, ohne dass wir für sein Kommen bereit sind.

Für uns kommt es vor allem darauf an, dass wir auf das letzte Kommen vorbereitet sind und für sein Kommen bereit – für unseren Tod. Dass wir die Vorwarnung ernst nehmen, die sein nahes Kommen anzeigt. Dann sammeln wir uns auf sein Kommen und sind bereit, wenn unsere Stunde für sein Kommen schlägt.

Noch aber ist es nicht so weit. Nach der Vorwarnung bleibt uns noch Zeit. Wofür? Wir lassen los, was uns an das Hier und Jetzt noch fesselt. Vor allem lassen wir unsere Pläne für die Zukunft los, was wir vorher noch erreichen oder beenden wollen. In unserer inneren Bewegung gehen wir bereits auf unser Ende zu und sogar über es hinaus, auf das nächste Kommende, das uns nach ihm erwartet.

So wird die Zeit, die uns noch bleibt, zu einer erfüllten Zeit. Sie ist erfüllt, weil sie für das Kommende vorbereitet und schon jetzt für sein Kommen bereit ist, ganz bereit.

Vorbei

Wenn etwas vorbei ist, atmen mir auf. Wir sind für etwas Neues und anderes bereit. Doch nur, wenn das Frühere vorbei sein darf. Erst wenn es vorbei sein darf, können wir so nach vorne schauen, dass das Neue werden kann.

Das Erkennen, das wird, das Erkennen, das etwas entscheidendes Neues werden lässt, setzt voraus, dass wir uns innerlich vom Früheren lösen. Erst so gewinnt dieses Erkennen jene Reinheit und jene Bewegung, die über das Jetzige hinausblicken kann, wartend hinausblicken, ohne dass sich das Neue bereits ankündigt und zeigt. Diese Reinheit geht so weit, dass für dieses Erkennen auch das bisherige Wissen vorbei sein muss und seine bisherigen Grenzen.

Das also ist ein anderes Grundgesetz für das entscheidende schöpferische Erkennen. Es muss in jeder Hinsicht rein sein.

Wieso muss es auf diese Weise rein sein? Weil auch das Neue rein ist, wenn es sich unserem Erkennen zeigt und ihm entgegenkommt.

Was heißt hier rein? Es hat keine Vergangenheit. Es wird neu erkannt und gedacht, und in diesem Sinne rein erkannt und gedacht. Deswegen baut dieses Erkennen auch nicht auf etwas Früherem auf.

Anders ist es, wenn wir diese neue Erkenntnis umsetzen und anwenden. Was angewandt wird, kann nur im Einklang mit etwas bereits Vorhandenem angewandt werden, auf dem es aufbaut und das es weiterbringt. Allerdings auf etwas Neues hin.

In der Anwendung verbindet sich die neue schöpferische Einsicht mit etwas Früheren, das schon vorbei war, nimmt es auf und führt es weiter. In dieser Hinsicht ist das Frühere noch da, weil es im Neuen weitergeht. Es ist neu da, anders da, mit Zukunft da. Nur neu, ist es auch vorbei.

Die Bewegung

Wir erfahren alles in unserem Leben in Bewegung, auch unser Erkennen. Denn unser Erkennen schafft zu jeder Zeit etwas Neues, das es noch nie gab, und bringt es in eine Bewegung, die etwas bewirkt.

Die Frage ist: Gibt es hinter dieser Bewegung, und gibt es hinter unserer eigenen Bewegung etwas, das sich in jeder Bewegung gleich bleibt? Können wir, während wir und alles um uns herum sich bewegen, zugleich mit diesem Bleibenden eins sein?

Bleibend ist die Schau auf etwas Letztes, von dem jede Bewegung ausgeht, obwohl dieses Letzte sich in dem, was es bewirkt, schöpferisch gleich bleibt. In dieser Schau bleiben wir mit ihm eins, auch schöpferisch eins, obwohl wir in dieser Schau regungslos verharren.

Wie sieht dann unser Alltag aus? Wir bleiben in ihm in jeder Bewegung zugleich in dieser Schau, bewegt und bewegend und regungslos zugleich. In dieser Schau bewegen wir uns, ohne uns zu bewegen. Wir erkennen, ohne etwas bewirken zu wollen. Wir bewirken etwas, ohne es zu denken, denn dieses Schauen ist leer, ohne eine Absicht und ohne ein Ziel.

Doch das Letzte, auf das wir schauen, erkennt. Es erkennt alles, was es in eine Bewegung bringt. Es erkennt es schöpferisch. Und wir? In dieser Schau erfahren wir uns mitgenommen in diese Bewegung, ohne uns selbst zu bewegen. Wir bleiben in dieser Bewegung, ohne selbst erkennen zu wollen.

Unser Erkennen ist wie diese Schau ohne Inhalt. Es ist rein, makellos, von keinem Inhalt getrübt. Es ist mit einem anderen Erkennen eins, bleibend eins.

Der Rückzug

Der Rückzug kann äußerlich und innerlich sein, oft auch beides zusammen. Der äußere Rückzug ermöglicht dann den inneren, auf diesen kommt es letztlich an.

Die Frage ist: Wohin geht dieser innere Rückzug? Er geht zuerst einmal weg, weg vom Äußeren. Deswegen schließen wir bei ihm in der Regel die Augen und oft auch die Ohren. Beim vollen inneren Rückzug lassen wir auch unseren Körper auf gewisse Weise zurück. Wir fühlen unsere Glieder nicht mehr, ähnlich wie bei einer hypnotischen Erfahrung. Zugleich bleibt unser Geist wach, sogar auf eine besondere Weise wach. Er bleibt auf eine weite, auf eine umfassende Weise wach, weil er sich zurückgezogen hat.

Von was hat er sich zurückgezogen? Auf der einen Seite vom Äußeren, also von unseren Sinneswahrnehmungen, aber auch von bestimmten Gefühlen. Hier in erster Linie von unseren Ängsten und mit ihnen von unseren Wünschen. Denn wozu dienen unsere Wünsche letztlich? Sie bannen unsere Angst, sie bannen die Angst, dass uns etwas fehlen könnte. Im Rückzug lassen wir diese Gefühle los.

Mit der Wegbewegung begeben wir uns zugleich in eine Hinbewegung. Wohin geht diese Bewegung? Sie geht in die Sammlung. Sie geht in die Sammlung auf was? Sie geht in die Sammlung auf etwas, das dunkel bleibt, in eine Sammlung auf die Leere, auf eine endlose, unendliche Leere.

In dieser Hinbewegung erfahren wir nach einiger Zeit, dass wir gezogen werden. Eine andere Kraft erfasst uns und zieht uns zu sich. Wohin? Sie zieht uns in ihr Dunkel, in ihre unendliche Leere.

Auf einmal erfahren wir uns in ein anderes Bewusstsein gezogen. Weil es umfassend ist, hört das Einzelne auf. Gerade weil dieses Bewusstsein umfassend ist, bleibt es für uns wie leer. Hier hört unser Rückzug auf, hier ist er angekommen.

Was geschieht dann mit uns? Wir erkennen plötzlich etwas, das wird. Unser Rückzug und die Hinbewegung in die leere Sammlung machen uns fähig für ein reines Erkennen, das in Einklang kommt mit einem anderen Erkennen, einem immerfort schöpferischen Erkennen. Von ihm werden wir auf einmal erkennend erfasst, über uns hinaus erkennend erfasst.

Was wir auf diese Weise erkennen, wird. Es wird wirklich, schöpferisch wirklich.

Später

Das Nächste kommt später. Manchmal kommt es alleine, manchmal mit vielem zusammen. Manchmal lässt es auch auf sich warten. Dann fürchten wir vielleicht, dass es sich verspätet, dass es später kommt, als wir es erhoffen und brauchen.

Wenn wir ungeduldig werden, verspätet es sich oft noch mehr, und wir werden noch ungeduldiger. Wenn es kommt, machen wir ihm vielleicht Vorwürfe, statt es endlich willkommen zu heißen. Damit verlieren wir es manchmal wieder. Es geht an uns vorbei und zieht sich zurück.

Das Nächste kommt nicht von sich aus später. Es kommt zu seiner Zeit, zu seiner richtigen Zeit. Wirken kann es nur zu dieser Zeit, weder vorher noch nachher.

Wie gehen wir auf eine gute Weise mit ihm um? Wir warten gesammelt, bis es von sich aus kommt.

Oft kommt es plötzlich und unerwartet. Manchmal lässt es lange auf sich warten. In der Zwischenzeit bereiten wir uns auf sein Kommen vor, gehen ihm innerlich entgegen, ziehen es durch unsere Bereitschaft auch an.

Wenn es dann kommt, sind wir oft überrascht. Es erweist sich manchmal als größer und fordernder, als wir es uns vorgestellt haben. Allerdings nur, wenn wir für es offen waren, ohne ihm durch bestimmte Erwartungen Vorschriften zu machen, wie es kommen sollte.

Die reife Frucht kommt später. Wenn wir sie vor ihrer Zeit pflücken, verlieren wir sie. Nur das Reife bleibt. Allerdings müssen wir die reife Frucht sofort pflücken. Wollten wir es auf später verschieben, verlieren wir sie ebenso wie durch unser voreiliges Pflücken. Denn die rechte Zeit ist kurz.

Später kommt auch für unser Leben die Reife, das volle, erfüllte Leben.

Genug

„Genug ist genug“, sagen wir manchmal, wenn uns etwas zu viel geworden ist. Mit weniger fühlen wir uns besser.

Wie ist es aber mit der Erkenntnis? Haben wir auch von ihr genug?

Es gibt eine Erkenntnis, die uns beschwert, insbesondere die Erkenntnis des Vielerlei und des Vielen, ohne dass diese Erkenntnis einen klaren Bezug zu unserem Leben und zu den vor uns liegenden Aufgaben hat. Genau genommen handelt es sich hier weniger um eine Erkenntnis als um angesammeltes Wissen, angesammelt im Sinne von: Vielleicht brauchen wir es in der Zukunft. Doch ohne, dass wir es gleich im Handeln erproben und anwenden konnten und es so zu einer Lebenserfahrung wurde. Nur erfahrenes Wissen wird zur Erkenntnis, die bleibt. Nur auf eine solche Erkenntnis können wir jederzeit zurückgreifen, weil sie sich zeigt, sobald wir sie brauchen.

Vom vielen angesammelten Wissen haben wir bald genug, wir werden seiner überdrüssig. Vom erfahrenen Wissen, wir können hier auch sagen, von der Lebenserfahrung, nie.

Manchmal wird uns auch das zu viel. Denn das Leben und das Wissen in diesem Sinne bleiben in Bewegung, in einer Bewegung, die uns dauernd etwas abverlangt. Dann sagen wir auch hier vielleicht nach einiger Zeit: „Es ist genug. Lieber setze ich mich zur Ruhe, schließe innerlich das eigentliche Leben bereits ab und warte auf das Ende."

Gegen was wehren wir uns damit? Wir scheuen zurück vor der Erkenntnis, die wird, vor der schöpferischen Erkenntnis, die weitergeht. Denn die schöpferische Erkenntnis, die Offenheit für immerfort Größeres und Weiteres und Tieferes, nimmt uns mit in eine Bewegung, die immer mehr anderem zustimmt, wie es ist, die immer mehr anderes liebt, wie es ist, die immer mehr anderem dient und von immer mehr anderem nimmt, was es uns entgegenbringt. Sie will mehr und sie bewirkt mehr. Diese Erkenntnis führt uns weiter, zu einem Handeln jenseits von allem Genug.

Dazu ein bekanntes Beispiel. Ein frommer Mann wurde gefragt: „Was würdest du tun, wenn du erfährst, dass du morgen sterben wirst?" Er sagte: „Ich würde noch ein Bäumchen pflanzen."

Das Leichte

Das Leichte scheint abgehoben, als würde es schweben, als könnte es die Schwerkraft, die es hinunterzieht, mühelos hinter sich lassen.

Leicht in diesem Sinne ist der Geist. Er vor allem entzieht sich der Schwerkraft. Er entzieht sich allem, was Grenzen hat und allem, was ihm Grenzen setzen will.

Wieso wollen wir dem Geist manchmal Grenzen setzen? Wieso wollen wir ihn auf eine Ebene hinunterziehen, auf der wir ihn für uns in Besitz nehmen, ihn festhalten und einengen wollen? Macht uns seine Leichtigkeit Angst? Welche Angst?

Die erste Angst ist, dass der Geist uns mitnimmt in eine Dimension, in der die uns gewohnten Gesetze der Logik, des Raumes und der Zeit aufgehoben sind. In der auch die Unterscheidungen aufgehoben sind, die uns die Orientierung erleichtern und durch die wir die Grenzen wissen und wahren, die uns ein Gefühl von Sicherheit vermitteln und von festem Stand.

Das Leichte kennt keine Grenzen. Das gilt vor allem für jene Erkenntnis, die bewirkt, was sie erkennt, die also erkennen kann, was noch kommt, was noch nicht da ist. Dieses Kommende, weil es noch kommt, hat keine Grenzen, schon dadurch, dass es erst kommt, dass es als etwas Neues kommt, das noch nicht da ist. Es hat daher weder eine Grenze, noch einen Raum, noch eine Zeit, noch eine Schwerkraft, die es zu etwas hinunterziehen könnte, das schon da ist. Es ist in jeder Hinsicht leicht.

Wie erkennt unsere Erkenntnis dieses kommende Leichte? Nur wenn auch sie, wie dieses Kommende, ohne Grenzen von Raum und Zeit und Logik bleibt, und so in jeder Hinsicht wie dieses Kommende leicht. Wir gehen also mit unserem Erkennen diesem Kommenden leicht entgegen. Wir werden von ihm angezogen, obwohl es noch nicht da ist. Auch wir ziehen es durch unsere Leichtigkeit an, bis es durch unser Erkennen wirklich wird. Wie? Leicht.

Wieder

„Wann kommst du wieder?", so fragen wir manchmal, wenn wir uns auf das Wiederkommen eines Menschen freuen. Wir warten darauf, dass er wiederkommt.

Das Wieder ist eine Wiederholung. Oft ist es eine freudige Wiederholung. Manchmal ist es eine unangenehme oder schmerzliche Wiederholung, wie sie in dem Vorwurf anklingt: „Wieso hast du das schon wieder gemacht?" In diesem Falle wollen wir, dass es sich nicht wiederholt.

Wieder heißt auch neu. Immer wieder geht die Sonne auf, jeden Tag neu. Immer wieder haben wir Hunger und Durst, und immer wieder lassen wir es uns schmekken.

Immer wieder halten wir Ausschau nach etwas Neuem, nach einer Überraschung, und immer wieder feiern wir die gleichen Feste.

Die Wiederholung bringt unser Leben voran, sie bringt auch die Menschheit voran. Wir lernen an der Wiederholung, sodass sie sich später auf eine andere Weise wiederholt: weniger bedrohlich zum Beispiel.

Durch Wiederholen lernen wir auch. Nur über Wiederholung erwerben wir besondere Fähigkeiten, zum Beispiel, ein Instrument zu spielen.

Das Wieder ist oft eine Wiedergabe. Bei ihr wird dasselbe wiedergegeben. Zum Beispiel ein Konzert, das aufgenommen wurde und das wir uns, genau wie es war, noch einmal anhören können.

Werden wir auch wieder geboren? Sind wir wiedergeboren? Im Christentum gibt es die Vorstellung der Wiedergeburt durch die Taufe. Wiedergeboren heißt hier, zu einem anderen Leben wiedergeboren, zu einem ewigen Leben, das nach dem Tod weitergeht. Hier bezieht sich das Wieder sowohl auf jetzt als auch auf später.

Das Wieder finden wir ebenfalls, wenn wir uns wieder erinnern. Etwas Verlorenes wird wieder zurückgeholt und wieder vergegenwärtigt.

Dieses Wieder bleibt immer in der Zeit. Wo jedoch alles gleichzeitig da ist und gleichzeitig da bleibt, hört das Wieder auf. Es hört auch dort auf, wo schöpferisch endlos Neues entsteht, wie zum Beispiel beim schöpferischen Erkennen: ohne ein Wieder, immerfort anders und neu.

Unterwegs

Wohin sind wir unterwegs? Wir sind laufend nach etwas unterwegs, das wir holen oder bringen. Selbst wenn wir uns nicht bewegen, sind wir in Gedanken unterwegs und stellen uns vor, wohin wir wollen oder müssen.

Auch in unserem Körper ist laufend etwas unterwegs. Zum Beispiel unser Blut. Laufend holt und bringt es etwas, das uns am Leben hält. Es ist für unser Leben unterwegs.

Wenn wir anderen unterwegs begegnen, fragen wir sie manchmal, wohin sie unterwegs sind. Wenn sie wissen, wohin sie unterwegs sind, sind sie meist zügig unterwegs.

Andere wissen nicht, wohin sie wollen und wohin es sie treibt. Sie sind ziellos unterwegs, drehen sich vielleicht im Kreis und warten auf Orientierung.

Ohne Orientierung fühlen wir uns verloren. Dann suchen wir uns manchmal irgendein Ziel, nur damit wir unterwegs sein können.

Die wesentlichen Ziele sind uns durch das Leben vorgegeben. Zu ihnen unterwegs, fühlen wir uns lebendig und zuversichtlich.

Als Kinder waren wir unterwegs, um groß zu werden. Als Jugendliche waren wir unterwegs, um einen Partner fürs Leben zu finden. Mit dem Partner waren wir unterwegs, um die Mittel für den Lebensunterhalt und ein eigenes Heim zu finden. So waren wir auch unterwegs, um Eltern zu werden oder sonstwie dem Leben zu dienen.

Wenn wir älter werden und auf ein erfülltes Leben zurückschauen, fühlen wir uns unterwegs zu etwas, das nach unserem Tod auf eine andere Weise weitergeht. Wir sammeln unsere Kräfte auf diesen Übergang hin und sind schon jetzt zu etwas unterwegs, das uns verborgen bleibt.

Wir sind vorher schon dorthin unterwegs. Tief in der Seele fühlen wir uns dorthin hingezogen, obwohl es uns am Anfang Angst macht. Lieber bleiben wir noch nach etwas Naheliegendem unterwegs. Doch nur für eine Zeit. Letztlich ist alles nach dem Letzten unterwegs.

Wenn wir uns schon jetzt mit diesem Letzten anfreunden, sind wir auch beim Nahen anders unterwegs: gelassener, bedächtiger. Wir sind doppelt unterwegs: leer und erfüllt, und schon jetzt am Ziel.

O komm

O komm, jetzt bin ich bereit! Für was bereit? Für das Letzte. Wann bereit? Jetzt.

Komme auch ich, oder warte ich nur? Ich warte bereit. Was könnte ich hier anderes tun, als zu warten.

Ich warte gesammelt. Ich warte vor dem, was kommt. Ich warte, ihm hingegeben da, mit Liebe hingegeben da, ihm hingegeben schauend da.

Bindet mich dann noch etwas? Zum Beispiel eine Hoffnung oder eine Schuld? Die Hoffnung schiebt sich vor das, was kommt, ebenso die Schuld und die Sorge.

Was vor allem schiebt sich vor das Letzte? Unser Ich.

Wie kann ich bereit sein ohne Ich? Wie kann ich warten ohne Ich? Wie kann ich schauen ohne Ich? Wie kann ich mit Liebe hingegeben sein ohne Ich?

Wo das Ich aufhört, ist das Letzte da – schon jetzt da.

Was also heißt es, wenn ich rufe: „O komm, ich bin bereit." Ich bin bereit, aufzuhören, bis ins Letzte aufzuhören, unendlich aufzuhören.

Folgt dem noch etwas? Darf es mich kümmern? Auch diese Frage hört auf.

Ohne

Ohne heißt: etwas habe ich nicht. So sind zum Beispiel viele ohne Arbeit, ohne ein geregeltes Auskommen, ohne Erfolg, manchmal ohne einen Beruf und ohne die Voraussetzungen für die von ihnen verlangten Aufgaben.

Viele sind auch ohne Freunde, ohne einen Partner und ohne Kinder. Dieses Ohne wiegt schwerer als das vorher genannte. Es wird als viel bedrückender erlebt, vor allem im Alter.

Manchmal wünschen wir uns auch ein Ohne. Zum Beispiel, ohne Sorgen zu sein, ohne Schulden und ohne Angst.

Durch das Ohne entsteht auf der einen Seite ein Leerraum, der sich wie ein Vakuum füllen will und füllen muss. Daher mobilisiert das Ohne Kräfte, die ohne dieses Ohne schlummern würden. In diesem Sinne ist das Ohne nicht ganz Ohne. Es bewegt etwas, bis aus dem Ohne ein Mit wird. Zum Beispiel: mit Arbeit, mit Erfolg, mit neuen Voraussetzungen, mit Freunden, mit einem Partner und sogar mit Kindern.

Auf der anderen Seite setzen wir unsere Kräfte ein, um ohne Sorgen zu sein, ohne Schulden und ohne Angst.

Das Ohne ist entweder das negative Vorzeichen für ein erwünschtes Plus, oder das positive Vorzeichen für ein erwünschtes Minus.

Das Ohne ist aber auch die Voraussetzung für Fortschritt. Wie zum Beispiel im Sprichwort: „Ohne Fleiß kein Preis", oder: „Ohne Können keine Kunst."

Auch hier wird das Ohne zum Ansporn, bis Fleiß und Preis und Können und Kunst untrennbar geworden sind, sich gegenseitig bedingen und weiterbringen.

Ein anderes Ohne könnten wir öfters brauchen. Zum Beispiel das: Ohne Illusionen. Denn unsere Illusionen erzeugen ein Vakuum, das immer leer bleibt.

Wie lassen wir unsere Illusionen hinter uns? Durch die Zustimmung zu allem, wie es ist. Denn das Wirkliche bleibt ohne Ohne. In ihm ist alles da, ganz da.

Der Abschied

Der Abschied macht das Neue möglich. Der Abschied lässt etwas vorbei sein, was bereits vorbei ist.

Wir können den Abschied vorwegnehmen, indem wir schon jetzt Abschied nehmen von dem, was kommt. Doch indem wir diesen Abschied vorwegnehmen, entgeht uns die Fülle des Jetzt, und auch die Fülle von dem, was noch auf uns wartet.

Wir begrenzen also den Abschied auf das, was vorbei ist. Dann werden wir für das Gegenwärtige und für das Kommende fähig und bereit.

Der Abschied dient vor allem dem Augenblick. Erst durch den Abschied wird der Augenblick voll. Nicht nur durch den Abschied von dem, was war, vor allem durch den Abschied von dem, was wir erwarten.

Durch den Abschied bleiben wir in Bewegung, so lange, bis etwas aufhört. Wieso hört es auf? Weil es für das Nächste Platz macht, für die nächste Bewegung.

Kommt diese Bewegung auf eine Weise zum Stillstand, dass sie aufhört? Sie hört auf, weil sie weitergeht, anders weitergeht.

Abschied vom Leben zu nehmen, heißt daher, dass wir uns seiner Weiterbewegung entgegenstellen. Abschied von der Liebe zu nehmen, heißt, dass wir uns einer größeren Liebe versagen.

Was steht diesem Abschied entgegen? Das Festhalten an unserem Ich. Denn das Ich vor allem will bleiben, ichbezogen bleiben, ohne fortzuschreiten.

Im Jetzt gibt es weder Abschied noch Zukunft. In ihm ist alles da, bleibend da, für den Augenblick da. Nur im Augenblick leben und lieben wir ganz.

Der Gast

Ein Gast kommt und geht, er bleibt für eine Weile. Er wird willkommen geheißen, weil er eine Weile bleibt und dann wieder geht. Wenn er geht, atmen die, die ihn willkommen hießen, auf. Nur als einer, der geht, war er ihnen willkommen.

Für uns und andere ist es wichtig, dass wir, wo wir willkommen waren, auch wieder gehen. Im Allgemeinen wissen wir, wie lange wir bleiben dürfen und wann wir gehen müssen.

Da wir im Grunde nirgendwo auf Dauer bleiben dürfen, vor allem auch mit unserem Leben hier, erfahren wir uns selbst in unserer Heimat und in unserer Familie als vorübergehend bleibend, auch nur wie ein Gast, ein etwas länger bleibender Gast, der sowohl kommt als auch wieder geht. *Denn Bleiben ist nirgends*, sagt Rilke in seiner Ersten Duineser Elegie.

Was bewirkt es in uns, wenn wir uns überall als Gast erfahren? Unsere Ansprüche können nach einer Weile ebenfalls gehen und unsere Hoffnungen und Wünsche.

Wo können wir wirklich bleiben? Dort, woher wir kommen, und dort, wohin wir gehen. Dort gegründet, nehmen wir das Hiesige und uns selbst als vorübergehend wahr, wie Gäste auf Zeit. Dann fällt uns jedes Kommen und Gehen leicht, denn im Tiefsten wissen wir uns zugleich woanders, bleibend woanders.

Sind wir dann weniger da? Wir sind gelassener da. Wir sind aufmerksamer da. Wir sind leichter da, als hielten wir die Klinke bereits in der Hand.

Wir sind auch für andere leichter da, ohne sie zu sehr in Anspruch zu nehmen. Und wir sind liebender da, weil auch die Liebe, so wissen wir, vorübergeht. In ihr sind wir ganz da, so ganz, dass wir in ihr, solange sie dauert, als sei sie zeitlos, weder kommen noch gehen. Sie bleibt, in ihr und mit ihr auch wir.

Bleiben

Bleiben kann nur, was in Bewegung bleibt. Denn alles, was bleibt, geht weiter. Auch das Bleiben bleibt innerhalb einer Zeit, die weitergeht.

Das Bleiben bewegt sich jedoch in einander ausschließenden Richtungen. Die eine Richtung geht nach vorn. Sie sichert das Bleiben. Die andere Richtung bewegt sich rückwärts, vom bisher Erreichten weg zu dem, was ihm vorausging und es möglich machte. Diese Bewegung löst das Erreichte auf. Es wird weniger, bis es verschwindet, für uns bleibend verschwindet.

Nur das Neue, das zum bisher Erreichten hinzukommt, sichert es bleibend, so lange, wie es weitergeht. Zum Beispiel einen Baum, solange er wächst und Blätter treibt. Wenn er nicht mehr wächst, verwelkt er, auch das bleibend.

Bleiben im erfüllenden Sinn gelingt, wenn sich das Bisherige erneuert. Bleiben hat mit Erneuerung zu tun, mit der Anpassung an die neuen Umstände und mit der Bereitschaft, etwas Neues zu wagen.

So kann zum Beispiel die Liebe bleiben, wenn sie sich erneuert und vertieft. Sie bleibt, wenn sie mehr wird, sie verkümmert, wenn sie weniger wird, so schön und belebend sie einmal auch war. Auf einmal ist sie vorbei. Es wird um sie dunkel und leer. Nur Ruinen zeugen von ihr.

Das Gleiche gilt vom Glück, vor allem vom Glück zu zweit. Es wächst durch die Drei und durch die Vier, durch die Kinder, die es mit Liebe zeugt.

Kinder sind das eigentliche, bleibende Glück. Dieses Glück bleibt, weil es weitergeht und wächst.

Wo bleibt am Ende unser Leben? Bleibt es in Bewegung auf etwas Kommendes hin? Wir wissen es nicht. Doch bis dahin bleibt es, weil es sich erneuert und weitergeht. Mehr noch. Im Blick auf das Kommende bewegt es sich, so hoffen wir, selbst über dieses Ende hinaus, neu hinaus, bleibend hinaus.

Gewonnen

„Wie gewonnen, so zerronnen", sagt ein Sprichwort. Denn nicht alles, was wir gewonnen haben, bleibt.

Was wir durch eigene Leistung gewinnen, verändert in uns etwas. Wir sind an ihm gewachsen. An ihm sind auch andere, über das Ergebnis hinaus als Menschen anders geworden, wissender und fähiger. Ihr Leben ist reicher geworden.

Dieser Gewinn hat vielleicht auch ihrer Familie etwas gebracht, vor allem ihren Kindern. Das so Gewonnene bleibt. Es bleibt mit dem Leben, dem reicher und tiefer gewordenen Leben.

Das Gegenteil von Gewinnen ist Verlieren, das so genannte Verlieren, weil uns das Verlieren zwingt, etwas Neues zu wagen. Auf diese Weise wird oft der Verlust zum größeren Gewinn.

Von Rilke gibt es in seinem Gedicht *Der Schauende* den Satz: *Die Siege laden ihn nicht ein. Sein Wachstum ist, der Tiefbesiegte von immer Größerem zu sein.*

Wir wachsen an den Grenzen, die uns das Größere setzt und über die hinaus es uns mitnimmt, aber nicht mehr als die Gleichen wie vorher. Hier wurden wir durch weniger mehr.

Gewonnen heißt manchmal auch: Ich oder wir sind besser. Wir haben mit anderen unsere Kräfte gemessen und haben gesiegt. Haben wir dann über die anderen gesiegt oder mit ihnen, mit ihrer Hilfe? Haben wir etwas für uns gewonnen oder vor allem für andere, für ihren Gewinn und ihr Ansehen? Sind wir im Blick auf diese anderen wirklich groß oder eher in ihren Diensten? Bleiben wir durch solche Siege innerlich vielleicht Kinder?

Wo stehen wir, wenn wir nicht mehr siegen? Leben wir mehr in unseren Erinnerungen, in der Vergangenheit, statt in einer Gegenwart, die Zukunft hat? Wachsen wir noch ohne diese Siege, wachsen wir über sie hinaus?

Repariert

Repariert heißt, wieder in Ordnung gebracht. Sachen werden repariert, zum Beispiel ein Auto, und Beziehungen werden repariert, wenn sie nicht mehr laufen.

Damit etwas in Ordnung kommt, müssen wir es so reparieren, dass die ursprüngliche Ordnung wiederhergestellt wird. Damit es funktioniert, muss es richtig repariert werden. Wenn es funktioniert, vergessen wir die Reparatur. Sie hat ihren Dienst geleistet.

Ärger gibt es, wenn etwas ungenügend repariert wird. Wir müssen die Reparatur wiederholen oder jemanden aufsuchen, der weiß, wie es richtig repariert wird, sodass die Reparatur hält.

Bei vielen Reparaturen gibt es keine Alternativen. Es gibt nur genügende oder ungenügende, richtige oder falsche. Nur die Vorgehensweise kann verschieden sein, wenn sie das gleiche Ziel erreicht.

Es gibt Reparaturen, die sich von selbst aus einer inneren Bewegung heraus ergeben, ohne äußeren Eingriff. So heilt eine Wunde von innen heraus. Wir können die Heilung unterstützen, zum Beispiel durch einen Verband, doch die Heilung kommt von innen. Es geht dabei um eine Wachstumsbewegung, zum Beispiel wächst die Wunde wieder zu. Manchmal wachsen wir über uns oder etwas hinaus. Auch auf diese Weise wird etwas in Ordnung gebracht.

Das Wachstum und die Heilung hinterlassen manchmal Spuren, zum Beispiel, wenn etwas vernarbt.

Eine Heilung hinterlässt auch in der Seele oft Spuren. Wie wird in der Seele etwas geheilt und in Ordnung gebracht?

Erstens durch die Liebe, die fließt, wo sie zurückgehalten wurde.

Zweitens durch das Vergessen, indem wir über etwas, das uns verletzt hat, so hinauswachsen, dass es vorbei sein kann.

Drittens, indem wir etwas laufen lassen, was von sich aus läuft, ohne dass wir von außen eingreifen. Nichts läuft besser als von selbst. Wir lassen ihm seine innere Ordnung, ohne ihm eine andere Ordnung vorzuschreiben, die eher etwas durcheinanderbringt als es unterstützt.

Bei Reparaturen gilt also: Das Nötige genügt.

Der Ausblick

Der Ausblick geht nach vorn. Er beginnt bei dem, was gerade zu Ende ging. Der Ausblick sieht voraus, was als Nächstes fällig und möglich wird. Der Ausblick setzt eine schöpferische Bewegung in Gang. Er ist Teil dieser Bewegung und verleiht ihr den Anfangsschwung.

Eng mit dem Ausblick verbunden ist die Hoffnung, dass etwas Neues gelingt, das weiterführt. Dann ist er ein freudiger Ausblick.

Dem Ausblick entgegen steht der Rückblick, es sei denn, dass der Rückblick ebenfalls nach vorne gerichtet ist, weil wir mit ihm überprüfen, was eine frühere Bewegung nach vorn gebracht oder behindert hat. Damit wird ein Rückblick zum Ausblick auf Besseres und Erfolgreicheres hin.

Oft hält ein Rückblick inne, weil er mit dem Erreichten ans Ziel gekommen zu sein meint und er vor dem Nächsten, das nach allem, was uns gelang, unausweichlich wird, zurückweicht. Dieser Rückblick bleibt ohne Ausblick und lähmt.

Was aber ist mit dem Ausblick, wenn etwas unausweichlich zu Ende gekommen scheint? Zum Beispiel bei einem Schicksalsschlag, der unser bisher Erreichtes zunichte macht, und vor allem der drohende Tod? Hier ist der Ausblick der Blick auf einen Neubeginn. Wohin dieser führt, können wir bei manchen Schicksalsschlägen absehen. Zum Beispiel orientiert sich jemand neu, wenn er sein Augenlicht verlor.

Anders ist es, wenn wir dem Tod ins Auge schauen müssen. Schauen wir zurück und nur auf das Ende, oder schauen wir darüber hinaus – mit Hoffnung hinaus? Auch das ist ein Ausblick, ein Ausblick eigener Art. Denn wir blicken auf etwas Verborgenes. Nur eine innere Ahnung und die Erfahrung, dass unsere Seele und unser Geist schon bisher in unserem Leben weit über das Physische hinausreichen, rechtfertigen diesen Ausblick. Es ist ein Ausblick mit letzter Hingabe an eine Bewegung des Geistes, die uns bis zum letzten Augenblick führt und mitnimmt.

Wir gehen also auf der einen Seite blind über diese Grenze, und doch mit gesammelter Zuversicht und gesammelter Liebe. Schon hier haben wir in unserer Liebe erfahren, dass sie uns weiterträgt auf ständig Größeres und Umfassenderes hin. Diese Liebe ist auch hier, wenn wir sterben, Ausblick, Hoffnung, Zuversicht, sie ist in Bewegung auf ein Letztes hin. Dort ist sie ohne Ausblick, weil endlich am Ziel.

Ich nehme

Es gibt mehrere Arten von Nehmen. Die erste ist: ich nehme etwas für mich, weil ich es brauche und weil mir jemand gibt, was ich brauche. Diese Art des Nehmens hält uns am Leben, denn das Leben nimmt laufend etwas von anderen, damit es am Leben bleibt. In diesem Zusammenhang nehmen wir jemandem oft auch etwas weg.

Es gibt noch eine zweite Art des Nehmens. Sie ist Hingabe an das Leben und an die Schöpfung. Hier nehme ich, indem ich mich öffne. In diesem Nehmen werde ich weit. Ich bewege mich auf das mich umgebende Weite zu, werde von ihm angezogen und mitgenommen in seine Fülle.

Dieses Nehmen ist Andacht. Es ist Loslassen, es ist Weitwerden und Einswerden mit etwas, was mich in jeder Hinsicht übersteigt. Was für mich unfassbar bleibt und mir dennoch bis in mein tiefstes Inneres nah.

Was ich so nehme, nimmt mich, und zwar so, dass ich mich in ihm sowohl verliere und finde.

Ich nehme auch das Schwere, das mich in meine Grenzen weist. Ich nehme sie mit in das Weite, bis sie, weil ich sie mit dem Ganzen ebenso andächtig in meine Seele nehme, durchlässig werden und ebenfalls weit.

Ich nehme also alles, alles zugleich. Ich nehme es offen, mit Zuversicht in die Weite blickend und nach vorne, bis ich mich von ihm erfüllt erfahre.

Dieses Nehmen ist ohne Absicht, sich ausdehnend und wachsend aus einer Bewegung, die mich mit vielen anderen mitnimmt in eine weite, unendliche Liebe.

Diese Liebe ist da, voll da. In ihr hört das Nehmen auf, weil mit dieser Liebe am Ziel.

Ich höre

Wo vieles sich zur gleichen Zeit zusammendrängt und durch die gleiche schmale Öffnung drängt, kommt es leicht zum Stillstand. Verstopfung nennen wir das dann. Zum Beispiel verstopfte Straßen. Wir sprechen aber auch von verstopften Zügen und verstopften anderen Verkehrsmitteln, wenn zu viele Menschen im gleichen Wagen Platz finden wollen, manchmal die doppelte Zahl, die normalerweise dort Platz finden können.

Manchmal drängen sich viele vor einem Eingang und warten, bis er sich öffnet. Zum Beispiel für ein besonderes Ereignis. Zum Beispiel für ein Fest, oder auch für einen Schlussverkauf.

Ursprünglich sprechen wir von Verstopfung, wenn unsere Verdauung ins Stocken kommt. Dann warten wir manchmal unter Schmerzen, bis sich der angestaute Stuhl Bahn bricht und wir erleichtert aufatmen können.

Manchmal, wenn wir nicht recht hören können, sagen wir, unsere Ohren seien verstopft. Dann reinigen wir sie, damit wir besser hören können. Manchmal, wenn die Geräusche von außen zu laut werden, halten wir uns die Ohren zu. Wir verstopfen sie von uns aus, um uns gegen diese Geräusche abzuschirmen.

Oft sind unsere Ohren anderweitig am Hören gehindert. Zum Beispiel, wenn wir etwas nicht hören wollen. Dann verschließen wir geistig unsere Ohren und stellen uns taub. Das gelingt uns auch, wenn eine Botschaft uns Angst macht, aus was für

Gründen auch immer. Denn manchmal ist es eine frohe Botschaft, vor der wir unser Ohr verschließen.

Wie ist es mit einer neuen Botschaft, die wir noch nicht kennen können, die wir selbst dann nicht hören können, wenn wir es wollen? Für sie muss unser Ohr geöffnet werden, gegen sie bleibt es in jeder Hinsicht verstopft.

Von dieser Botschaft sagt Rilke in der Ersten Duineser Elegie:

> Höre, mein Herz, wie sonst nur Heilige hörten: dass sie der riesige Ruf aufhob vom Boden; sie aber knieten, Unmögliche, weiter und achtetens nicht: So waren sie hörend.

Was hören wir, wenn dieser Ruf uns erreicht und unsere Ohren für ihn geöffnet werden?

Wir hören den Ruf: Du bist geliebt. Von wem geliebt? Von dem, was wir im Tiefsten sind. Von jener Liebe, die alles liebt, weil alles nur sein kann, weil sie es liebt, weil sie es liebt, wie es ist.

Dieses Hören ist eine Weise des Seins, jene Weise des Seins, das da ist, weil es geliebt ist.

Um was bitten wir also, wenn wir noch nicht hören können? Öffne meine Ohren, Herr, dass sie bis ins Innerste hören, dass du mich liebst, ewig liebst, immer liebst, dich in mir liebst und mich in dir. Hier endlich ist unser Hören frei.

Das Eine

Das Eine ist alles, denn alles ist nur denkbar als Ergebnis des Einen, von dem es sein Dasein hat. Deswegen erkennen wir in allem das gleiche Eine und finden in ihm zum gleichen Einen, vorausgesetzt, dass wir bei aller Faszination für das Einzelne zugleich zum Einen finden, in ihm das Eine mit sehen, aus dem es kommt.

Da wir uns aus diesem Einen kommend erfahren, erfahren wir in allem zugleich unser Eines. Wir fügen uns in allem dem, was uns auf gleiche Weise verbindet. Wir werden sowohl mit dem Einen als auch mit allem anderen eins, das von ihm gedacht ins Dasein gebracht und im Dasein gehalten wird. In allem finden wir sowohl uns als auch unser Letztes: unseren Anfang und unsere Vollendung, alles ohne Vergangenheit und ohne Zukunft jetzt.

Das Eine ist das Einzige, das bleibt. Nur in ihm und mit ihm bleibt das andere. Wir schwingen mit allem im Einklang, wenn wir im Einklang schwingen mit diesem letzten Einen. Wir schwingen in der Liebe, wenn wir mit der Liebe des Einen schwingen. Wir schwingen mit dem Leben, wie es ist, im Einklang mit diesem Einen, in der Zustimmung zu diesem Einen in uns und in allem anderen, das aus ihm sein Leben hat. Wir schwingen im Einklang mit ihm glücklich.

Der Abschied

Religion heute

Die Religion als Suche nach der Verbindung mit jener schöpferischen Macht, von der wir uns und unser Leben abhängig erfahren, ist allen Menschen gemeinsam, was immer auch die Weise sein mag, in der sie sich in verschiedenen Gemeinschaften zeigt. Insofern erweist sich die Religion für unser Leben als wesentlich.

Die gemeinsame Religion

Die gemeinsame Religion und die mit ihr einhergehenden Überzeugungen, Hoffnungen und Ängste binden eine Gruppe aneinander, weit über die familiären Bindungen hinaus. Ihre Religion wird zu einer übergeordneten, viele Familien gleichzeitig umfassenden Großfamilie, die ihren Anhängern das Gefühl einer umfassenden Sicherheit vermittelt, weit über ihr jetziges Leben hinaus.

Das heißt: Diese Religion verbindet uns mit vielen, sowohl mit einem uns gemeinsamen Ursprung, mit einer uns gemeinsamen Herkunft, als auch mit einer uns gemeinsamen Zukunft nach unserem Leben und nach unserem Tod. Die Religion überwindet also für uns die Vorstellung, als seien mit unserem Tod unser Leben und mit ihm auch unser Dasein vorbei. Sie führt uns über dieses Leben hinaus.

Die Weltreligionen

Die Frage ist: Führt die einer Gruppe gemeinsame Religion auch über die Religionen hinaus? Das heißt: Gibt es eine Religion, die jenseits der Grenzen der einzelnen Religionen alle Menschen auf eine ihnen gemeinsame Weise verbindet?

Es muss uns zu denken geben, dass viele Religionen sich nur für ihre Anhänger öffnen und andere von ihnen ausschließen. Auch können wir von diesen Religionen sowohl abfallen als auch zu ihnen bekehren. Wenn wir von ihnen abfallen und uns zu ihnen bekehren können, müssten wir auf die gleiche Weise auch von ihrem Gott abfallen oder uns zu ihm bekehren können. Verbinden diese Religionen uns mit dem schöpferischen Ursprung allen Lebens, oder setzen sie sich an seine Stelle?

Zugleich gibt es die Vorstellung, dass es der Religion gemäß ist, eine für alle Menschen gemeinsame Religion zu werden. Einige Religionen erheben daher den Anspruch, die Weltreligion zu sein oder zu werden. Zum Beispiel durch die Missionierung, entweder eine friedliche oder, noch öfter, durch eine mit Gewalt.

Solche Versuche widersprechen dem innersten Wesen der Religion, da sie uns ja mit jener schöpferischen Macht in Beziehung bringen will, von der alles gleichermaßen seinen Ursprung hat, die also alles gleichermaßen will und trägt.

Daher suchen viele Menschen aus verschiedenen Religionen nach einer Religion, die sie unmittelbar mit anderen Menschen religiös verbindet, ohne den Umweg über die gewachsenen Religionen, denen sie nach wie vor angehören und angehören wollen. Denn die allen gemeinsame Religion steht in keinem Gegensatz zu den überkommenen Religionen. Sie führt nur in besonderer Weise über sie hinaus. Sie verbindet sich mit vielen Menschen innerhalb der verschiedenen Religionen und zugleich allen, die außerhalb von ihnen stehen.

Die andere Religion

Was kennzeichnet diese andere Religion?

Erstens, sie ist eine persönliche Religion, und sie ist eine innere Religion. Sie bleibt ohne Bilder, ohne bestimmte Lehren. Sie beruft sich auf keine Offenbarung und kennt, da sie persönlich ist, weder Einschluss noch Ausschluss.

Zweitens, sie ist geistig. Das heißt, sie ist weder an einen Ort noch an eine Zeit gebunden. Daher kennt sie keine Riten oder Feste oder heilige Zeiten. Sie ist innen und geistig.

Drittens, sie folgt der Erkenntnis, dass alle Menschen vor jener Macht, von der sie ihr Dasein haben, gleich sind. Wie könnte diese Macht die einen den anderen vorziehen, da alle in jeder ihrer Bewegungen von dieser Kraft bewegt und in Bewegung gehalten werden? In dieser Religion wissen wir uns von dieser Macht mit allen gleich geliebt, gleich geführt, gleich angenommen.

Diese Religion ist eine Religion der Liebe für alle. Sie überwindet, was Menschen innerhalb vieler Religionen und zwischen den Religionen voneinander trennt.

Diese Religion ist menschlich, mitmenschlich, bescheiden und still, wohlwollend still – mit Liebe still.

Gott

Was geht mich Gott an? Ich kann das sagen, wie wenn ich eine Frage stelle, auf die ich eine Antwort suche. Ich kann es auch in dem Sinn sagen, als ginge Gott mich nichts an. Hier ist es im zweiten Sinn gesagt.

Für einige mag das anstößig klingen, als würde ich mich über Gott erheben. Ich sage es aber aus der Einsicht, dass jede Vorstellung, als könnten wir für Gott etwas tun oder dass wir uns seiner und seiner Sache annehmen müssten, der Einzigkeit seiner Allmacht und seines schöpferischen Denkens und Tuns widerspricht. Mit dieser Vorstellung ernennen wir uns zu seinen Helfern, als bräuchte er uns. Wir wollen an seine Stelle treten, als seien ihm ohne uns die Hände gebunden.

Wenn ich mich von dieser Vorstellung löse, als könnte ich von mir aus ihm zu Diensten sein und wenn ich mir sogar Gedanken mache, *wie*, falle ich aus der Andacht und Hingabe an ihn heraus. Ich bemächtige mich seiner sogar und muss scheitern. Das heißt, ich muss an seiner Größe zerbrechen, bis von mir nichts mehr bleibt.

Bin ich dann verloren? Oder fängt er mich auf? Darf mich das kümmern? Auch hier gilt: Was geht mich Gott an?

Nichts geht er mich an, nichts in allem, was er denkt und durch sein Denken in Bewegung bringt. Daher steht es mir auch nicht zu, den Lauf der Welt gut oder schlecht zu finden und ihn beim Einen vielleicht mehr am Werk zu sehen als bei einem Anderen.

Was geschieht, wenn ich weiß, dass Gott mich nichts angeht, mich in jeder Hinsicht nichts angeht? Wenn ich mich im Einklang mit dieser Einsicht von allen Bildern löse, die ich mir von ihm gemacht habe?

Ich lebe, wie ich lebe, ich liebe, wie ich liebe, ich sterbe, wie ich sterbe: im Einklang mit allem, wie es ist, so wie es ist. Ohne Gott, ohne die Vorstellung, dass es ihn gibt und dass er mich in seinen Dienst nimmt, bleibe ich allem verbunden, wie es ist, genau wie es ist. Damit bin ich in allem mit jener Kraft verbunden, die in ihm wirkt, mit ihr im Tiefsten ohne Bilder eins.

Das Licht

Das Licht leuchtet uns in der Nacht auf unserem Weg. Nur mit seiner Hilfe finden wir ihn und bleiben auf ihm. Dieses Licht reicht in der Nacht für einige Schritte, sodass wir uns mit seiner Hilfe laufend neu orientieren müssen. Das heißt: obwohl uns das Licht leuchtet, bleibt das Ende des Weges für uns im Dunkeln.

Wie geht es uns, wenn dieses Ende für uns im Dunkeln bleibt? Fühlen wir uns sicherer? Fühlen wir uns weniger sicher?

Weil das Ende für uns dunkel bleibt, bleibt es unserem Wollen entzogen, sowohl unserer Erwartung als auch unserer Furcht. Weil dieses Ende für uns dunkel bleibt, vertrauen wir einem anderen Licht, einem ewigen Licht.

Dieses Licht leuchtet in unserer Seele als Hingabe an eine Bewegung, die stillsteht, als sei sie bereits am Ziel, an einem unendlichen Ziel. Als ein unendliches Ziel bleibt es notwendig dunkel, denn das Licht, das uns leuchtet, bleibt endlich. Es verliert sich im Dunkeln und hört auf in der Nacht.

Wir vertrauen diesem Licht, solange es leuchtet, und ahnen jenseits von ihm ein Letztes, in das es aufgeht.

Da uns dieses Licht in ein Dunkel führt, steht es in dessen Dienst für eine Zeit.

Sagt Gott dann vielleicht: „Es werde Nacht?“ Es werde wieder Nacht, ewige Nacht, seine Nacht?

Sie ist die Quelle allen Lichtes, solange es leuchtet, auch unseres Lichtes für eine Zeit. Sie bleibt, auch wenn unser Licht ausgeht, wenn dieses Licht ausgeht.

Noch etwas leuchtet. Die Liebe. Sie wird im Dunkel grenzenlos.

Ich sehe den Himmel offen

Was ist offen? Alles ist offen. Weil es offen ist, geht es weiter, endlos weiter nach allen Seiten.

Wo also ist der Himmel offen? Hier ist er offen. In mir ist er offen, in dir, in dem, was war, in dem, was sein wird.

Was heißt hier offen? Offen heißt, hineingezogen, weit nach oben in die Weite gezogen, leicht hochgezogen, jenseits der Schwere, ohne Grenzen, ins endlos Offene gezogen, offen wie der unendliche Himmel.

Offen heißt hier auch: ins Licht gezogen, in eine gleißende Helle, ein helles Wissen ohne ein Nicht, unfassbar da.

Wer den Himmel offen sieht, sieht alles offen, alles ohne seine Grenzen, alles aufgelöst in seine Herkunft, und so, wie es ist, an seinem Ziel.

Offen heißt durchlässig, denn nichts steht noch im Weg, nichts hält etwas auf. So wie der Geist durchlässig ist für alles, es unfassbar und dennoch von innen erfüllt in sein unendliches Offenes mitnimmt.

Das Offene zieht an, als wäre es ein Ziel. Doch weil es offen ist, geht es unendlich weiter, sowohl nach vorn, wie in die Weite, wie in die Tiefe, wie in die Höhe. Es ist nach jeder Seite offen, endlos offen.

Verlieren wir uns vielleicht im Offenen, da es in ihm weder eine Richtung gibt, noch ein Ziel, noch einen Weg, noch ein Innehalten?

Dieses Offene ist alles: alles jetzt, alles zeitlos, alles offen.

Offen in diesem Sinne ist wie der Geist offen, ist wie sein unendliches Denken, aus dem alles wird, wie es ist. Wir erfahren es in unserem Geist und in unserer Seele als Liebe, als unendliche Liebe, als unendlich offene Liebe, als den für alle offenen Himmel.

Der Friede auf Erden

An Weihnachten sangen die Engel: „Ehre sei Gott in der Höhe, und auf Erden Friede den Menschen, an denen er Wohlgefallen hat."

An wem hat Gott Wohlgefallen? An allen Menschen. Er hat sie gewollt, wie sie sind. Sie gefallen ihm wohl, wie sie sind. Er hat an ihnen Wohlgefallen. Würde er auch nur einen aus seinem Wohlgefallen ausschließen, wo bliebe sein Friede auf Erden?

Sein Wohlgefallen an allen, wie sie sind, bewirkt den Frieden, der von ihm kommt. Unser Wohlgefallen an allen, wie sie sind, verwirklicht den Frieden, wie Gottes Wohlgefallen ihn will.

Die Engel sangen dieses Lied, als Jesus in Bethlehem geboren wurde. Aus diesem Anlass sangen sie dieses Frieden bringende Lied, das Gott in der Höhe die Ehre gibt.

Natürlich ist diese Geschichte in der Rückschau auf Jesus und sein Wirken geschrieben. Obwohl sie also in dieser Hinsicht ein Märchen ist, berührt sie uns tief. Denn sie ist zugleich die Geschichte einer Geburt. Sie ist die Geschichte der Geburt eines neuen Menschenkindes, die Geschichte einer Hoffnung, dass mit der Geburt dieses Kindes jener Friede kommt, der das Leben aller Kinder sichern wird durch jenen Frieden, der Gott in der Höhe die Ehre gibt.

Ist der Gott Jesu auch unser Gott? Geben wir ihm die Ehre auf eine Weise, die allen Menschen Frieden bringt?

Wie geben wir Gott endlich die Ehre, und wie geben wir den Menschen diesen seinen Frieden? Wenn wir uns von Jesus zu diesem Frieden führen lassen.

Was sagt Jesus über diesen Frieden? Er sagt: „Seid barmherzig wie mein Vater im Himmel. Er lässt die Sonne scheinen über Gute und Böse, und er lässt regnen über Gerechte und Ungerechte."

Wieso? Weil er an allen Wohlgefallen hat, das gleiche Wohlgefallen für alle.

Heilig Abend

Am Heiligen Abend verdichten sich die Erinnerungen an unsere Kindheit, als wir selbst noch ein Kind waren, von unserer Mutter und unserem Vater umsorgt und schon lange mit frohen Erwartungen auf diesen Abend vorbereitet.

Endlich war es so weit. Der Weihnachtsbaum wurde geschmückt, die Kerzen wurden angezündet, das erste Weihnachtslied wurde gemeinsam gesungen. Als letztes Lied, als Höhepunkt, erklang das Lied: Stille Nacht, heilige Nacht.

Dann wurden die Weihnachtsgeschenke überreicht. Wir durften sie aufmachen und uns an ihnen freuen.

Die Augen unserer Eltern leuchteten, als sie sahen, wie sehr wir uns darüber freuten. Gleich versuchten wir auch die vielen Süßigkeiten, die es an diesem Abend in Fülle für uns gab.

Manchmal schauten unsere Eltern sich seltsam an, als erinnerten sie ein großes Geheimnis. Damals verstanden wir es noch nicht, aber heute wissen wir, dass sie sich an unsere Geburt erinnerten, als auch wir in einer Krippe lagen als ihr Kind, ihnen von Gott geschenkt und anvertraut. Auch sie dachten damals: Was wird aus diesem Kinde werden? Auch sie hörten in ihrem Herzen eine Botschaft, eine himmlische Botschaft von Heil und Segen.

Am Heiligen Abend, an jedem Heiligen Abend, hörten sie wieder diese Botschaft, sahen in uns ein ihnen von Gott geschenktes Kind, wurden andächtig und ehrfürchtig.

Wir wussten noch nicht um dieses tiefe Geheimnis. Wir freuten uns nur und waren glücklich.

Danach gingen wir mit unseren Eltern in die Christmette, schauten mit ihnen staunend auf das Kind in der Krippe, wussten uns mitgenommen in ein anderes Geheimnis, in ein göttliches Geheimnis, und wurden still.

Mit den Engeln sangen und singen wir auch heute: Ehre sei Gott in der Höhe, und auf Erden Friede den Menschen seiner Huld, an denen er sein Wohlgefallen hat, heute an uns besonders, am Heiligen Abend.

Geordnet

Geordnet ist, was auf eine Weise zusammenpasst, dass es sich gegenseitig ergänzt und fördert. In diesem Sinne ist alles Leben geordnet und jede Gemeinschaft von Menschen geordnet, vor allem die eigene Familie.

Wird die Ordnung gestört, kommt sie also in Unordnung, wird das geordnete Leben gefährdet, und eine menschliche Gemeinschaft kommt in die Gefahr, auseinanderzubrechen und sich aufzulösen.

Die Ordnung folgt also bestimmten Vorgaben und Gesetzen. Ebenso die Unordnung.

Die Ordnung gibt Sicherheit, die Unordnung macht Angst. Beide haben ihre eigene, unterschiedliche Wirkung. Daher sehen wir am Ergebnis, ob wir in unserem Leben geordnet oder ungeordnet sind. Die Ordnung hält etwas zusammen, die Unordnung löst es auf und lässt es zerfallen.

Zum Beispiel erfahren wir uns gesund, wenn in unserem Körper alles so geordnet ist, dass es auf eine Weise zusammenwirkt und alles zusammenhält, dass wir uns kraftvoll und lebendig erfahren.

Umgekehrt fühlen wir uns krank und schwach, wenn in unserem Körper etwas in Unordnung geraten ist. Zum Beispiel, wenn ein Organ in seiner Leistung nachlässt oder sogar ausfällt, oder wenn verschiedene Organe einander behindern und einschränken.

Was genau ist in Ordnung oder in Unordnung? Es sind immer Beziehungen.

Welche Beziehungen? Alle Beziehungen. Daher funktioniert eine Beziehung nur, wenn andere Beziehungen gleichzeitig funktionieren.

Zum Beispiel funktionieren die Beziehungen innerhalb unseres Körpers, wenn auch die Beziehungen innerhalb unserer Familie funktionieren. Geraten die Beziehungen innerhalb unserer Familie in Unordnung, wirkt sich das auf die Beziehungen innerhalb unseres Körpers aus. Kommen die Beziehungen innerhalb unserer Familie wieder in Ordnung, geschieht das Gleiche in unserem Körper.

Was ist für uns die entscheidende Beziehung, von der alle anderen Beziehungen ein Spiegelbild sind? Es ist die Beziehung zu unserem Ursprung, zum Ursprung von allem, was ist.

Was zeigt sich hier als die Unordnung, die alle anderen Beziehungen in die Wirkungen dieser Unordnung mit hineinzieht und sie ebenfalls in Unordnung bringt?

Wenn wir diesem Ursprung in unserem Verhalten vorzuschreiben versuchen, was von dem, was da ist, ein Recht hat, da zu sein, und was dieses Recht verspielt hat, sodass ihm dieses Recht von uns aberkannt wird. Dann tragen wir unsere Unordnung in diese ursprüngliche Beziehung hinein, bringen diese Beziehung in uns in Unordnung und mit ihr unsere anderen Beziehungen auch.

Wo also beginnt die Ordnung für alle unsere Beziehungen, einschließlich der Beziehungen in unserem Körper und in unserer Familie? Sie beginnt in unserer Beziehung zu Gott, in unserer geordneten Beziehung zu Gott.

Was heißt das? Sind nicht unsere Bilder von Gott häufig in Unordnung? Stehen sich in diesen Bildern nicht die so genannten Guten und die so genannten Bösen häufig entgegen, sind also ohne Beziehung zueinander oder in einer Beziehung der Feindschaft und somit in der größtmöglichen Unordnung? Wird von uns in diesen Bildern nicht Gott selbst in diese Unordnung hineingezogen als der Freund der einen und der Feind der anderen? Was ist dann die Wirkung dieser Unordnung in unserem Geist für die Beziehungen zwischen den Menschen, den Völkern und den Religionen und letztendlich in unserer Seele und in unserem Leib?

Das Göttliche, jener uns im Letzten verborgene Anfang allen Lebens und allen Seins, kann von uns nicht anders vorgestellt werden als allem, was aus ihm seinen Ursprung hat, auf die gleiche Weise zugewandt, weil von ihm gewollt, wie es ist.

Wo beginnt dann für uns die Ordnung aller unserer Beziehungen? Wenn wir uns dieser Erkenntnis in jeder Hinsicht fügen?

Wenn wir uns von dieser Erkenntnis und von den aus ihr sich ergebenden Bewegungen mitnehmen lassen in die Liebe unseres Ursprungs für alles, wie es ist. Diese Liebe ist die zutiefst geordnete Liebe, sie ist die zutiefst geordnete Beziehung. Sie hebt jede Unordnung auf.

Die Größe

Die Größe ist mehr, als wir uns vorstellen, denn die Größe ist zugleich begrenzt. Sie muss sich ihren Grenzen stellen. Nur dann bleibt sie groß und bewirkt, was groß ist: groß für viele, weil sie vielen etwas Großes ermöglicht.

Das Große ist also mehr, als jemand wollen kann. Es ist im Einklang, der jeden, der Großes will und Großes in Gang bringt, zugleich in die Pflicht nimmt. Es ist groß, weil etwas anderes es groß haben will.

Wer hält diese Größe aus? Wenn er sie als seine Größe betrachtet, zieht sie sich von ihm zurück. Dann scheitert er an seiner Größe. Sie lässt ihn genauso tief sinken, wie sie ihn hochgehoben hat.

Größe ist daher gefährlich, gefährlich vor allem für den, der sich auf sie verlässt. Sie bricht zusammen für jene, die meinen, dass sie die Größe haben und festhalten können.

Die Größe geht also über das Persönliche weit hinaus. Sie nimmt den Einzelnen in ihren Dienst für eine Zeit und lässt ihn wieder fallen. Nur, weil er auch fällt, bleibt seine Größe in Bewegung. Sie wird Teil einer Bewegung, die mehr verlangt und fordert als die, die von ihr fasziniert sind und von ihr in Bewegung gesetzt werden, vorausahnen und von sich aus bewirken können. Auch wenn sie groß scheinen, bleiben sie im Dienst.

Wie also gehen wir mit der Größe um, mit unserer eigenen Größe und mit der Größe von anderen? Wir wissen, dass sie untergeht, so wie die Sonne untergeht, wenn sich der Tag, den sie erleuchtet hat, zum Abend neigt und mit ihr sinkt.

Ist die Größe dann weg? Ist sie verschwunden? Sie geht von neuem auf, doch diesmal anders, anders, als wir es wissen können, und anders, als wir es in der Hand haben.

Dennoch, diese Größe scheint wie immer auch uns, wenn wir vor ihr demütig bleiben, groß und klein zugleich.

Das Urteil

Wie entsteht in uns ein Urteil? Wenn wir uns oder eine Person oder ein bestimmtes Tun an einem inneren Bild messen von besser oder richtig oder von verwerflich und falsch.

Dieses Urteil braucht nicht einmal gedacht oder gesagt werden, oft ist es nur ein

Gefühl. Oft erschreckt uns dieses Urteil, weil es unseren Grundsätzen widerspricht. Doch es ist da. Wir schämen uns seiner, wenn uns bewusst wird, was wir damit uns und anderen antun.

Das Urteil schränkt etwas ein. Jemand oder etwas muss nach unserem Gefühl anders sein, als es ist. Es soll so sein, dass es mit unserem inneren Bild, wie es sein soll, übereinstimmt. Im Grunde wollen wir mit unserem Urteil etwas nach unserem Bild erschaffen, ähnlich wie jener schöpferische Geist das, was er denkt, durch sein Denken ins Dasein bringt. Nur kann es bei ihm kein Urteil geben, weil das, was er denkt, immer so wird, wie er es denkt. Diesem Denken geht also kein Bild voraus, wie etwas sein soll, und von daher auch kein Urteil.

Das Urteil bei uns zeigt einerseits, dass wir ohnmächtig sind, etwas nach unserem Bild ins Dasein zu bringen. Sonst bräuchten wir ja nicht zu urteilen. Dennoch verhalten wir uns, als müsste das andere sich nach unserem Bild richten. Wenn wir sehen, dass wir in dieser Hinsicht ohnmächtig bleiben, urteilen wir. Das heißt, wir verurteilen jemanden oder etwas, weil es anders ist, als unser Bild es ihm erlaubt. Genau genommen bestrafen wir ihn oder es dafür, dass es sich unserem Bild und unserem Anspruch entzieht, als geschehe uns dadurch ein Unrecht.

Wenn wir also unseren Urteilen ohne Angst auf den Grund gehen, erschrecken wir vor der Anmaßung, die sich hinter unseren Urteilen verbirgt. Im Grunde stellen wir uns mit unseren Urteilen über Gott. Wir spielen damit, die Welt und die Menschen nach unserem Bild zu erschaffen, und werden den anderen böse, wenn sie sich nach anderen Bildern richten. Dass die anderen sich nach dem Bild richten, das sie gewollt hat, wie sie sind, dass es sie mit Liebe so gewollt hat.

Wären wir im Einklang mit diesem Bild, würden wir dem anderen und seinem Verhalten zustimmen wie jener Geist. Wir würden ihm wohlwollend zustimmen, wie immer er oder es ist. Wenn uns das gelingt, werden wir schöpferisch wie dieser Geist, denn in dem Augenblick verändert sich etwas in den Menschen und in den Bewegungen, denen wir zustimmen. Sie können sein und sich bewegen, wie dieser Geist sie denkt und will. Sie kommen mit ihm in eine tiefe Übereinstimung. Sie macht es ihnen leicht, seinem Bild zu entsprechen.

Umgekehrt, wenn unser inneres Bild für andere zum Maßstab werden soll, wie sie sein und sich bewegen sollen, aber sie sich unserem Bild entziehen, lehnen wir sie ab. Das ist die Wirkung unseres Urteils, und sei es auch nur in unserem Gefühl.

Doch ist auch dieses Gefühl ein schöpferisches Gefühl, denn es bewirkt etwas. Der andere nimmt innerlich wahr, wie wir urteilen, und wird davon beeinflusst. Hier wird unser Urteil zu einer schöpferischen

Bewegung in die andere Richtung. Unser Urteil wird schöpferisch, indem es den anderen zwingt, auf uns zu reagieren statt auf diese andere Bewegung. Unser Urteil stellt sich der schöpferischen Bewegung dieses Geistes und seiner Liebe in den Weg. Genau genommen wird unser Urteil zum Aufstand gegen diesen Geist und gegen seine Liebe.

Wenn wir die Folgen unserer Urteile in unserem Inneren bis ins Letzte bedenken, erschrecken wir vor den Folgen, die wir mit unseren Urteilen in Gang setzen, sowohl für uns als auch für andere.

Was wäre für uns der Ausweg? Ein anderes Urteil. Das Urteil der Zustimmung zu jedem und zu allem, wie es ist. Dann wird es ein Urteil der Liebe.

In der Bibel wird die Wirkung dieses Urteils so beschrieben: „Gott sah, dass es gut war."

Gott sah, dass es gut war

Mit diesen Worten schließt der Schöpfungsbericht in der Bibel. Daraus ergibt sich für unser Denken und Handeln eine einfache Schlussfolgerung. Mit Gott finden auch wir alles gut, was durch sein schöpferisches Denken und das in ihm zu Wort gekommene schöpferische Handeln ins Dasein trat und – so müssen wir weiter folgern –das von ihm in seinem Dasein gehalten und von ihm schöpferisch mit der gleichen Zustimmung weiter entfaltet und auf eine von ihm gedachte und gewollte Vollendung hin bewegt wird.

Mit dieser schöpferischen Kraft im Einklang finden auch wir alles gut. Wir finden uns gut, wie wir sind. Wir finden die Menschen gut, mit denen wir innig verbunden sind, vor allem jene, denen wir, weil Gott sie gut fand, unser Leben verdanken: also unsere Eltern, wie sie sind, und unsere Ahnen, wie sie waren.

In gleicher Weise finden wir auch unsere Kinder gut, so wie Gott sie gut findet, und wir finden uns als ihre Eltern gut, weil diese schöpferische Kraft alles, was durch sie von uns bewirkt wurde, durch uns weiterwirkt. Sie sagt zu allem, was durch sie und im Einklang mit ihr ins Dasein kommt, auch: Ich sehe, dass es gut ist und gut war.

Genauso ist es mit allem, was wir im Einklang mit dieser schöpferischen Macht unternehmen, zum Beispiel für unsere Gesundheit und im Dienst anderer Menschen. Gott wirkt durch uns. Was immer uns im Einklang mit seinem Denken und Wollen gelingt, er sagt: Es ist gut.

Wie ist es umgekehrt, wenn wir finden, etwas sei nicht gut, bei uns und bei anderen? Wird es dadurch besser? Werden wir dadurch besser? Wissen wir, wohin eine Bewegung letztlich führt? Wie können wir es wissen, wo doch das schöpferische Denken und Sagen dieser Kraft unendlich weitergeht, weit über das hinaus, was wir für gut finden? Wer sind wir denn, wir, von denen Gott sagt, es sei gut, es sei sogar sehr gut, dass wir anderes zu denken versuchen, als hätten wir eine andere, eine größere Kraft, etwas ins Dasein zu bringen, sodass wir von uns aus denken und sagen können, es sei gut? Wie weit reicht unser Blick, wie weit reicht unsere Kraft?

Dennoch sind auch wir ununterbrochen am Werk, auch schöpferisch am Werk, schöpferisch, weil durch uns, was immer wir tun, diese andere Kraft weiterhin schöpferisch wirkt, und sie auch zu dem, was wir tun, ob es uns gefällt oder nicht, sagt: Es kommt aus meinem Denken und meinem Wollen, und ich sehe, es ist sehr gut.

Was geschieht mit uns, wenn wir ihm zustimmen, wie dieser ewige schöpferische Geist ihm zustimmt? Wir erfahren in unserem Geist und in unserem Tun, in dem, was durch uns wirklich wird, wie gut es ist.

Von Gott wird in der Bibel gesagt, dass er, nachdem er alles nach seinem Bild geschaffen hatte, am siebten Tag ruhte. Weil er alles gut fand, nimmt es, wie er es gut fand, seinen Lauf. Es nimmt schöpferisch seinen Lauf, es nimmt gut seinen Lauf.

Aus welcher Kraft? Aus seiner Kraft, die weiterwirkt, auch wenn er zu ruhen scheint. Denn es hat alles zur Verfügung, wie er es geschaffen, wie er es gewollt hat. Es entfaltet sich weiter, allerdings von Anfang bis Ende so, wie er es gut will, wie er es gut findet, wie er von ihm sagt: Es ist gut, alles ist gut, es ist sehr gut.

Der Sturm

Mit dem Sturm verbinden wir etwas Heftiges, das über uns und andere hereinstürmt, unwiderstehlich, das etwas hinwegfegt, Häuser und Ortschaften verwüstet, Bäume entwurzelt: eine Naturgewalt, die plötzlich über uns hereinbricht.

Oft kommt der Sturm mit heftigen Regenfällen daher, die zu Überschwemmungen und Erdrutschen führen, weite Strecken unter Wasser setzen und die Lebensgrundlagen vieler Menschen zerstören.

Der Sturm ist auch ein Bild für Bewegungen des Geistes, viele von ihnen mit einer ähnlichen, zuweilen sogar noch viel heftigeren Wirkung als die heftigsten Stürme in der Natur.

Dazu gehören viele religiöse Bewegungen, welche die Menschen auf eine Weise erfassen, dass sie wie ein Sturm mit vernichtender Wucht über andere Menschen und Völker herfallen und ein Feld der Verwüstung hinterlassen, das vielen Menschen Elend und den Tod bringt. Ich denke hier an die Kreuzzüge, von welcher Art auch immer, die, von geistigen Überzeugungen ausgelöst, viele Menschen mit sich reißen und anderen Menschen Verderben bringen. Viele Begeisterungsstürme in anderen Bereichen haben ähnliche Wirkungen.

Erscheint und erfasst uns Gott und das Göttliche auch wie im Sturm?

In der Bibel gibt es zwei Berichte über eine Gotteserscheinung, die uns eines anderen belehren, eine für Moses und eine für Elias.

Als Jahwe Moses ankündigte, dass er ihm erscheinen werde, warnte er ihn, dass er erst schauen dürfte, nachdem er vorübergezogen war. Er durfte ihm nur nachschauen.

Zu Elias sprach Jahwe auf dem Berg Horeb: Gehe hinaus aus deiner Höhle auf den Berg vor Jahwe hin. Und siehe, Jahwe zog vorüber. Ein gewaltiger heftiger Sturm, der Berge zersprengt und Felsen spaltet, ging vor Jahwe her; aber Jahwe war nicht in dem Sturm. Nach dem Sturm kam ein Erdbeben; aber Jahwe war nicht in dem Erdbeben. Nach dem Erdbeben kam Feuer; aber Jahwe war nicht im Feuer. Nach dem Feuer kam ein leises sanftes Säuseln. Da verhüllte Elias sein Antlitz mit einem Mantel. Aus diesem sanften Säuseln sprach Jahwe zu ihm.

Wo wir vor Gott leise und sanft werden, ohne Sturm, sind wir in einer Bewegung des Geistes, in einer Bewegung, die, weil sie sanft ist, dort, wo der Sturm vorüberbraust, bleibt.

Das Kommende

Das Kommende kommt erst. Daher ist es noch nicht da. Aber es muss kommen, weil es als Kommendes bereits gedacht ist, so gedacht, dass es kommen muss.

Dieses Kommende kann niemals unser Kommendes sein, schon deswegen, weil wir es uns in keiner Weise so denken können, dass es kommen kann, wie es kommen wird. Daher können wir ihm erst begegnen, wenn es da ist.

Muss uns das Kommende kümmern? Wenn es da ist, wissen wir, was zu tun ist. Uns vorher über das Kommende Gedanken zu machen, bleibt müßig. Erst, wenn es da ist, offenbart es, was es uns schenkt und von uns fordert. Erst, wenn es da ist, wird es ein Teil von uns. Erst als Gegenwärtiges ist es wirklich gekommen.

Wie viel Zeit verschwenden wir auf das Kommende, bevor es da ist, und wie viele Ängste und Hoffnungen? Wenn es da ist, ist es Gegenwart, ohne mehr zu sein, als es im Augenblick zeigt und bewirkt.

Ohne das Kommende sind wir wirklich da, ganz da, erfüllt von dem Neuen, das jetzt da ist. Erst in der Gegenwart sind wir in seiner Kraft.

Der Geist kann niemals kommen, denn er ist immer schon da, ganz da. Im Einklang mit dem Geist haben wir alles Kommende, denn in ihm ist das Kommende bereits da, ganz da – und wir in ihm.

Die Offenbarung

Von Offenbarung sprechen wir vor allem, wenn sich für uns etwas verborgenes Göttliches offenbart. Wir reden dann von einer göttlichen Offenbarung. Da das Göttliche, also jene verborgene schöpferische Kraft, von der alles, was ins Dasein tritt, kommt und in seinem Dasein gehalten wird, in allem wirkt, offenbart es sich uns in allem Dasein. Vor allem aber offenbart es sich uns in unserem Dasein, in unserem lebendigen Dasein, in unserem Leben.

Weil unser Leben kommt und geht, da es von vor uns bestehendem Leben auf uns überfließt, und von unserem Leben zu neuem Leben, an das wir es weitergeben, offenbart sich diese schöpferische Urkraft am eindrucksvollsten und tiefsten in unseren Eltern und durch uns auf gleiche Weise für unsere Kinder. Nirgendwo sonst, in keinem anderen Vollzug, offenbart sich das für uns größte und staunenswerteste Geheimnis jener schöpferischen Urkraft, die wir Gott nennen, ohne sie jenseits ihrer Wirkungen je zu verstehen.

Was geschieht mit uns, wenn wir Gott jenseits unserer Eltern zu finden suchen, gleichsam über sie hinaus in einem anderen Bereich, in einem so genannten höheren Bereich? Welche andere Offenbarung kann dieser für unser Leben wesentlichen Offenbarung des Göttlichen gleichkommen oder sie ersetzen?

Diese Offenbarung ist allen Menschen gleichermaßen zugänglich. Denn wie könnte es eine göttliche Offenbarung geben, die nur Auserwählten vorbehalten bleibt und andere von ihr ausschließt? Kann sie von jener Kraft kommen, die allen gleichermaßen ihr Dasein schenkt?

Ich sage es hier in letzter Konsequenz. Könnte ein solcher Offenbarer an die Stelle unserer Eltern treten, könnte er sie übergehen und behaupten, uns Gott auf eine andere Weise zu offenbaren, so als hätten wir unser Leben von ihm, als hätten wir es durch unsere Liebe und unseren Gehorsam für ihn, statt unmittelbar von unseren Eltern? Wie könnte ein solcher Offenbarer uns das Leben versprechen, sogar das ewige Leben, ohne dieses Leben uns so zu geben, wie unsere Eltern es uns gegeben haben? Jenes andere Leben, das solche Offenbarer uns versprechen, wo bleibt es ohne unser Leben hier? Müssen wir sogar, wie einige dieser Offenbarer von uns verlangen, unser Leben hier zuerst verlieren und opfern, um dieses andere Leben zu gewinnen? Wo ist dieses andere Leben, in dem Gott sich für uns sichtbar und hörbar schöpferisch offenbart, ähnlich wie in diesem jetzigen Leben?

Unsere Eltern wurden von dieser schöpferischen Kraft für unser Leben in den Dienst genommen, unabhängig davon, wie sie sonst als Menschen waren. Durch diese Eltern, wie sie waren, genau so, wie sie waren, hat diese göttliche Macht sich uns offenbart, sich schöpferisch offenbart, sich als uns dieses Leben gebend offenbart.

Hören wir diese Offenbarung? Folgen wir ihr, indem wir dieses Leben von unseren Eltern nehmen? Indem wir in ihnen diese göttliche Kraft anerkennen und uns ihr willig fügen, was immer sie uns von sich durch diese Eltern offenbart und schenkt?

Was geschieht mit uns, wenn wir uns dieser Offenbarung verweigern? Zum Beispiel, wenn wir uns vor unseren Eltern, so wie sie sind, verschließen? Wenn wir sie anders haben wollen? Wenn wir ihnen Vorwürfe machen, als hätten sie anders sein müssen, obwohl sie sich als unsere Eltern in der Weitergabe des Lebens an uns im Dienst dieser göttlichen Kraft als vollkommen erwiesen haben, als vollkommene Offenbarer dieser schöpferischen Macht?

Können wir auf eine tiefere Weise mit dieser Kraft verbunden und mit ihr eins werden, als über unsere Eltern? Was für eine Verstiegenheit, wenn wir es auf andere Weise wollen, unabhängig und sogar gegen unsere Eltern?

Wie also werden wir am vollkommensten mit dieser Urkraft eins? Über unsere Eltern, in der Achtung vor unseren Eltern, im Nehmen des Lebens von ihnen mit Liebe und im Willen, es weiterzugeben, im Hören auf diese Offenbarung und im Handeln nach ihr, auf sie hörend und durch sie lebend zugleich.

Vater unser

Wo ist unser Vater? Ist er im Himmel? Oder ist er auf Erden? Als unser Vater ist er auf Erden, nur auf Erden. Denn er wurde unser Vater mit unserer Mutter auf Erden. Ohne unsere Mutter gäbe es ihn nicht. Unseren Vater im Himmel müssten wir ohne unsere Mutter suchen, genauso wie wir manchmal auf Erden unsere Mutter ohne unseren Vater suchen.

Wenn wir unseren Vater im Himmel suchen wollten, müssten wir ihn dort zusammen mit unserer Mutter finden. Aber wieso sollen wir sie im Himmel suchen, wenn wir sie hier auf der Erde haben? Nur wenn wir sie auf Erden in unserem Herzen nicht haben und in unserer tiefsten, ehrfürchtigen Liebe, wenn wir ihnen auf Erden nicht die Ehre geben und sie auf Erden – ich sage das hier mit Bedacht – nicht heiligen, suchen wir sie im Himmel.

Hinter dem Gebet *Vater unser, der du bist im Himmel* wirkt die Vorstellung, dass unser Leben von weit her kommt, also vom Himmel, und dass hinter diesem Leben eine schöpferische Kraft wirkt, die uns hier verborgen bleibt. In diesem Gebet geht die Bewegung weg vom Nahen hier, von der uns unmittelbar nahen Erfahrung, weg in eine unendliche Ferne, wie eine Flucht vor dem uns mächtigen Nahen. Denn das Nahe ist das wirkliche Unheimliche und das uns Überwältigende, wenn wir uns ihm stellen.

Damit fliehen wir zugleich vor dem Anspruch des Nahen und vor seinem Gesetz. Vor allem aber fliehen wir vor seiner Liebe, vor seiner unmittelbar greifbaren Liebe, und vor unserer Antwort auf sie.

Die Liebe zu unserem Vater bedarf also einer Reinigung. Wir müssen sie reinigen von unserem Vater im Himmel, bis wir in unserem Vater auf Erden unmittelbar jene schöpferische Kraft wahrnehmen und anerkennen, von der letztlich unser Leben kommt. Aber nicht von etwas Fernem her, sondern durch dieses uns unmittelbar Nahe, von unserem Vater auf Erden, wie er ist.

Das Gleiche gilt von unserer Mutter, aber nicht von ihr und von unserem Vater als Einzelnen, als seien sie voneinander im Dienst des Lebens getrennt. Nur durch beide zusammen sind wir am Leben. Daher offenbart sich diese schöpferische Kraft in beiden als eine Einheit.

Wie also beten wir dieser Wirklichkeit entsprechend? Wir beten: Vater und Mutter unser, die ihr seid auf Erden, in euch offenbart sich für uns das Geheimnis des Lebens und seine schöpferische Liebe geheiligt schon jetzt. Amen.

Der Ausschluss

Ausschluss heißt hier, dass wir von uns etwas ausschließen, dass wir aber zuerst andere Menschen von uns ausschließen.

Was machen wir in dem Augenblick? Woher kommt es, dass wir andere Menschen von uns ausschließen? Wir empfinden sie als eine Gefahr für uns. Wir unterstellen ihnen in unseren Gedanken und in unserem Gefühl, dass sie uns weghaben und ausschließen wollen, und verhalten uns auch ihnen gegenüber auf diese Weise.

Unsere Gedanken ihnen gegenüber führen zu einem Gefühl der Ablehnung und zu einer Schwingung, welche die anderen auf eine Weise erreicht, dass auch sie von ihr erfasst werden und auf die sie in ähnlicher Weise antworten.

Wir schließen uns also gegenseitig aus. Wir schließen uns gegenseitig aus dem Paradies der Liebe aus. So, wie die ersten Menschen aus dem Paradies vertrieben wurden, weil sie anfingen, zwischen Gut und Böse zu unterscheiden, vertreiben wir uns gegenseitig aus dem Paradies der Liebe. Wir vertreiben uns gegenseitig aus dem Paradies der Liebe, indem auch wir uns von dieser Unterscheidung blenden lassen und im Geiste unserer Stammeltern blind diese Unterscheidung in unserem Leben fortsetzen.

Wie finden wir ins Paradies der Liebe zurück? Wie finden wir zu jener Erkenntnis zurück, welche dieser Unterscheidung voranging, als sie jenseits von dieser Unterscheidung im Einklang mit dem Ursprung allen Lebens mit allem anderen Leben in Liebe verbunden war?

Wir sehen alles, was wir ablehnen und weghaben wollen, von der gleichen Kraft ins Dasein gerufen und im Dasein gehalten wie wir, ohne Unterschied, weil gleichermaßen von ihr gedacht, wie es ist, und so gewollt und geliebt, wie es ist. Wir antworten auf diese Sicht mit einem Gefühl der Zustimmung und der Liebe, die den anderen auf eine Weise erreicht, dass er von ihr in die gleiche Schwingung uns gegenüber kommt, mit Zustimmung und Liebe, wie wir sind, genau so, wie wir sind – und schon sind wir wieder im Paradies.

Diese Liebe folgt der ursprünglichen Erkenntnis, dass alles gleichermaßen von dieser Kraft sein Dasein hat und von dieser Kraft in eine schöpferische Bewegung des Lebens gebracht wurde, ohne eines dem anderen vorzuziehen oder es gegenüber einem anderen abzulehnen. Wie wäre dies möglich gewesen, da Gott ja, nachdem er alles, wie es ist, ins Dasein gerufen hatte, fand, dass es gut war, dass es sehr gut war?

Wie überwinden wir den Ausschluss? Wie Gott finden wir alles gut, wie es ist, weil von Gott so gewollt und von ihm für gut befunden.

Dieses Wohlwollen für alles, wie es ist, ist ein göttliches Wohlwollen. Vor allem ist es ein schöpferisches Wohlwollen, in dem sein Wohlwollen auch uns schöpferisch erkennen und schöpferisch mit ihm im Einklang wirken und Neues ins Dasein bringen lässt.

Dieses Wohlwollen überwindet den Ausschluss, denn es schließt mit dieser göttlichen Liebe alles ein, für immer ein. Dann wandeln wir wieder wie unsere Stammeltern mit Gott im Paradies, und er wandelt mitten unter uns.

Die Reue

Reue heißt: es tut mir etwas leid. Ich bedauere, was ich getan habe. Diese Reue bezieht sich sowohl auf mich als auch auf andere.

Wenn ich einem anderen sage: „Es tut mir leid", und ich dieses Leid auch spüre, leide ich mit ihm. Ich leide mit ihm, so wie er gelitten hat durch das, was ihm von meiner Seite und von meinem Handeln her wehgetan hat. Meine Reue erleichtert sein Leid, weil ich mit ihm leide.

Die Reue bezieht sich in erster Linie auf mich selbst. Das heißt, ich fühle mich unwert und schuldig wegen etwas, was ich gedacht, gewünscht und getan habe. Dabei braucht es sich nicht einmal um etwas zu handeln, was anderen ein Leid gebracht hat. Ich fühle mich von mir aus minder und schlecht.

Wieso eigentlich? Weil ich einem Anspruch nicht genüge, den ich mir vorgegeben habe. Für wen? Habe ich ihn mir vorgegeben, weil er mir entspricht, oder wollte ich den Ansprüchen anderer genügen?

Wozu eigentlich? Lieben sie mich dann mehr? Wissen sie überhaupt, dass ich ihren Ansprüchen genügen will? Kümmert es sie? Oder folge ich mit meiner Reue einem inneren Bild, dass ich ihnen gefalle, wenn ich gewissen Ansprüchen genüge?

Wenn ich diesen Ansprüchen genüge, wie geht es mir dann? Geht es mir besser? Geht es mir schlechter? Bin ich mehr bei mir selbst, oder bin ich es weniger?

Wohin gehört also meine Reue? Auf wen bezieht sie sich? Wie alt bin ich mit dieser Reue? Bin ich erwachsen, oder bin ich noch ein Kind?

Was ist die eigentliche Wirkung dieser Reue? Sie verneint, dass ich richtig bin, wie ich bin. Dass ich von Gott gedacht bin, wie ich bin, so von ihm geliebt, wie ich bin.

Durch die Reue beziehe ich eine Gegenposition zu jener Macht, die mich gedacht hat, wie ich bin, die mich liebt, wie ich bin, die mich in ihren Dienst nimmt, wie ich bin. Die Reue trennt mich von ihrer Liebe.

Sie trennt mich auch von der Liebe der Menschen. Sie zieht auch andere auf eine Ebene, die eine Gegenwelt aufbaut zu dieser Kraft. Sie macht auch andere einem Bild dienstbar, das eine Liebe zurückweist, das die göttliche Liebe zurückweist.

Wie entkommen wir der Reue und ihren Folgen? Durch die Zustimmung. Durch die Zustimmung zu uns, wie wir sind. Durch die Zustimmung zu dem, was wir getan haben, was immer seine Folgen auch waren, für andere und für uns. Durch unsere Zustimmung zu allem, was war und zu allem, was kommt. Durch unsere Zustimmung im Einklang mit einer Bewegung, die für alle das bewirkt, was sie vollendet. Im Einklang mit einer Liebe, die größer ist als jedes Leid. Im Einklang mit jener Liebe, die jenseits von Schuld und Unschuld alle gleichermaßen vollendet – alle mit Liebe vollendet.

Die Sühne

Sühne ist verschwendete Liebe. Sie geht einher im Gewande der Liebe, weil sie eine Schuld aus der Welt schaffen will, vor allem die eigene Schuld.

Die Frage ist: Gab es eine Schuld? Oder gab es nur Schicksal? Für jeden, der in die Schuld und Sühne verstrickt war, ein eigenes Schicksal?

Hinter der Sühne verbirgt sich die Vorstellung, als hätten wir unser Schicksal in Händen und könnten es durch eigenes Leid in Ordnung bringen, wo es aus unserer Sicht in Unordnung gebracht war.

Wenn wir bedenken, wie viel der Sühne geopfert wird, wirkt hinter ihr eine außerordentliche Liebe.

Doch was für eine Liebe? Nimmt sie die, die durch unsere Schuld oder durch die Schuld anderer gelitten haben, in den Blick? Mit Liebe in den Blick? Oder lehnt sie diese sogar ab, indem sie deren Schicksal bedauert? Lehnt sie sogar Gott ab, dem sie heimlich ebenfalls die Schuld gibt, diese nicht besser geschützt und sie weniger geliebt zu haben?

Die Sühne bewegt sich also letztlich außerhalb der Liebe, ohne den anderen, der gelitten hat, wirklich mit Liebe in den Blick zu nehmen. Sie bewegt sich auch außerhalb der Liebe zu uns selbst. Denn was tun wir uns um der Sühne willen alles an! Was tun wir anderen alles an, von denen wir Sühne erwarten und fordern! Vor allem aber bewegt sich die Sühne außerhalb der Liebe zu Gott, denn tief innen in unserem Herzen unterstellen wir ihm durch die Sühne, dass er Böses will, Böses wie wir.

Genau genommen wirken hinter der Sühne Vorstellungen von Macht, wie wir sie bei Kindern finden, die ihre Eltern und andere von einem Leid erlösen wollen, indem sie an ihrer Stelle dieses Leid auf sich nehmen.

Wie entgehen wir dem Bedürfnis nach Sühne, bei uns und gegenüber anderen? Durch eine Erkenntnis, durch eine reine Erkenntnis, durch eine reine Gotteserkenntnis.

Was heißt hier rein? Rein von unseren Vorstellungen von Schuld oder Sühne. Denn die Vorstellung von Schuld und Sühne zieht das Göttliche auf unsere Ebene hinab. Als könnte jener schöpferische Geist – der durch sein Erkennen alles ins Dasein bringt, wie es ist, und der es schöpferisch im Dasein hält, wie immer es sich bewegt – irgendetwas anders wollen, als es sich bewegt, oder ihm sogar die Macht geben, sich anders zu bewegen, als es sich bewegt. Dass sich also etwas unabhängig von diesem schöpferischen Geist anders verhalten und anders bewegen kann, als es sich im Augenblick verhält und bewegt. Zum Beispiel, indem es schuldig wird, unabhängig von der Bewegung dieses Geistes, und dass es sühnen kann, als hätte seine Bewegung anders sein sollen oder können, als sie es war.

Vor allem bewegen sich unsere Vorstellungen von Schuld und Sühne außerhalb der Liebe dieses Geistes für alle und alles, wie es ist.

Wieso fällt es uns schwer, in der Schuld eine göttliche Bewegung zu sehen? Weil nur die Schuld uns zur Besinnung bringt, dass die Bewegungen des Geistes von uns die Hingabe an seine Bewegung auch in der Schuld und ihren Folgen verlangen. Sie verlangen von uns eine größere Liebe, die in der Schuld eine Bewegung erkennt und anerkennt, die über unser Bedürfnis nach Unschuld und einer auf Unschuld gegründeten Sicherheit hinausreicht. Diese Besinnung bringt uns auf eine Ebene, in der alles aufhört, was anderes ausschließt, alles aufhört, das uns ausschließt und andere ausschließt, nämlich die Schuld und in ihrem Gefolge die Sühne.

Im Johannesevangelium steht ein Beispiel, wie Jesus über diese Vorstellungen von Schuld und Sühne hinausführt.

Als er in den Tempel kam, führten einige ihm eine Frau vor, die auf frischer Tat beim Ehebruch ertappt worden war. Sie erinnerten ihn daran, dass im Gesetz geschrieben stand, man solle eine solche Frau steinigen.

Hier also begegnen uns die Vorstellungen von Schuld und Sühne und von ihren Folgen leibhaftig in Personen.

Jesus wurde aufgefordert, Stellung zu nehmen und unter Berufung auf dieses Gesetz die Frau zu verurteilen.

Er aber entzog sich dieser Aufforderung. Er bückte sich und schrieb auf den Boden.

Als sie aber weiter in ihn drangen, richtete er sich auf und sagte: „Wer von euch ohne Sünde ist, werfe den ersten Stein.“ Sofort bückte er sich wieder und schrieb auf den Boden.

Auf einmal gab es keine Unschuldigen mehr. Alle waren einander gleich. Und es gab kein Recht auf Sühne mehr. Denn wer sollte hier sühnen und die Sühne vollstrecken und damit verleugnen, dass alle gleichermaßen schuldig waren?

Nach einer Weile richtete Jesus sich auf. Von den Anklägern war niemand mehr da. Sie hatten ihn mit der Frau alleingelassen. Jesus fragte sie: „Hat niemand dich verurteilt?“ „Niemand, Herr“, sagte sie. „Dann will auch ich dich nicht verurteilen.“

Die Schuld und ihre Sühne hören für Jesus hier auf – für alle auf.

Vergeblich

Eine Mühe war vergeblich, wenn sie ihr Ziel verfehlt hat. Dann war Mühe umsonst.

Wenn eine Mühe ihr Ziel erreicht hat, sagen wir, sie habe sich gelohnt. Gelohnt für wen? Wem kam oder kommt sie wirklich zugute? War sie vielleicht dennoch für viele, die sich diese Mühe gemacht und sie auf sich genommen haben, insofern vergeblich, als sie vor allem anderen zugute kam, sogar solchen, die sich nur wenig oder keine Mühe gemacht haben?

Vergeblich sind vor allem viele Hoffnungen. Wie viel wird einer Hoffnung geopfert, obwohl sie von vornherein eitel und leer erscheint? Zum Beispiel die Hoffnung auf Gerechtigkeit und auf Sühne. Oder im Christentum die Hoffnung auf die baldige Wiederkunft Christi. Jene vor allem, die sonst keine Hoffnung haben, klammern sich an solche Hoffnungen. Je hoffnungsloser ihre Lage in der Gegenwart, desto sehnsuchtsvoller warten sie auf die Erfüllung ihrer Hoffnung. Wie es zum Beispiel bei vielen schwarzen Sklaven in Nordamerika der Fall war, von deren Hoffnungen viele Spirituals bewegend Zeugnis geben.

Vergeblich ist auch jeder Triumph, von welcher Art auch immer, er ist schon deshalb vergeblich, weil er bald anderen Triumphen weichen muss. Das gilt übrigens für jede Errungenschaft, mit Ausnahme vielleicht der Erfindung des Rades.

Vergeblich ist alles, was über eine bestimmte Grenze hinausgeht. Vergeblich ist zum Beispiel alles, was wir über unseren Tod hinaus planen oder sicherstellen wollen. Für vieles leben wir nicht lange genug.

Nie vergeblich ist das Jetzt. Denn das Jetzt ist da, und so sind seine Möglichkeiten. Zum Beispiel die Liebe jetzt, das Leben jetzt, das Glück jetzt, die Freude jetzt, das Dienen jetzt.

Nie vergeblich ist, was weitergeht. Zum Beispiel eine Saat, die wir säen, eine Frucht, die wir ernten, ein Baum, den wir setzen, ein Wissen, das wir gelehrt und eine Fähigkeit, die wir vermittelt haben.

Alles, was dem Leben dient, besteht, selbst wenn es vorübergeht. Es ist aufgenommen in etwas Beständiges, in eine beständige Liebe, in eine schöpferische Liebe, in eine geistige Liebe. In dieser Liebe ist nichts vergeblich, weil es in ihre Bewegung mitgenommen wird, für immer.

Wo ist mein Gott?

Dort ist mein Gott, wo er wirkt, wo sein Wirken mich erreicht. Zuerst in mir, dann in meiner Umgebung und in der uns erfahrbaren Schöpfung in ihrer unendlichen Ausdehnung. Kann es etwas geben, das sich bewegt, etwas, das sich sinnvoll in einem für uns nur in kleinen Ausschnitten durchschaubaren Zusammenspiel bewegt, ohne dass für uns hinter allem eine uns in jeder Hinsicht übersteigende, alles bis ins Letzte bestimmende und steuernde Macht sichtbar und erfahrbar wird? Kann darüber hinaus noch etwas anderes für uns als göttlich erfahrbar sein?

Wieso sind wir versucht, Gott in der Ferne zu vermuten, jenseits des uns in jeder Hinsicht überwältigenden Nahen? Kommt es daher, dass wir dieses Nahe in seiner Tiefe und Kraft als so mächtig erfahren, dass wir ihm zu entfliehen suchen, indem wir einen möglichst großen Abstand suchen, als gewännen wir dadurch einen Freiraum, in dem wir uns auf gewisse Weise frei und selbst mächtig fühlen dürfen? Aber können wir das, ohne dass sich auch hier diese alles durchdringende Macht als allein wirkend offenbart?

Wo also ist mein Gott? So nah, dass vor ihm auch unser Ich nur das Echo eines anderen Wortes bleibt, das schöpferisch bewirkt, was es will, auch den Widerhall seines Schalls?

Wie erfahre ich seine Nähe? Wenn ich in allem sein Widerhall bleibe. Wenn ich mitschwinge, wo er schwingt. Wenn ich aufhöre, wo er aufhört, wartend, bis sein Wollen mich wieder erreicht. Wenn ich nur Antwort bleibe, ewige Antwort, Liebe als Antwort, Staunen als Antwort, Dasein als Antwort, als glückliche Antwort, bleibend als göttlicher Widerhall, als sein ewiges Echo.

Der andere Gott

Gott, wenn es ihn gibt, kann immer nur anders gedacht werden, als wir ihn gedacht haben.

Manchmal wünschen wir, er sollte unseren Gedanken entsprechen, als müsste er das Ergebnis unserer Gedanken sein, sodass wir ihn mit unseren Gedanken sowohl erschaffen als ihn mit ihrer Hilfe in unseren Dienst nehmen.

Doch er entzieht sich unseren Gedanken, bis wir mit unseren Gedanken an ihm verzweifeln, weil er sich uns mit ihnen entzieht.

Wie verhalten wir uns, wenn wir uns inne werden, wie nichtig unsere Gedanken von ihm sind?

Wir entlassen ihn aus unseren Gedanken und von unseren Erwartungen an ihn. Wir unterwerfen uns unserer Ohnmacht und lassen alle Gedanken an ihn los.

Was geschieht dann mit uns? Nichts. Denn sonst ertappen wir uns bei einem anderen Gedanken über ihn. Denn der Gedanke, dass es ihn nicht gibt, ist genau so nichtig wie alle anderen Gedanken über ihn.

Wir lassen also alle Gedanken an ihn los, kommen vom Himmel zurück auf die Erde, bleiben auf ihr, wohin sie uns mitnimmt, und kommen auf einmal heim: heim zu unserem Anfang, heim zu unserem tiefsten Geheimnis, heim zu unserer Vergänglichkeit, ohne irgendeinen Gedanken, was uns nach ihr erwartet.

Auf einmal erleben wir uns ohne Gedanken von woandersher geführt, mit Liebe geführt, ohne Anfang und Ende jetzt nur geführt, und getrost. Woher? Wir wissen es nicht.

Alles kreist

Alles kreist um eine Mitte. Diese Mitte ist leer. Nur weil sie leer ist, zieht sie uns an.

So kreisen unsere Gedanken um eine Mitte, die ihnen entzogen bleibt. Weil sie entzogen bleibt, zieht sie unser Denken an.

Nur etwas Leeres zieht auch die Hoffnung an und hält sie aufrecht, unerfüllt aufrecht.

Auch die Liebe kreist um eine leere Mitte. Nur das Leere, das Unerfüllte, lässt die Liebe ewig suchen.

Die letzte Leere, um die alles kreist, ist unendlich leer, unendlich entzogen, unfassbar leer. Daher entzieht sich uns von ihr, was immer wir von ihr fassen, was immer wir halten, was immer wir erreichen wollen.

Auf gleiche Weise entziehen auch wir uns dem, was um uns kreist. Wir ziehen es an, weil wir uns ihm entziehen. Doch wir entziehen uns ihm, weil etwas anderes uns zieht, uns entzogen wie wir dem anderen, das um uns kreist.

Nur so entzogen, bleiben wir da, kreisend da, leer da.

Auch alles Leben kreist um eine Mitte. Es kreist um das, was es weiterbringt, auch wenn es vergeht. Wohin vergeht es? In eine leere Mitte. Doch nicht in sie hinein. Auch vergangen kreist es weiter, leer weiter, um die gleiche Mitte weiter.

Alles also dreht sich um die gleiche Leere, auch unsere Liebe, unsere leere Liebe.

In diesem Sinne leer sind unsere Unschuld und Schuld, und die Gerechtigkeit und Sühne.

Leer ist auch jede Religion, und leer ist Gott, unendlich leer, so leer, dass alles um ihn kreist, unendlich von ihm angezogen, endlos um ihn kreisend angezogen, unendlich leer von ihm angezogen, unendlich fern und zugleich nah, unendlich eins – leer eins.

Wohin

„Wohin soll ich mich wenden?“ So beginnt ein Lied aus der Deutschen Messe von Franz Schubert.

Wer fragt so? Nur ein Mensch fragt so oder, noch genauer, ein hilfloses Kind.

Können wir uns vorstellen, dass ein Tier so fragt, oder ein anderes Lebewesen? Sind sie in dieser Hinsicht nicht alle auf sich selbst gestellt? Muss nicht jedes von ihnen, sobald der Schutz ihrer Mutter aufhört, selbst wissen, wohin? Und sind nicht alle so genannten primitiven Lebewesen von Anfang an auf sich selbst gestellt und wissen, wohin? Wenn sie es nicht wissen, gehen sie unter.

Sind sie deshalb weniger am Leben und weniger von jener schöpferischen Macht gedacht und gewollt als jene, die sich verhalten, als träfe dieser Schutz für sie weniger zu, und die fragen und beten: „Wohin soll ich mich wenden?“, statt das Risiko der nächsten Schritte von sich aus zu wagen, was immer die Folgen für sie sein werden, als Gewinn oder Verlust?

Wohin soll ich mich wenden? Auf das nächste fällige Tun von Augenblick zu Augenblick. Dann führt mich vor allem mein Tun, weil nur das nächste fällige Tun der Vollzug meines Lebens ist, im Augenblick von ihm gefordert und von ihm vorgegeben, so vorgegeben, dass es weitergeht, und zwar sofort.

Wer fragt, wohin, der bleibt stehen. Sein Leben bleibt stehen, statt dass es weitergeht. Seine Liebe bleibt stehen, statt unmittelbar etwas zu bewirken.

Das Lied: „Wohin soll ich mich wenden?" ist an Gott gerichtet. Was sagt es damit über Gott? Dass er sich zurückgezogen hat und ich nicht weiß, wohin. Dass er mich weniger oder überhaupt nicht in diesem Augenblick am Leben hält, voll am Leben hält. Dass er nicht jederzeit da ist, wenn ich mich bewege und handle, mich jetzt bewege und jetzt handle.

Wohin also soll ich mich wenden? Dem Leben zu, dem vollen Leben jetzt.

Wer oder was wendet sich dann mir zu? Mein Leben wendet sich mir zu – und mit ihm Gott.

Aufrecht

Aufrecht ist gerade, von unten nach oben. Das Aufrechte widersteht den Kräften, die es hinunterziehen, und ist auf diese Weise über das Untere erhaben, doch ohne den Boden unter sich zu verlassen.

Aufrecht bleiben wir mit etwas Höherem verbunden, das uns ebenfalls anzieht, ja zu sich zieht, auch hier, ohne dass wir den Boden verlieren.

Aufrecht heißt auch aufrichtig. Wir bleiben innerlich aufrecht, ohne uns zu verstellen oder etwas im Schilde zu führen, was uns hinunterziehen könnte.

Aufrecht und aufrichtig ist in unserem Leben vor allem die Liebe: die aufrechte, aufrichtige und wissende Liebe. Auch sie zieht uns nach oben, genauer gesagt, wir werden mit ihr von einer anderen Kraft nach oben gezogen, auch hier, ohne den Boden, auf dem wir stehen und stehen müssen, unter uns zu lassen.

Aufrecht stehen wir vor allem vor Gott. In diesem Sinne stellen wir uns ihn über uns vor. Zum Beispiel, als die Engel in Bethlehem bei der Geburt Jesu sangen: Ehre sei Gott in der Höhe. Wenn wir in dieses Lied mit einstimmen, richten auch wir uns auf, innerlich und äußerlich aufrecht.

Selbstverständlich ist das nur ein Bild. Doch es hat für uns eine erhebende Wirkung, wie im Grunde alle Bilder, die mit Höhe verbunden sind, als wollten wir durch sie die Bindung an das Untere und Niedrige überwinden.

Aufrecht werden wir auch durch eine Bewegung nach innen, in die eigene Tiefe. Auch diese Bewegung zieht uns über etwas Unteres, auf dem wir stehen und Fuß fassen, hinaus, nur vom Gefühl her in die entgegengesetzte Richtung. Ihre Wirkung ist der Bewegung nach oben ähnlich. Auch sie macht uns von einer zu engen und von einer anderes ausschließenden Bindung frei.

Aufrecht vor Gott heißt vor allem: ohne Hintergedanken und ohne jene Bilder, die ihn und das, was wir hinter diesem Wort erahnen, in unsere Niederungen herabziehen. Zum Beispiel die Bilder von seiner Eifersucht und seinem Rachebedürfnis, die ihn zu einem schrecklichen Richter machen, der nur durch den Tod seines Sohnes am Kreuz versöhnt werden konnte. Aufrecht in diesem Sinne geben wir ihm die Ehre in der Höhe und die Ehre in der Tiefe, mit weit geöffneten Armen nach oben ausgestreckt und uns seiner Liebe und seines Schutzes in allem gewiss.

So aufrecht gewinnen wir den Frieden auf Erden, den Frieden zwischen oben und unten: oben, unten und tief zugleich.

Der Preis

„Alles hat seinen Preis", sagen wir oft, ohne uns dabei der Tragweite dieser Aussage bewusst zu sein. Denn wir denken vielleicht nur an die Ware, für die wir entsprechend bezahlen müssen.

Dass aber auch das Leben seinen Preis hat, vergessen wir leicht. Zum Beispiel, dass unser Leben unsere Eltern einen hohen Preis gekostet hat, dass es auch von uns, wenn es gelingen soll, einen hohen Preis verlangt, dass auch der Erfolg seinen Preis hat und die Gesundheit uns laufend etwas abverlangt, ganz zu schweigen von der Liebe und vom Glück.

Doch wir bezahlen dafür in keiner Weise, als würden wir es um diesen Preis für uns erwerben wie eine Ware, die wir für Geld als unser Eigentum erworben haben und die uns zur Verfügung steht, wann immer wir sie brauchen.

Der Preis gehört zum Leben, er ist Teil unseres Lebens. Erst der Preis macht unser Leben voll, er ist als Preis Lebensvollzug und Lebensgewinn.

In diesem Sinne hat jeder Fortschritt seinen Preis, auch jede entscheidende Einsicht und ihre Folgen. So hat auch der Friede oft den Preis des Krieges, und der Aufbau den Preis der Zerstörung.

Jede Verblendung braucht zu ihrer Überwindung einen Preis. Oft ist es der Preis von vielen Menschenleben. Zum Beispiel die Verblendung des Nationalismus und die Überheblichkeit des Auserwähltseins im Gegensatz zur Verdammnis der von ihm Ausgeschlossenen.

In diesem Sinne gehören auch die Katastrophen zum Preis, von welcher Art auch immer, und der mit ihnen verbundene Zusammenbruch von Sicherheiten, von denen wir dachten, uns auf sie verlassen zu können.

Auch unsere Gottesbilder brechen durch solche Schicksalsschläge zusammen, als müsste die hinter allem wirkende schöpferische Kraft unser Leben ohne den ihm entsprechenden Preis im Dasein halten.

Doch dieser Preis ist göttlich. Auch er ist eine Gottesoffenbarung, eine Offenbarung seiner uns in allem entzogenen anderen Liebe, die sowohl gibt als auch das Letzte verlangt.

Was machen wir mit dem Preis des Lebens in dieser Welt? Wir leben ihn in seiner Fülle, denn erst mit ihm sind wir dem Göttlichen bis ins Letzte hingegeben – und mit ihm in Liebe eins.

Die Leere

Die Leere ist leer von unseren Vorstellungen, weil unsere Vorstellungen sie nicht fassen können.

Die Leere ist leer von unseren Erwartungen, denn was wollen und können wir mit unseren Erwartungen in der Leere erreichen?

Leer ist die Leere auch von unserer Liebe, denn an was könnte sich unsere Liebe in ihr wenden?

Gibt es überhaupt die Leere? Es kann sie nie in dem Sinne geben, als hätte sie ein fassbares Sein. Wäre sie fassbar, hätten wir sie ihrer Leere entkleidet – und ihrer Unendlichkeit.

Dennoch begegnen wir der Leere überall. Im Bereich des Seins begegnen wir überall dem, was das Sein als Leere umgibt. Obwohl die Leere also als Leere unfassbar bleibt, zieht sie das Seiende an. Sie fasziniert das Seiende auf eine Weise, dass sie alles Seiende in Bewegung hält, in der Bewegung auf etwas für das Seiende Leeres, in eine für das Seiende unendliche Leere.

Jede Bewegung auf etwas Seiendes hin ist zugleich eine Bewegung auf seine Leere, auf das, was es vom Seienden weg in seine Leere zieht.

Daher bleibt jede Bewegung vorläufig, auch jede Liebe und jedes Ziel.

Können auch wir vom Seienden leer werden, von dieser Leere angezogen leer? Gibt es für uns die Erfahrung der Leere?

Wir erfahren sie in der Sammlung auf etwas Leeres hin: ohne Bild, ohne Ziel, vor dem Leeren nur da. Auf einmal erfasst uns das Leere und zieht uns in seine Gegenwart, in eine leere Gegenwart: ohne Früheres und ohne Kommendes und letztlich ohne Sein.

Ins Leere aufgelöst, gleichsam in es verflüchtigt, sind wir vor ihm da, ohne da zu sein. Wir sind leer da und, weil leer, zeitlos da.

Halten wir die Leere aus? Nur für eine Weile, für eine erfüllte Weile, vor ihr leer und voll zugleich.

Entzogen

Entzogen heißt auf der einen Seite: etwas wurde mir weggenommen. Zum Beispiel eine Erlaubnis, oder mein Führerschein, oder sogar meine Freiheit oder wichtige Rechte.

Auf der anderen Seite heißt entzogen auch: mir entzieht sich etwas. Zum Beispiel die Lösung für ein Problem. Auf diese Weise entzogen bleiben uns die wesentlichen Geheimnisse des Lebens und der Liebe. Manchmal offenbaren sie sich von sich aus. Wir erleben es als ein großes Geschenk und als besonderes Glück.

Alles Wesentliche bleibt uns weitgehend entzogen. Selbst wenn es sich zeigt, erkennen wir es nie in seiner Fülle. Wir bekommen einen Hinweis, der uns weiterführt, aber in welche Tiefen, bleibt unergründlich.

Das so Entzogene bleibt unserem Verstehen entzogen. Dennoch ist es so da, dass es uns gehört. Auf seinem Boden stehen wir. Sein Wirken ist unseres Lebens Grund. Es ist nur insofern entzogen, als es unsere Möglichkeiten übersteigt. Doch gerade, weil es uns entzogen bleibt, ist es auf eine Weise unantastbar, dass es uns Grenzen setzt.

Das uns so Entzogene schwingt in allem mit, was unserem Leben dient. Es schwingt in jeder Liebe mit. Es schwingt in unserem Versagen mit, weil es sich in ihm als das Mächtigere zeigt, dem wir uns fügen müssen. Obwohl es uns entzogen bleibt, bringt es uns zur Besinnung und wieder zur Räson.

So entzogen sind uns auch unsere Bestimmung und unser Schicksal. Wir setzen Schritte, wissen aber nicht, wohin sie führen.

So entzogen bleibt uns die Zeit, die wir noch haben, und vor allem, was uns nach ihr erwartet.

Rilke sagt: *So Entzognes ist am meisten dein.* Das uns so Entzogene ist das Eigentliche, auf das es ankommt. Als Entzogenes zieht es uns an, mächtig an. Vor ihm als dem letzten uns Entzogenen werden wir andächtig und still.

Der Abschied

Der Abschied vom Jetzt macht das Neue möglich. Abschied heißt, es darf vorbei sein, und das Neue und Nächste darf wirklich werden. Insofern ist das Abschiednehmen ein grundlegender Lebensvollzug und so alltäglich, dass wir für das Kommende etwas Bisheriges laufend hinter uns lassen.

Doch wir lassen, was war, nur insofern zurück, als es für das Nächste Platz macht, ohne damit vorbei zu sein. Denn es wirkt im Kommenden weiter, es geht in das Kommende über und ein. Es wächst mit dem

Kommenden und bleibt in ihm da. Weil das Kommende drängt und unausweichlich wird, fallen uns diese Abschiede leicht.

Anders ist es, wenn wir an etwas Vergangenem festhalten, so festhalten, dass es dem Kommenden im Wege steht und es hinauszuzögern oder zu verhindern sucht. Oft, weil uns das Kommende Angst macht, auch weil wir etwas unvollkommenes Vergangenes noch in der Vergangenheit vollenden wollen, als könnten wir es zurück in die Gegenwart bringen. Als könnte es als Vergangenes wiederbelebt und nachträglich zu jener Erfüllung geführt werden, wie wir sie damals ersehnten.

Dieses Vergangene kommt nur zu seiner Erfüllung, wenn es wirklich vorbei sein darf, wenn wir einsehen, dass es in dieser Hinsicht für immer vorbei ist, weil seine Zeit unwiederbringlich abgelaufen bleibt. Doch ist das Unerfüllte nur in der Weise vorbei, dass es auf eine uns erst jetzt mögliche Weise erfüllt werden kann, wenn wir diese Erfüllung in der Gegenwart finden, allerdings anders und neu. Auch hier ist das Vergangene keineswegs verloren. Es wirkt als Ansporn weiter, zukunftweisend weiter.

Abschied nehmen müssen wir vor allem von alten Vorstellungen und Gedanken. Viele von ihnen sind uns so vertraut, dass wir nur mit Mut wahrnehmen können, wie vergangen sie sind.

Dazu gehören vor allem viele Gedanken über Gott. Kann von ihnen etwas übrig bleiben, das in die Zukunft führt und sich erst dort erfüllt?

Von den Gedanken und Vorstellungen über Gott nichts. Aber von der Bewegung, die uns über das Vordergründige hinaus auf etwas erahntes Fernes mitnehmen will, alles. Diese Bewegung bleibt ohne Abschied, weil sie sich fortsetzt, jenseits von allem, auch des noch kommenden Neuen.

Der Weg

Was ist das?

Was ist dieser seltsame Sog, der uns in unsere eigene Tiefe zieht? Wir werden von ihm erfasst, ohne uns gegen ihn wehren zu können. Er übernimmt die Führung, und wir wissen nicht, wohin er uns zieht.

Woher kommt dieser Sog? Kommt er aus uns? Kann er aus uns kommen? Wieso zieht er uns dann?

Wir werden erfasst von einer Bewegung, vor der unsere Widerstände machtlos werden. Hier sind andere Kräfte am Werk. Was für Kräfte? Jene Kräfte, die über uns bestimmen. Können wir uns gegen sie wehren? Wollen wir das? Wenn sie uns erfassen, fühlen wir uns auf eine besondere Weise mit unserer eigenen Tiefe im Einklang. Wir bewegen uns, weil wir uns auf uns selbst hinbewegen, in unser eigenes Tiefstes, in unsere eigene Mitte.

Obwohl diese Bewegung gleichsam von außen kommt, so, dass wir ihr kaum widerstehen können und dies auch nicht wollen, erfahren wir sie als die tiefste Bewegung, in der wir uns auf eine Weise wiederfinden, die uns wie eine Heimkehr fühlbar wird, als kämen wir endlich an unser lang ersehntes Ziel. Genauer gesagt, als kämen wir endlich heim. Wir erfahren sie als eine Bewegung zurück zu unserem Ursprung.

Was heißt das für uns? Wir wissen uns von Anfang an in allem, was wir tun, mitgenommen in eine Bewegung, die weit über uns hinausreicht, weil ihre Wurzeln, weil ihre Herkunft mehr sind als nur ein Ursprung. Sie ist zugleich die Ankunft, nach der wir unterwegs sind, an der wir endlich finden, wohin es uns schon immer zieht.

Wie und wann kommen wir bei ihr an? Oder sind wir im Grunde bereits dort, ohne uns dessen gewahr zu sein? Sind wir überhaupt auf dem Weg? Oder sind wir beides: dort und hier, und zwischen diesem Hier und Dort in einer Bewegung, die das Hier überwindet, um endlich dort zu sein, wo alles Hier wird, jetzt schon hier und jetzt schon dort? Wie dort? Hier dort.

Spuren

Spuren wurden zurückgelassen. Wer sie lesen kann, weiß, wer sie zurückgelassen hat. Bei den Spuren auf einem Weg sieht er auch, in welche Richtung sie weisen.

Manchmal folgen wir einer solchen Spur, um ans gleiche Ziel zu kommen und jene dort zu finden, deren Spuren uns den Weg zu ihnen gewiesen haben.

Manchmal verlieren wir auch Spuren und erfahren uns auf uns selbst gestellt. Wir folgen unserer Spur und bewegen uns in eine völlig andere Richtung, in eine eigene Richtung.

Ist es eine eigene Richtung? Oder folgen wir der Richtung, die uns von woanders als unsere Richtung vorgegeben wurde?

Wenn wir die Spuren anderer verlieren, kommen wir auf unsere eigene Spur, auf jene Spur, die uns als unsere vorgegeben und gewiesen wurde.

Von wem? Von jener schöpferischen Kraft, die uns für ihre Ziele in den Dienst nimmt, die uns einzigartig in ihren Dienst nimmt.

Ihre Spur finden wir überall, vor allem in jedem Menschen.

Wie wäre es, wenn wir in jedem Menschen nach diesen Spuren suchen? Wenn wir sogar über diese Spuren an ein Ziel finden und an diesem Ziel jeden Menschen im Glanz dieser schöpferischen Kraft am Leuchten wahrnehmen? Wenn in ihm dieses Licht auch für uns leuchtet?

Wie wäre es, wenn andere in uns nach dieser Spur suchen und auch sie von dieser Spur an ein Ziel geführt werden, wo wir für sie zu leuchten beginnen?

Spurensuche wird dann für uns zur Suche nach diesem Licht, nach diesem leuchtenden Licht, nach diesem göttlichen Licht.

Wenn uns dieses Licht einmal leuchtet, müssen wir dann noch suchen? Leuchtet es nicht immer schon jetzt? In unserem Geist, in unserer Liebe, in unserem Sehnen, in unserem Tun?

Vertrauen

Vertrauen ist Hingabe. Im Vertrauen lasse ich los, was ich aus Angst, dass es mir verloren geht, festhalten wollte. Mit meinem Vertrauen übergebe ich einem anderen, was mir gehört, damit er dafür Sorge trägt, auf eine Weise, die mir zugute kommt.

Mein Vertrauen wird unausweichlich, wenn ein anderer, der mehr als ich weiß und kann, etwas für mich übernimmt. Zum Beispiel, wenn er mich an ein Ziel bringt oder mich rettet.

Dieses Vertrauen ist gerechtfertigt, wenn jemand von Berufs wegen sich dieses Vertrauen erworben und seiner würdig erwiesen hat. Zum Beispiel ein Arzt, aber auch ein Lokführer. Mein Misstrauen gegen sie würde allen ihre Arbeit erschweren.

Wir müssen auch uns vertrauen, dass etwas gelingt, und dass wir die Kraft und den Willen haben, es erfolgreich ans Ziel zu bringen. Selbstzweifel, also das Misstrauen gegen uns selbst, stehen dem Gelingen eine Aufgabe entgegen. Sie machen den Erfolg zunichte. Denn dieses Vertrauen geht über den augenblicklichen Erfolg hinaus. Es sichert seine Zukunft.

Wir sprechen auch vom Gottvertrauen, vom Vertrauen in eine höhere Macht, die hinter allem wirkt und uns in allem leitet. Wir vertrauen jener schöpferischen Macht, die wissend alles ins Dasein bringt und im

Dasein hält, so, wie es ist und sich von Augenblick zu Augenblick bewegt.

Wie verhalten wir uns im Einklang mit dieser schöpferischen Bewegung auf eine vertrauensvolle Weise? Wir vertrauen ihr von Augenblick zu Augenblick, ohne nach vorn und ohne zurückzublicken.

Hier wird unser Vertrauen auf eine umfassende Weise geprüft. Wir erfahren unmittelbar, von Augenblick zu Augenblick, wie wir geführt werden und dass wir geführt werden. In diesem Vertrauen lassen wir los und überantworten uns dieser Bewegung in jedem Augenblick, ohne Sorge, ohne Vorausblick und ohne uns an etwas anderes zu heften, mit dieser Bewegung vertrauensvoll eins – im Augenblick eins.

Das Unsichtbare

Das Unsichtbare wirkt, obwohl wir es nicht sehen. Wir sehen nur seine Wirkung, selbst bleibt es uns verborgen. Genau genommen bleibt alles, was wirkt, für uns unsichtbar. Was in ihm und hinter ihm wirkt, bleibt für uns geheimnisvoll.

Wir sehen manchmal die Bewegung, wir sehen zum Beispiel, wie die Sonne auf- und untergeht, und wie der volle Mond abnimmt und als neuer wieder zunimmt. Wir finden Erklärungen dafür und nennen die Kraft, die die Erde um die Sonne kreisen lässt, die Schwerkraft. Doch woher sie kommt und was hinter ihr wirkt, bleibt uns entzogen.

Wir stehen auf der Erde, von ihr angezogen und festgehalten, und können dieser Bewegung weder entfliehen noch sie verändern. Wir bleiben von einer unsichtbaren Kraft an sie gebunden.

Auf gleiche Weise unsichtbar bleiben für uns unsere Gedanken und die Bewegungen der Liebe. Zum Beispiel, was uns die nächsten Schritte voraussehen und das Vergangene in uns bewahren lässt. Wir sind bewegt von lauter Unsichtbarem, ihm ausgeliefert und von ihm getragen.

Alles Schöpferische in unserem Leben kommt für uns ans Licht, weil eine für uns unsichtbare Kraft es denkt, wie es sich bewegt. Es kommt als etwas Gedachtes ans Licht, und es denkt in allem, was wir von ihm wahrnehmen, in jedem Augenblick schöpferisch weiter, unsichtbar und sichtbar zugleich.

Wie stellen wir uns diesem letzten für uns geheimnisvollen Unsichtbaren?

Demütig und andächtig, seinen Bewegungen vertrauend, in welches für uns Verborgene es immer uns führt. Wir vertrauen ihm mit Liebe.

Warten

„Auf was wartest du noch?“ So fragen wir manchmal jemanden, der zögert.

Er wartet manchmal auf eine Einsicht, manchmal auf eine Unterstützung, und oft auf die Liebe, die ihn beflügelt.

Oft warten wir auf die rechte Zeit. Auf sie müssen wir manchmal lange warten. Was machen wir in der Zwischenzeit? Wir bleiben gesammelt. Wir sammeln die Kräfte für das Handeln zur rechten Zeit, wenn sie endlich kommt.

In diesem Sinne ist das Warten eine erfüllte Zeit. Es schaut nach vorne, immer nach vorne, bis sich zeigt, was das Handeln möglich und notwendig macht.

Oft warten wir auch vergeblich. Wir warten auf etwas, was wir uns wünschen, ohne dass es je kommen kann. Doch das, was kommen kann, kommt. Wir brauchen nur darauf zu warten.

Alles, was kommen muss, kommt, ob wir es wollen oder nicht. Es kommt, weil es kommen muss. So kommt zum Beispiel unser Ende, ohne dass wir darauf warten müssen. Es kommt bestimmt.

Auf was warten wir also? Wir warten vor allem auf das Glück. Kommt es, oder ist es vielleicht schon da?

Wenn wir auf das Glück warten, lässt es oft lange auf sich warten. Denn was schon da ist, wozu dann noch auf es warten?

Nur auf das Ferne müssen wir lange warten. Wir wissen nie, wann es kommt. Das Nahe dagegen ist schon da, auch das nahe Glück.

Unerwartet ist es da, ganz da. Wann ist es da? Wenn wir es lieben.

Der Bruch

Der Bruch ist schmerzlich, vor allem in einer Beziehung. Er ist besonders schmerzlich, wenn er plötzlich kommt, wie wenn ein volles Glas, das wir zum Trinken ansetzen, uns plötzlich aus der Hand fällt, vielleicht auch aus der Hand gerissen wird, und am Boden zerschellt.

Doch im Schmerz um das Zerbrochene und um das Köstliche, das es enthielt, bleibt die Erinnerung noch wach: unzerbrochen und weiterhin voll.

Ausweglos

Manchmal scheint uns der Ausweg nach allen Seiten versperrt. Wohin wir uns auch wenden, vor uns steht eine Mauer, die uns den Weg versperrt.

Das Gleiche erleben wir manchmal in unseren Beziehungen. Was immer wir uns vornehmen, was immer wir zur Lösung eines Missverständnisses vorbringen, es kommt an eine Grenze, die uns zu überschreiten verwehrt ist.

Was bleibt uns dann übrig? Über uns gibt es keine Mauer. Dorthin bleibt uns der Weg offen. Hier gibt es keine Grenzen für unsere Liebe, und keine für die Liebe des anderen.

Kann ich den anderen auf diesen Weg mitnehmen? Diesen Weg geht jeder allein.

Was mache ich, wenn ich ihn alleine gehen muss? Ich vertraue mich den Kräften der größeren Liebe an ohne Furcht, wohin sie letztlich führt. Auf diese Weise bewahre ich meine Liebe, auch gegen den äußeren Schein. Ich bleibe ihr vor etwas Größerem treu.

Was geschieht dann mit mir? Diese größere Liebe, diese Liebe des Geistes, erweist sich auch mir treu.

Wie? Ich darf die Liebe in meinem Herzen bewahren.

Der Ausweg

Der Ausweg führt aus einer Enge in die Weite. Er wird notwendig, wenn uns etwas den Weg versperrt, und wir, um zu überleben und unsere Freiheit wiederzugewinnen, nach einem Ausweg suchen müssen.

Wir suchen ihn aber weniger mit Gewalt, denn solche Auswege fordern die einschränkenden Kräfte zur Gegenwehr heraus. Wir suchen ihn eher heimlich und strategisch. Zum Beispiel, indem wir auf die rechte Zeit warten und auf die günstigen Umstände. Auch darauf, dass die einschränkenden Kräfte zu weit gegangen sind und dadurch an Kraft und Bereitschaft, sich uns entgegenzustellen, eingebüßt haben.

Auf einmal sind wir nicht mehr verfügbar. Wir haben uns anders orientiert und woanders Sicherheit und Halt gewonnen. Wir sind für die einengenden Kräfte schon so weit weg, dass sie uns nicht mehr einholen können.

Der Ausweg beginnt im Geist. Er beginnt mit dem Entschluss, etwas Altes, das uns gefesselt hielt, hinter uns zu lassen, auch die von ihm noch erwartete Sicherheit, und uns anderswo neu zu orientieren und Neues zu beginnen.

Als nächstes gilt es, die verschiedenen uns zur Verfügung stehenden Wege gegeneinander abzuwägen und den für uns aussichtsreichsten zu wählen. Das ist der zweite Schritt, nach dem Entschluss, das zu erreichende Ziel in den Blick zu nehmen.

Als Drittes kommt die sorgfältige Planung, wie dieses Ziel zu erreichen ist, ohne dass es zu viele Widerstände zu überwinden gibt. Die Schritte werden bereits anvisiert und eingeleitet, ohne sie bekannt zu machen. Wir sind auf dem Weg, ohne dass es auffällt. Während andere sich noch sicher wähnen, dass sie über uns verfügen können, sind wir ihnen entkommen. Erst wenn wir schon fort sind, erkennen sie, dass sie ihre Macht eingebüßt haben.

Wie sichern wir unseren Ausweg? Indem wir von ihm kein Aufhebens machen, also ohne ein Triumph- oder ein überhebliches Gefühl. Wir sind woanders, unabhängig und frei.

Grenzen

Grenzen setzen wir uns selbst, vor allem dort, wo uns das Neue jenseits der Grenzen Angst macht, Angst, weil es uns jenseits des Gewohnten etwas anderes abverlangt.

Alles Neue ist jenseits einer Grenze. Das Neue verlangt, diese Grenze zu überwinden. Daher können wir uns auch nie auf das Neue berufen, nur auf das Alte.

Viele richten sich innerhalb ihrer Grenzen ein, indem sie das Neue beargwöhnen, es sogar aus der Welt zu schaffen suchen, indem sie es verdächtigen, mit was für Mitteln auch immer.

Gelingt das? Setzt sich das Neue nicht in jedem Fall durch?

Nur das Alte setzt Grenzen. Das Neue schreitet weiter, immerfort weiter.

Das Neue macht dem Alten Angst. Deswegen stellt sich das Alte gegen das Neue, doch ohne die dazu notwendige eigene Einsicht und Kraft.

Wie verhält sich dann das Neue? Es geht weiter, einfach weiter.

Kann etwas Altes das Neue aufhalten? Woher holt es die dafür notwendige Kraft? Nur aus dem Widerstand gegen das Neue, obwohl es weiß, dass es gegen das Neue kraftlos bleibt.

Was geschieht dann mit den Grenzen? Sie schützen das Alte wider besseres Wissen. Denn alles Neue geht weiter, schon deshalb, weil es neu ist.

Kümmern uns dann unsere Grenzen noch? Sie fallen, sobald das Neue uns mitnimmt.

DIE FÜLLE

Ausgeruht

Rilke sagt im XXIV. Sonett an Orpheus im zweiten Teil:

Wir, die unendlich Gewagten,
was haben wir Zeit!

Und in einem anderen Sonett sagt er:

Alles ist ausgeruht.

Wir eilen, wenn wir meinen, wir würden etwas versäumen, oder wir hätten für das, was wir uns vorgenommen haben, zu wenig Zeit. Dahinter wirkt die Vorstellung, als ginge ohne uns etwas verloren, oder es ginge uns etwas verloren.

Rilke sagt dazu in diesem zuletzt genannten Sonett:

Alles das Eilende
wird schon vorüber sein;
denn das Verweilende
erst weiht uns ein.

Das, was alles hat, ist ausgeruht. Es braucht sich auf nichts mehr hinzubewegen. Es ist in seiner Fülle. Auch die Fülle ist ausgeruht.

Ausgeruht in diesem Sinne heißt: es bleibt in sich, weil es in sich seine Fülle hat. Daher ist diese Ruhe groß und weit und tief. Sie ist eine gesammelte Ruhe.

Doch diese gesammelte Ruhe zieht uns an. Sie macht etwas mit uns. Rilke sagt: Sie weiht uns ein.

Wo finden wir diese gesammelte Ruhe? Wir finden sie in uns, wenn wir uns von ihr anziehen lassen.

Was kommt uns in dieser Ruhe entgegen? Was zieht uns an sich und in sich hinein? Es ist die Ruhe des Geistes.

Diese Ruhe ist Liebe, gesammelte Liebe, bleibende Liebe. Diese Liebe ist sein Geheimnis. Sie ist ruhig, weil sie da ist.

Können auch wir auf diese Weise ausgeruht lieben? Wenn wir von dieser geistigen Liebe in ihre Ruhe hineingezogen werden, ja. Wie lieben wir andere ausgeruht? Indem wir da sind, ausgeruht da, mit Liebe da, gesammelt da.

Wie ist es dann mit der Erkenntnis? Auch sie bleibt ohne Bewegung. Auch sie ist nur da. Sie erkennt, weil sie da ist, gesammelt da, ausgeruht da.

Diese Erkenntnis wird schöpferisch, weil sie da ist. Alles kommt in sein Dasein, weil diese Erkenntnis es denkt, weil sie es ausgeruht denkt. Es wird, wenn sie es denkt, wenn sie es aus ihrer Fülle denkt, wenn sie es mit ihrer gesammelten Liebe denkt.

So sind auch wir gedacht, ausgeruht gedacht, bleibend gedacht, ganz gedacht, vollendet gedacht.

Gelitten

Manchmal sind wir nur gelitten, ohne wirklich dazuzugehören. Das heißt, dass unser Mit-dabei-Sein anderen etwas abverlangt, ein Leid abverlangt.

Anders ist es dort, wo wir wirklich dazugehören, wo wir wirklich zuhause sind. Dort freuen sich andere, dass wir da sind. Dort brauchen wir nicht anders zu sein, als wir sind. Dort sind wir wohlgelitten. Wenn dort unser Da-Sein anderen etwas abverlangt, wird es von ihnen mit Liebe auf sich genommen. Zum Beispiel von Eltern für ihre Kinder.

Wo wir nicht gelitten werden, müssen wir gehen. Wir müssen woanders Anschluss suchen, wo wir wohlgelitten sind.

Wie finden wir diesen Anschluss? Wenn auch wir andere „wohl leiden", wo wir ihnen offen und hilfsbereit begegnen.

Wohlgelitten sind wir vor allem von jener geistigen Kraft, von der alle ihr Dasein haben. Sie sind so da, wie diese schöpferische Kraft sie gedacht und gewollt hat, die sie mit Liebe gedacht und gewollt hat. In Verbindung mit dieser Kraft denken auch wir über uns und andere wie diese Kraft. Wir sind ihnen zugewandt wie diese Kraft. Auf dieser Ebene sind alle wohlgelitten.

Was heißt das für unseren Alltag? Als Erstes: wir verhalten uns im innersten Gefühl wie von dieser Kraft wohlgelitten. Wo immer wir uns fremd erfahren oder uns vorstellen, dass wir anderen zur Last fallen oder dass sie uns zur Last fallen, schauen wir auf diese Kraft und ihre Liebe. Wir erfahren uns von ihr wohlgelitten wie alle anderen auch. Auf einmal wissen wir uns in unserem Gefühl mit allen verbunden, auch wo wir ihnen zuvor noch fremd erschienen, oder sie uns. Wir können ihnen offen von Gleich zu Gleich begegnen.

Zweitens: wir können die Unterschiede anerkennen und sie lassen, wie sie sind. Auf diese Weise kommt uns auch das Fremde nah, ohne dass wir unser Eigenes verleugnen oder aufgeben müssen. Beides bleibt von uns wohlgelitten. Das heißt: auch die Grenzen sind von uns wohlgelitten. Deswegen können wir sie überschreiten, ohne sie aufzuheben.

Das gilt ebenso für unterschiedliche Einsichten und Wertesysteme. Auch sie werden von uns gelitten, obwohl unsere anders sind.

In diesem Sinne nehmen wir Abschied von der Vollkommenheit. Wir anerkennen, dass das Vollkommene ein Kompromiss ist. Als Kompromiss wird es eher gelitten.

Gelitten bekommt hier noch eine andere Bedeutung. Gelitten heißt, es darf sein, wie es ist. In diesem Sinne wird von uns auch das Unsere gelitten, wie es ist.

Gelitten heißt hier auch, dass es uns etwas abverlangt, und dass wir dafür offen und bereit sind, bei uns und bei anderen.

Von was habe ich hier gesprochen? Von der Fülle. Denn Fülle heißt: mit vielen anderen gleichzeitig da zu sein, unterschiedlich da zu sein, gelitten da zu sein.

Mehr

Alle Entwicklung geht nach Mehr: nach mehr Leben, nach mehr Liebe, nach mehr Glück, nach mehr Erfolg, nach mehr Möglichkeiten und nach mehr Erkenntnis und Einsicht. Im Mehr sehen wir eine schöpferische Bewegung am Werk. Weil diese Bewegung schöpferisch ist, kennt sie immer nur ein Mehr. Wie könnte schöpferisch etwas weniger werden?

Dennoch schränken wir uns im Dienst des Mehr auch ein. Um die Kräfte zu bündeln, lassen wir anderes außer Acht und stellen es zurück. Denn das Viele ist manchmal weniger statt mehr. Mehr ist also mehr als das Viele. Es ist mehr von dem, was dem Leben dient.

So ist zum Beispiel die Disziplin auf der einen Seite weniger, auf der anderen Seite mehr. Sie macht mehr möglich.

Auch die Sammlung ist weniger und mehr. Sie erreicht mehr, weil sie weniger wird, weniger vom Nebensächlichen, das eher hindert als weiterbringt.

Selbst in der Liebe ist manchmal weniger mehr, mit weniger Erwartungen zum Beispiel und weniger Träumen.

Auch weniger Fehler sind manchmal mehr, und weniger Irrtum und Verschleiß.

Weniger Können ist niemals mehr, auch weniger Wissen und Einsicht. Vor allem aber wird etwas weniger durch Ausschluss. Die Vorstellung, dass wir mehr bekommen und mehr erreichen, wenn wir anderen etwas wegnehmen, führt meist zu weniger statt mehr.

Das Mehr schließt ein, es schließt immer mehr ein. Es wird durch das Andere reich und vollkommen. Dieses Mehr verbindet, statt dass es trennt. Dieses Mehr ist vor allem ein Mehr an Liebe für alles, wie es ist, für alles, wie es sich bewegt und entfaltet. In diesem Sinne braucht es auch ein Mehr an Wettbewerb, der alle weiterbringt.

Auch die Erkenntnis steht in diesem Wettbewerb und wird durch ihn mehr. Allerdings nur, wenn dieser Wettbewerb einschließt statt ausschließt.

Die Bewegung nach Mehr geht auf alles hin, auf das Ganze und Letzte. Hier wird sie eine geistige Bewegung. Sie allein führt uns in jenen Bereich, in dem auf der einen Seite alles bereits da ist, aber von uns erst anfanghaft erkannt und in es mitgenommen. Für den Geist, der alles schafft, wie er es denkt, wie er es mit Liebe denkt, gibt es weder ein Mehr noch ein Weniger. Für ihn gibt es nur alles.

Wir bleiben in der Bewegung auf dieses Alles hin in unserer Bewegung auf Mehr. Allerdings mit diesem Alles im Blick, mit allen alles mit Liebe im Blick, immer mehr im Blick.

Glücklich

Glücklich heißt weit. Wenn wir uns glücklich fühlen, dehnen wir uns aus, wir atmen tiefer und freier. Wenn wir uns glücklich fühlen, leuchten unsere Augen. Sie nehmen mehr und weiter wahr, was sich ihnen zeigt. Sie nehmen es in unser Inneres hinein, das damit ebenfalls weiter und reicher wird.

Wenn wir glücklich sind, sind wir mit vielem in Verbindung und mit ihm eins. Wenn wir glücklich sind, fallen die Grenzen unseres Ichs. Denn glücklich sind wir mit vielen zusammen.

Glücklich sind wir auch frei. Wir lassen etwas hinter uns. Wir sind zuversichtlich und schauen nach vorne.

Manchmal schwelgen wir in glücklichen Erinnerungen. Zum Beispiel an ein rauschendes Fest, vor allem aber in glücklichen Erinnerungen aus unserer Kindheit. Manchmal, wenn uns etwas bedrückt, brauchen wir diese Erinnerungen nur wieder hochzuholen, und schon hellt sich unser Gesicht auf.

Ziehen solche Erinnerungen uns von unserer gegenwärtigen Situation weg? Oder machen sie uns vor allem jetzt im Augenblick glücklich und lassen uns frohgemuter nach vorne schauen, zu etwas, was uns jetzt glücklich macht?

Glücklich sind wir vor allem im Geiste. Wenn wir glücklich sind, erfahren wir uns mitgenommen in eine Bewegung, die uns nach oben und in die Weite mitnimmt. In ihr lassen wir das Schwere, das uns hinunterzieht und das uns festhält, hinter uns. Das aber ist eine geistige Bewegung.

Glücklich sind wir also in einer Bewegung, oft in einer mitreißenden Bewegung, in einer Bewegung mit vielen gemeinsam. Zum Beispiel, wenn wir glücklich tanzen.

Glücklich kommen wir in eine Schwingung, die alle Fasern unseres Körpers erfasst, sodass er gleichsam mit uns singt.

Überhaupt, Glückliche singen, sie singen gemeinsam. Im Gesang schwingen sie ein in eine große Melodie, in einen Sphärengesang, in einen unendlichen Rhythmus, in den Pulsschlag des Lebens, in den Pulsschlag allen Lebens und aller Liebe.

Voll

Voll kann nur etwas Begrenztes sein, zum Beispiel ein Gefäß. Wie viel in das Gefäß hineingeht, hängt von seiner Größe ab. Daher kann ein kleines Gefäß auch von wenig voll werden.

Voll heißt auch: Mehr geht nicht, das Ende ist erreicht.

Anders ist es mit dem vollen Glück und der vollen Liebe. Sie fließen über, ohne weniger zu werden. Im Gegenteil, im Überfließen werden sie mehr.

So ist es auch mit der Freude. So ist es mit der Erkenntnis und mit dem Können. Sie werden niemals voll. Sie dehnen sich aus.

Manchmal haben wir die Vorstellung, dass das Volle später kommt, dass etwas erst voll werden muss. Voll ist dann das Vollendete, etwas, das zu einem Abschluss kommt, wenn auch vielleicht nur zu einem vorläufigen.

Voll ist jeder Augenblick, wenn wir ihn voll sein lassen. Dann leben wir von Augenblick zu Augenblick von voll zu voll.

Das Gegenteil von voll ist leer. Auch damit verbinden wir oft die Vorstellung von einem Gefäß. Es ist entweder leer geworden, oder es wartet darauf, voll zu werden, vielleicht mit etwas Neuem voll zu werden.

Leer und voll stehen also miteinander in einer Beziehung. Das Leere zieht etwas an, damit es voll werden kann. Zum Beispiel die leere Zeit. Sie wartet darauf, dass etwas kommt, das sie erfüllt.

Erfüllt ist ebenfalls voll, aber anders voll. Denn das Erfüllte ist mehr als nur voll. Es ist reich, ohne abgeschlossen zu sein. Zum Beispiel eine erfüllte Beziehung und ein erfülltes Leben.

In einer erfüllten Beziehung geben wir einander die volle Zeit, die volle Aufmerksamkeit, die volle Rücksicht und Fürsorge, die volle Liebe, ohne dass sie voll werden.

Ein anderes Gegenteil von voll ist: ohne Ende, ohne ein Ende in der Zeit und im Raum. Endlos heißt hier: ohne Grenzen. Weil diese Zeit und dieser Raum ohne Grenzen sind, gehen sie weiter. Sie gehen in etwas Unendliches weiter.

Unendlich sind für uns der Geist und seine schöpferische Bewegung, die endlos Neues aus sich zeugt.

In der Sammlung kommen wir in Einklang mit dieser Bewegung und in Einklang mit ihrer Erkenntnis, die in jedem Augenblick weitergeht und weiterwirkt, sowohl erfüllt wie neu.

Das Neue ist niemals voll. Denn wenn es voll wird, wird es alt.

Voll ist daher manchmal auch eng. Es wird wieder weit durch das Neue, vor allem durch die weite Liebe.

Erfüllt

Erfüllt ist, was voll geworden ist. Es bleibt nichts mehr übrig, was noch hinzukommen muss. Alles ist da.

Erfüllt ist eine Zeit, wenn etwas, auf das wir gewartet haben, endlich kommt. So ist auch unsere Lebenszeit erfüllt, wenn wir nur noch auf ihr Ende warten.

Auch eine Hoffnung ist erfüllt, und ein Verlangen und eine Sehnsucht sind erfüllt, wenn wir bekommen und gefunden haben, wohin sie gingen. So geht es uns auch mit unserem Glück.

Vom Glück sagen wir oft, es sei flüchtig. Doch das erfüllte Glück bleibt. Es bleibt lange. Zum Beispiel das Glück in der Liebe.

Wenn wir Erfüllung suchen, was suchen wir vor allem? Wir suchen die Erfüllung in der Liebe. In ihr kommt unsere tiefste Sehnsucht zur Ruhe. Erfüllte Liebe ist erfülltes Leben.

Erfüllt ist manchmal auch eine Strafe oder eine Auflage. Wenn wir sie erfüllt haben, sind wir frei für etwas Neues.

In diesem Sinne ist auch das Alte erfüllt, wenn es vorbei sein darf.

Wenn etwas erfüllt ist, bleibt es dann stehen? Was erfüllt ist, will weiter. Es will oft anders weiter, es bleibt in Bewegung.

Wie ist es, wenn wir ein Gebot erfüllen? Bewegen wir uns weiter, oder bleiben wir stehen? Fühlen wir uns erfüllter oder weniger erfüllt? Fehlt uns danach etwas, zum Beispiel die Liebe?

Am Ende erfüllt uns nur die Liebe. Jede Liebe erfüllt, doch jede auf unterschiedliche Weise. Es kommt auf ihre Reichweite an. In diesem Sinne wächst die Liebe von Erfüllung zu Erfüllung – und mit ihr zugleich das Glück.

Hier

Hier heißt: Hier bin ich. Ich bin hier an diesem Ort und ich bin jetzt hier.

Hier heißt auch: Ich bin da, ich bin jetzt da. Wenn jemand nach mir ruft: „Wo bist du?“, antworten wir: „Ich bin hier.“ Dann können andere mich leichter suchen und finden.

Was nicht mehr hier ist, ist weg. Es ist vorbei oder verschwunden. Es ist nicht länger zugänglich oder auffindbar. In einem Laden wird uns manchmal, wenn wir etwas kaufen wollen, gesagt: „Das führen wir hier nicht“, oder: „Das führen wir nicht mehr.“

Wenn wir auf Reisen waren und gut am Ziel angekommen sind, lassen wir andere wissen: „Ich bin hier angekommen.“ Oft sagt uns jemand, wenn wir ihn nach dem Weg fragen: „Hier geht es weiter.“ Das Hier gibt uns die Richtung an und zeigt den nächsten Schritt.

Hier heißt oft: zuhause. Dann sagen wir: „Hier bin ich daheim.“ Das Hier weist auf meine Zugehörigkeit hin, auf den Ort, an dem ich wohne. Wir fragen jemanden auch: „Bist du von hier?“ Denn wer von hier ist, der kennt sich aus.

Hier ist das Gegenteil von fremd. Ein Fremder würde sagen: „Ich bin nicht von hier.“

In der Bibel gibt es im Bericht von der Verklärung Jesu von Petrus den Satz: „Herr, es ist gut, dass wir hier sind. Willst du, so will ich hier drei Hütten bauen."

So etwas Ähnliches sagen wir, wenn wir irgendwo rasten wollen: „Hier kehren wir ein." Das Hier meint sowohl den Ort als auch die Zeit.

Im Hier drückt sich eine Bereitschaft aus, zum Beispiel, wenn jemand sagt: „Dazu bin ich hier."

Hier heißt auch: „Bis hierhin bin ich gekommen." Manchmal drohen wir jemandem: „Bis hierher und nicht weiter." Dann setzt das Hier eine Grenze, es meint sowohl den Ort als auch die Zeit. Überhaupt ist das meiste Hier begrenzt. Es bleibt vorläufig und geht vorbei.

Gibt es ein bleibendes Hier? Zum Beispiel, wenn jemand sagt: „Hier warte ich"? Wartet auf uns so der Tod? Hier an diesem Ort und zu dieser Zeit?

Wartet auf uns auch Gott? Wartet auf uns eine ewige Liebe?

Ganz

Ganz heißt: alles, aber so, wie es zusammengehört. Insofern ist das Ganze mehr als alles. Es macht das Alles vollkommen und rund.

Das Ganze ist eine Errungenschaft. Es bringt das Alles in eine Ordnung, in eine Ordnung, die es ganz werden lässt. Das Ganze ist daher nicht schon von vornherein da. Das Ganze wird erst. Es gelingt durch ein Zusammenwirken und ein Zusammenspiel – durch ein geordnetes Zusammenspiel.

Hinter dem Ganzen wirkt also eine ordnende geistige Kraft, eine Kraft, die das Getrennte zu einem Ganzen zusammenfügt, in dem jedes seinen Platz hat, seinen richtigen Platz.

Das Ganze fügt oft nur einen Teil von allem zusammen. Es ist in diesem Sinne ein begrenztes Ganzes, ein Minikosmos. Dennoch wirkt in ihm alles auf eine besondere Weise zusammen, auf eine Weise, die es für etwas Gemeinsames bündelt.

Dieses Ganze kann mit einem anderen Ganzen in Beziehung treten, kann mit ihm ein gemeinsames, größeres Ganzes werden, in das sich jedes Ganze einfügt als Teil eines umfassenden Ganzen.

Ein begrenztes Ganzes sucht das größere Ganze, will sich ihm einfügen. Es will sich in ihm erweitern, in dem es, obwohl für sich bereits ganz, Teil eines größeren Ganzen werden kann und sein begrenztes Ganzes umfassender ganz weiß als zuvor.

Das Ganze ist also auf dem Weg, weil es laufend über sich hinauswächst. In diesem Sinne bleibt es unvollendet.

Ist auch der Geist ganz? Ist sein Erkennen ganz? Ist unser Erkennen ganz?

Ganz sein kann nur mehreres zusammen. Nur etwas vorher Einzelnes kann sich zu einem Ganzen zusammenfügen. Von daher ist unser Geist und sind unser Erkennen und dieser schöpferisch erkennende Geist in einer Fülle ohne Grenzen, weit über jedes Ganze hinaus.

Aufgegeben

Wenn jemand sagt, er habe aufgegeben, was hat er wirklich aufgegeben? Hat er etwas Wesentliches aufgegeben? Hat er etwas Vorläufiges aufgegeben? Oder hat er durch sein Aufgeben sogar etwas gewonnen?

Wir geben auf, was uns festgehalten hat. Wir geben zum Beispiel eine trügerische Hoffnung auf. Wir geben sogar einen Glauben auf, der sich für uns als in die Irre führend erwiesen hat, der uns weg von uns selbst, zu etwas uns Fremdem hingeführt hat, das uns die Liebe zu vielen anderen lassen und verleugnen lässt.

Aufgeben heißt hier: sehend werden. Aufgeben heißt hier: liebend werden. Aufgeben heißt hier: wesentlich werden. Aufgeben heißt hier: mehr werden, viel mehr.

Was steht diesem Aufgeben entgegen? Die Angst, weniger zu werden.

Doch das Schöpferische ist ein beständiges Aufgeben. Es geht weiter, weil zuvor etwas aufgegeben wird. Ohne dieses Aufgeben droht der Stillstand.

Das Gegenteil von Aufgeben ist das Nehmen des Neuen, das sich anbahnt und kommt. Während es kommt, wissen wir von ihm noch nichts. Denn erst hört etwas auf, danach erscheint das Neue. Das Aufgeben erweist sich hier im Dienst des Neuen.

Was kommt, wenn wir aufgegeben haben, wenn wir sogar aufgeben mussten?

Es kommt eine andere Liebe. Es kommt eine andere Hingabe. Es kommt eine andere Zuversicht und Kraft. Es kommt ein anderes Handeln.

Was kommt vor allem? Es kommt eine andere Bewegung des Geistes, die Bewegung der Zustimmung zu allem, wie es ist. Es kommt ein Mitgehen mit dieser Bewegung. Es kommt der Einklang mit dieser Bewegung. Es kommt das Erkennen mit dieser Bewegung, das unerschöpflich Neue mit dieser Bewegung. Es kommt für uns, im Einklang mit dieser Bewegung, die Erfahrung der Fülle.

Die Fülle kommt, wenn das Einzelne aufgegeben wurde und nur das Alles zählt.

Das Gegengewicht

Das Gegengewicht schafft einen Ausgleich, der vieles voranbringt. Daher ist das Gegengewicht genauso schöpferisch wie sein Gegenteil, das es scheinbar in Schach hält. In der uns physisch erfahrbaren Welt begegnen wir diesen Gegenströmungen auf Schritt und Tritt.

Die Frage ist: Begegnen wir diesen Gegenströmungen auch im Bereich des Geistes, und wenn ja, wie? Wir begegnen ihnen als positive Einflüsse, zum Beispiel in der Weise des Wohlwollens. Wir begegnen ihnen in vielen negativen Einflüssen, wie zum Beispiel der Ablehnung und in dem Anderen-Böses-Wünschen, bis hin zu einem Vernichtungswillen. Wir fürchten diese negativen Strömungen und wollen uns nach Kräften gegen sie schützen.

In dem Augenblick werden wir selbst zu einer Gegenströmung und für anderes zum Gegengewicht. Auch wir können nur auf beiden Seiten gleichzeitig sein: dafür und dagegen.

Setzt sich diese Dynamik noch auf eine andere Weise im Bereich des Geistes fort? Gibt es Seelen von Verstorbenen, die uns wohlgesinnt sind, und andere, die uns ins Verderben ziehen wollen, zum Beispiel in den Tod? Gibt es in diesem Sinne gute und böse Geister?

Die Frage ist: Stehen sie einander wirklich entgegen? Oder sind sie füreinander nur ein Gegengewicht, das schöpferisch übergeordneten Zielen dient und diese erst möglich macht?

Wie gehen wir mit diesen Gegenkräften im Einklang mit der ihnen übergeordneten Macht um?

Wir erkennen sie als ebenbürtig an, ohne uns ihrem Kräftespiel zu entziehen. Wir schauen über sie hinaus auf jene Macht, denen sie gleichermaßen dienen, und kommen vor dieser Macht in jenes Gleichgewicht, das alles in den Einklang mit jener Liebe bringt, in der die Gegensätze vorläufig bleiben, sowohl die einen wie die anderen, und in der wir sie am Ende vergessen.

Der Erfolg

Der Erfolg ist vorbei. Nur wenn er vorbei sein darf, geht er weiter. Wer an ihm festhält, geht mit ihm auch vorbei. Wie der alte Lorbeer, welkt der alte Erfolg vor sich hin. Daher hat nur das Neue Erfolg, denn das Neue führt weiter.

Neu ist daher auch das Glück. Neu ist immer die Liebe. Nur das Neue ist lebendig. Nur das Neue hat Kraft, nur das Neue ist in Bewegung und reißt andere mit.

Alles Schöpferische ist neu. Der schöpferische Geist denkt immerfort Neues. Daher hält das Neue auch jung, denn alles Junge ist neu.

Auch der Fortschritt ist neu. Er führt zum Erfolg, weil er neu ist.

Wie also werden wir erfolgreich? Wenn wir in Bewegung kommen mit einer neuen Bewegung, wenn unsere Gedanken vorausblicken und mutig die ersten Schritte hin auf das noch unbekannte Neue wagen, sie erfolgreich wagen.

Was steht dem neuen Erfolg im Wege? Dass wir den alten Erfolg absichern wollen, aus Angst, ihn zu verlieren. Was bleibt dann vom alten Erfolg übrig? Welche Anziehung übt er noch aus? Wie viele Menschen kann er noch begeistern? Wie einsam macht das Alte uns auf einmal – und wie arm!

Also schauen wir lieber auf den Erfolg, der kommt, der schon jetzt auf uns wartet, und setzen uns auf ihn hin in Bewegung. Wie? Mit vielen zugleich, denn der große Erfolg, weil er aus einer Bewegung des Geistes kommt, ist auch für sie unerschöpflich und reich.

Das Gebet

Das Gebet will etwas, es erhofft etwas. Es wartet darauf, dass andere, höhere Mächte eingreifen und geben, was wir brauchen und wünschen.

Wo sind wir, wenn wir so beten? Sind wir bei uns? Oder bewegen wir uns weg von uns, weg von dem, was wir haben und weg von dem, was wir können?

Dieses Gebet macht klein. Es macht uns blind für unsere Möglichkeiten. Es wird zum Ersatz für eigenes Denken, für eigenes Planen und für eigenes kraftvolles Handeln.

Würde diese andere Macht unser Gebet erhören, was wäre die Wirkung? Macht sie uns dadurch tüchtig? Macht sie uns schöpferisch?

Umgekehrt, wie wäre es, wenn wir statt zu beten danken?

Was heißt hier Danken? Danke, ich habe alles. Mit meinem Leben habe ich alles. Ich freue mich an dem, was ich habe und an allem, was ich kann.

Mit dem Dank beginnen das Nehmen und das Handeln, das Ausschöpfen der eigenen Möglichkeiten. Mit ihm beginnen die Leistung und der Erfolg.

Was ist dann das Ergebnis? Freude und Selbstbewusstsein und Leben aus der eigenen Fülle.

Was heißt: Leben aus der eigenen Fülle? Es heißt, dem Leben dienen, es heißt, nehmen, was es uns bietet und schenkt, und es weitergeben an anderes Leben.

Dann leben wir mit der Fülle allen anderen Lebens und mit ihm im Austausch. Wir wachsen und bereichern uns gegenseitig und werden mit allen anderen glücklich.

Das aber ist die eigentliche Liebe, die Liebe des Lebens in seiner Fülle.

Wo bleibt dann das Gebet? Es hat sich aus einem Gefühl des Mangels in die freudige Zustimmung gewandelt zu allem, was ist und wie es ist. Doch so, dass diese Zustimmung zu Handeln führt, das schöpferisch weiterführt. Wie? Im Einklang mit jener Kraft, die für uns von Anfang an etwas in Gang gebracht hat, das wachsen und reicher werden will, mit vielen zusammen.

Für diese Kraft gibt es kein Zurück. Wenn ich mit ihr in Einklang komme, in einen gezielten, tätigen Einklang, erfahre ich mich schöpferisch wie sie: schöpferisch liebend und schöpferisch gesund.

Dieser Zustand ist das erhörte Gebet, aber ohne zu bitten, es ist erhörte Tat.

Die Fülle

Fülle heißt Überfluss. In diesem Sinne sprengt die Fülle alle Grenzen. Sie ist mehr als voll, sie fließt über. Daher können wir uns die Fülle nur in Bewegung vorstellen. So, wie sie überfließt, wird sie auch erneuert, durch ständiges Kommen und Überfließen.

Ein Bild für diese Fülle ist der Herbst. Was im Frühling gepflanzt und gesät wurde, was neue Blüten hervortreiben ließ, fließt im Herbst über. Es wird geerntet und eingebracht, ohne Sorge für das nächste Jahr. Denn im Frühling beginnt ein neuer Kreislauf von Saat, Blüte, Wachstum und Überfluss, in jedem Jahr gleich.

Die Fülle gibt, sie teilt aus. Wir haben Anteil an ihrer Bewegung, indem wir, was sie uns bietet und schenkt, in seiner Fülle auch nehmen. Im Nehmen geht sie weiter, vor allem, wenn auch wir überfließen, wenn auch wir andere an unserem Reichtum teilnehmen lassen, reichlich teilnehmen lassen, bis auch sie sich in der Fülle überfließend bewegen.

Was auf diese Weise fließt, kann nicht verderben. Nur was zurückgehalten wird, eingekellert und über seine Zeit hinaus aufbewahrt wird, verdirbt.

Manchmal setzen wir der Fülle eine Grenze. Zum Beispiel durch enge Gedanken, durch kleinliche Gedanken, durch einschränkende Gedanken, durch Ängste und Sorgen.

Die Frage ist dann: Wie finden wir zur Fülle zurück? Wo ist sie? Ist sie außerhalb von uns? Oder ist sie in uns, wir brauchen ihr nur wieder Raum zu geben? Wie? Im Einklang mit allem, was uns bereits geschenkt ist. Wir lassen es blühen, reifen, Frucht bringen und überfließen. Und schon sind wir in einer anderen Bewegung, in einer glücklichen Bewegung, in einer weiten Bewegung, in einer kraftvollen Bewegung, vorwärts blickend und vorwärts gehend auf Neues zu, in der Fülle des Lebens jetzt.

Die Größe

Die Größe ist weit, oft in viele Richtungen weit. Sie wird durch ihre Ausdehnung groß.

Groß ist für uns auch das Mächtige, das uns und andere beherrscht, das uns vielleicht in die Knie zwingt, weil wir ihm nicht widerstehen können. Zum Beispiel einem mächtigen Sturm.

Groß ist auch ein Gefühl. Zum Beispiel die Liebe und die Freude, aber auch die Angst, die Furcht und der Hass.

Groß wird etwas durch seine Intensität, weit über seine Ausdehnung und Macht hinaus. Diese Intensität ist gesammelte Kraft. Von daher ist sie oft still, mit einem langen Atem.

Eine andere Seite der Größe ist ihre Tiefe. Zum Beispiel eine tiefe Einsicht. In ihr fließt vieles zusammen und dehnt sich aus. Es wird durch seine Wirkung groß.

Groß ist das Wesentliche, obwohl es von seiner Ausdehnung her verdichtet erscheint. Es wird von seiner Wirkung her groß, denn diese breitet sich aus.

Groß ist auch eine Zeit, in der vieles in eine Bewegung kommt, die viele erfasst und auf einen Höhepunkt mitnimmt. In ihr lösen wir uns manchmal mit anderen gemeinsam auf, verlieren uns und werden von einer alle erfassenden Begeisterung mitgenommen. Zum Beispiel, wenn ein Sieg gefeiert wird, bei dem sich viele auf einmal groß und mächtig fühlen, und sei es auch nur der Sieg unserer Nationalmannschaft beim Endspiel einer Fußballmeisterschaft.

Es gibt eine Größe, die bald vergeht, zum Beispiel ein Triumph, und es gibt eine Größe, die bleibt. Auf diese Weise groß ist alles, was das Leben weiterbringt und auf diese Weise fruchtbar wird. Es sind diese Leistungen vor allem, die bleiben.

Diese Größe steht allen offen, denn groß ist vor allem das Leben.

Allein

Wer allein ist, wird oft woandershin geführt, abseits vom Üblichen und weit über das Vorläufige hinaus. Diesen Weg geht er allein, denn nur allein bleibt er geführt, sicher geführt.

Er lässt das andere hinter sich, auch jene, die ihm folgen und sich an ihn hängen wollen. Nur allein bleibt er jener Kraft verbunden, die ihn in ihren Dienst genommen hat.

Wird er dadurch einsam? Oder wird er von etwas gelöst, das von ihm Besitz ergreifen und ihn sich dienstbar machen will?

Wer so allein ist, wird, beflügelt, hochgehoben, weit, und von vielem frei.

Allein, verlassen wir uns auf unsere Einsicht, auf unsere Erfahrung, auf unser besonderes Können. Wir vertrauen einer inneren Führung, die uns über etwas Enges in die Weite führt.

In was für eine Weite? In eine neue Weite der Liebe. Wer allein ist, kann alle achten, wie sie sind. Weil er allein ist, hat er an sie keine Erwartungen mehr, auch keine Ansprüche, und er bewegt sich jenseits von Lob und Tadel.

Erhebt er sich dadurch? Er erhebt sich weder – denn sonst gibt er sein Alleinsein auf –, noch unterwirft er sich. Er ist allein nur da.

Nur allein ist er in Resonanz mit dem Wesentlichen. Nur allein bleibt er in der Liebe des Geistes. Nur allein bleibt er mit allem gleichermaßen verbunden, weil er es sein lässt, wie es ist, ohne es anders haben zu wollen.

In diesem Sinne allein ist vor allem die Liebe, die große Liebe. Nur allein ist sie mit allem da, ganz da.

Allein, lasse ich auch jeden anderen allein, ohne in sein Alleinsein einzugreifen. Von mir aus darf auch er allein sein, ganz allein.

Der Friede

Der Friede beginnt, wo das Ego aufhört. Fast alle Konflikte haben ihre Wurzel in einer Bewegung des Ego. Um sich zu behaupten, muss das Ego gegen andere sein und sie ausschließen.

Gewinnt unser Ego dadurch mehr? Oder wird es weniger?

Ego ist immer weniger, vor allem ist es weniger Liebe.

Wo beginnt dann der Friede? Wenn alle so sein dürfen, wie sie sind.

Wenn sie für mich nicht sein dürfen, wie sie sind, was geschieht mit mir? Ich muss mich mit ihnen vergleichen, ja gegen sie Stellung beziehen, um mich zu behaupten.

Was behauptet sich dann in der Regel? Das, gegen das ich mich abzugrenzen suche.

Was geschieht mit mir, wenn ich die anderen sein lasse, wie sie sind, und mich entschließe, ich selbst zu sein, ohne mich gegen andere abzugrenzen?

Ich bleibe der, der ich bin, nur der, der ich bin. In dem Augenblick lasse ich die anderen von mir frei.

Sind damit die Konflikte überwunden? Ist der Friede damit gewonnen?

Es muss zum Frieden noch etwas hinzukommen. Die Achtung vor der eigenen Leistung, ohne sie mit einer anderen zu vergleichen, oder eine andere herabzusetzen. Herabsetzen muss ich in der Regel etwas, dem ich mich nicht gewachsen fühle.

Allerdings verteidige ich mein Eigenes manchmal gegen jene, die es herabsetzen. Das heißt, ich weise darauf hin, was wirklich das Eigene ist, das meine und das andere.

Der Friede beginnt, wo jeder bei seinem Eigenen bleiben darf und bei ihm bleibt. Dann kann sich das Eigene als das Eigene bewähren. Ohne sich mit etwas anderem zu vergleichen, erreicht es die ihm gemäße Fülle, seinen eigenen Beitrag zum Wohle des Ganzen.

Der Vergleich

Vergleichen bedeutet auf der einen Seite, dass dabei etwas gleich wird. Zum Beispiel, wenn wir mit jemandem einen Vergleich schließen und es zwischen uns einen Ausgleich gibt.

Ein Vergleich kann auch zu einem entgegengesetzten Ergebnis führen, wenn wir jemanden mit einem anderen oder etwas mit etwas anderem vergleichen. Zum Beispiel nach seinem Wert, nach seiner Wichtigkeit, nach seiner Schönheit, nach seiner Größe. Vor allem aber, wenn wir andere mit uns vergleichen und sie sich mit uns.

Selten betrachten wir etwas als von gleichem Wert, von gleicher Wichtigkeit, von gleicher Schönheit und Größe. In der Regel hat etwas für uns mehr oder weniger Wert, ist von mehr oder weniger Wichtigkeit und von mehr oder weniger Größe und Schönheit.

Dabei gibt es objektive Maßstäbe, zum Beispiel für eine messbare Größe. Andere Maßstäbe sind persönlicher Natur, zum Beispiel der Wert, die Wichtigkeit oder die Schönheit von einem Menschen oder von einer Sache. Hier werten wir durch das Vergleichen diesen Menschen oder diese Sache entweder auf oder ab.

Manchmal kommen wir ohne Vergleich aus. Zum Beispiel, wenn wir unterschiedliche Menschen oder unterschiedliche Situationen und Sachen als gleichermaßen wertvoll oder wichtig, groß oder schön betrachten, weil alle auf eine je andere Weise wertvoll sind oder wichtig oder groß oder schön, von daher also unvergleichbar. Wir wenden uns allem und allen mit der gleichen Aufmerksamkeit zu, indem wir sie, ohne sie mit anderen und etwas anderem zu vergleichen, in ihrer besonderen Eigenart anerkennen – vor allem auch uns selbst.

Durch das Vergleichen, bei dem etwas weniger wird, werden auch wir weniger. Wenn alles sein darf, wie es ist, darf auch in uns alles sein, wie es ist. Statt dass wir etwas weniger als anderes achten oder es sogar ablehnen, achten wir es in seiner Eigenart, wie alles andere, und bleiben mit ihm auf der gleichen Ebene.

Auf dieser Ebene haben wir es, und es hat uns. Wie? In seiner Fülle.

Jung

Jung ist, was Zukunft hat, und Zukunft heißt neu. Jung bleibt, wer Neues will und Neues schafft.

Jung sein ist ein innerer Vorgang, der schöpferisch auf Neues ausgerichtet bleibt. So ist zum Beispiel eine Vision jung, die kühn in die Zukunft schaut, sich sofort auf sie einstellt, sie vorbereitet und die ersten Schritte unternimmt, die zu ihr führen. Sie sucht Bundesgenossen und Mitarbeiter, die jung in die gleiche Zukunft blicken und sie wirklich werden lassen.

Wann hört diese Bewegung auf, und was bringt sie zum Erliegen? Die Angst vor dem nächsten Neuen, vor der nächsten Herausforderung. Der Blick zurück auf das bereits Erreichte und der Wunsch, es abzusichern, sich auf seinen Lorbeeren auszuruhen, denen doch das gleiche Los beschieden ist wie allem, das nicht mehr weiterwächst.

Vor allem welken wir dann in unserer Seele und in unserem Geist.

Jung ist vor allem der Geist, der schöpferisch Neues denkt und Neues in Bewegung bringt. Jung ist die Seele, die sich auf das Neue freut, die ohne Zögern über das bisher Erreichte hinausgeht und es, soweit es überholt ist, hinter sich lässt.

Jung geblieben ist das Alte, das weitergeht, das in gesteigertem Maße weitergeht und die Zukunft vor sich statt hinter sich hat.

Aber hört nicht alles nach einer Weile auf, kommt an ein Ende und weicht dem Neuen, das nach ihm kommt? Setzt uns das Alter und setzt uns unsere Lebenszeit nicht eine Grenze, vor der unsere Bewegung zum Stillstand kommt und Halt macht?

Das Junggebliebene blickt auch über diese Grenze in die Zukunft, in eine Zukunft, die wie jede Zukunft erst kommt. Sie verlangt von uns das Gleiche wie jede andere Zukunft. Wir stellen uns auf sie ein, lassen uns von ihr anziehen, setzen bereits die Schritte, die zu ihr führen und uns ihr näherbringen. Wir sind im Geiste schon dort und weiterhin jung.

Wie kommen wir in diese Bewegung und bleiben in ihr? Im Einklang mit jener Bewegung des Geistes, die immerfort Neues denkt und Neues schafft, in der das Alte auf neue Weise in eine unendliche Bewegung schöpferisch mitgenommen wird, in jene Bewegung, die das Neue liebt und will, die es schöpferisch will und die es jung will, immer jung. Es wird jung von ihr geliebt, schöpferisch geliebt. Diese Bewegung führt auch das Sterben schöpferisch auf etwas Neues hin weiter und uns mit ihr.

Was bleibt vor allem jung? Die Liebe.

Die Kürze

Die Kürze ist voll, und alles Volle ist kurz. Alles Vollendete ist im Hinblick auf das Kommende kurz.

Im Gegensatz zum vollen Kurzen ist das Kommende lang, weil es endlos kommt.

Manchmal wollen wir das Vollendete verlängern und weichen dem Kommenden aus. Doch das Kommende kommt immer. Es lässt damit das Vollendete umso mehr als kurz erscheinen.

Wir sprechen von der Kürze des Lebens und bedauern manchmal seine Kürze, vor allem, wenn jemand scheinbar schon vor der vollen Zeit aus ihm gerissen wird. Wir haben die Vorstellung, dass ihm etwas von der Fülle des Lebens entgeht, als sei es für ihn unvollendet. Diese Vorstellung blendet das Kommende aus, denn vielleicht kommt dieses Kommende für ihn schon jetzt, während die, die noch am Leben sind, noch länger auf dieses Kommende warten müssen. Umgekehrt scheint vielen Lebenden ihr jetziges Leben zu lang. Doch nur, weil sie nicht ihr jetziges Leben in seiner Fülle leben, denn voll ist es auch kurz.

Wenn wir mehr Zeit für etwas haben wollen, zum Beispiel, weil uns die zur Verfügung stehende Zeit zu kurz erscheint, schauen wir über das bisher schon Erreichte auf eine Weise auf das Kommende, die das Erreichte entwertet. Es wird nicht in das Kommende mitgenommen und so seiner Vollendung beraubt. Denn alles Kurze ist zugleich auch voll.

Alles Vorübergehende ist also kurz. Es ist kurz, weil es vorübergeht. Lang wird es, wenn es im Kommenden weitergeht, von kurz zu kurz.

Wie gehen wir mit der Kürze um? Wir gehen voll mit ihr um, indem wir sie erfüllen. Voll vor allem wird jede Kürze durch das, was sie am meisten erfüllt. Denn für die Liebe ist jede Kürze voll.

Zuletzt

Das Entscheidende kommt zuletzt. So scheint es, denn erst am Ende erkennen wir seine Wirkung. Doch der entscheidende Schritt, der es in Gang bringt, kommt zuerst. Wenn wir ihn versäumen und uns gleichsam treiben lassen, erkennen wir nach einer Weile, dass wir auf der falschen Fährte sind.

Was bleibt uns dann zu tun? Wir müssen zurück an den Punkt, an dem wir den entscheidenden Schritt versäumt haben, bereit, dem Preis für dieses Versäumen zuzustimmen. Umso entschlossener setzen wir den vorher versäumten Schritt und schreiten zügig in die entscheidende Richtung.

Durch die Erfahrung von Anfang und Ende, dass also etwas zuerst beginnt, dann auf seinem Weg fortschreitet und schließlich an sein Ende kommt, an dem es sich erfüllt, haben wir die Vorstellung, dass es sich erst am Ende erfüllt, dass seine Erfüllung zuletzt kommt.

Wie ist es aber mit einem neugeborenen Kind? Fehlt ihm etwas? Oder ist in ihm bereits alles da, sodass es sich nur noch entfalten muss?

Die Entfaltung scheint etwas hinzuzufügen, gleichzeitig nimmt sie vom Anfang auch etwas weg, weil sie aus der Fülle seiner Möglichkeiten nur einige verwirklichen kann. In diesem Sinne wird das, was sich entfaltet, nur auf der einen Seite mehr, auf der anderen zugleich weniger. Solange wir also uns innerhalb der Zeit bewegen und innerhalb der Zeit denken, übersehen wir leicht die Fülle des Anfangs.

Wie entgehen wir dem weniger Werden durch die Entfaltung? Wir halten die Verbindung zur Fülle des Anfangs, indem wir laufend aus ihm die Kraft schöpfen und den Mut und die Einsicht in die Fülle unserer Möglichkeiten am Anfang.

Wir bleiben also im Fortschreiten zugleich in der Fülle des Anfangs. Wenn wir in unserer Entwicklung an Grenzen gekommen sind, zum Beispiel durch ein Gebrechen, gewinnen wir aus dem Einklang mit unserem Anfang und aus der Erfahrung unserer Gesundheit am Anfang die Möglichkeit, das Spätere durch das Frühere zu heilen. Wie? Durch unseren bewussten Einklang mit ihm, als sei es wie am Anfang auch jetzt noch da.

Was also kommt in diesem Sinne zuletzt? Der Anfang.

Der Segen

Gesegnet

Gesegnet wissen wir uns, wenn uns etwas auf eine Weise gelungen ist, dass wir andere, wohlwollende Kräfte am Werk sahen. Woher diese Kräfte kommen, erahnen wir nur.

Beim Erfolg sagen wir oft, dass auf ihm ein Segen ruhte. Das sagen wir auch bei einer Wahl, die wir getroffen haben, obwohl wir erst nachträglich und rückblickend den Segen auf ihr greifbar erfassen.

Oft verkennen wir, dass wir gesegnet sind, weil wir uns unter Segen etwas anderes vorgestellt haben. Als wäre nur das ein Segen, was wir uns gewünscht haben.

Manches ist immer ein Segen, zum Beispiel, dass wir diese Eltern haben. Kann es für uns einen größeren Segen geben als sie? Mit ihnen sind wir gesegnet, und zwar so, wie sie sind, so, wie sie waren.

Auch unser Schicksal ist ein Segen. Auch hier so, wie es ist, ungeachtet, ob wir es uns anders vorgestellt oder erwartet haben. Oft entpuppt es sich erst später als ein Segen. Wir erfahren es als ein Segen, wenn wir rückblickend erkennen, wie wir an ihm gewachsen sind, wie wir in der Liebe gewachsen und an Kraft gewachsen sind.

Auch die Herausforderungen, denen wir uns stellen mussten, erweisen sich oft als ein Segen. Durch sie kommen wir mit dem vollen Leben in Einklang, mit seinen Höhen und Tiefen.

Viele Menschen wurden für uns zum Segen. Lehrer zum Beispiel, und alle, mit denen wir in enge Beziehungen traten. Wir sind durch sie reich geworden, vor allem, wenn wir durch sie Eltern geworden sind und Kinder bekamen.

Doppelt gesegnet erfahren wir uns, wenn wir vor diesem Segen demütig bleiben, wissend, dass er uns geschenkt wurde als Liebe und Gnade, selbst wenn wir schuldig wurden. Dann bleibt dieser Segen. Er begleitet uns weiterhin und macht uns glücklich und reich.

Auch die Erkenntnis und die Einsicht, die weiterführen, werden für uns und viele zum Segen.

Gesegnet sind wir mit unserem Leben. Gesegnet sind wir mit unserem Tod. Auch er ist ein Segen, oft ein lange erwarteter Segen, der bleibt.

Die Überraschung

Die Bewegungen des Geistes sind immer für eine Überraschung gut. In ihnen ist alles schöpferisch neu, in ihnen wiederholt sich nichts. Sobald wir auf eine Wiederholung hoffen, bleiben wir, von unserer Einstellung her, außerhalb der Bewegungen dieses Geistes. Das gilt auch, wenn wir etwas festhalten wollen, damit es bleibt. Was wir festhalten wollen, ist schon vorbei.

Wenn wir dem Neuen mit Mitteln begegnen wollen, die wir schon kennen, entgeht es uns als etwas Neues. Es verlangt, dass wir ihm auf eine neue Weise begegnen.

Das gilt in erster Linie für eine neue Erkenntnis. Sie kommt immer als eine Überraschung, sonst wäre sie nicht neu. Wenn sie gelingt, wenn sie uns als eine Überraschung geschenkt wird, verändert sich etwas in uns. Die neue Erkenntnis bewirkt in uns etwas Neues. Sie macht uns zu neuem Handeln fähig und fordert es auch. Sonst zieht sie sich wieder zurück.

Wenn wir ihr gemäß handeln, gibt es für uns eine weitere Überraschung. Auf einmal wird uns etwas möglich, was vorher für viele undenkbar schien. Das zeigt uns, dass sowohl diese Erkenntnis als auch das ihr entsprechende Handeln zur gleichen schöpferischen Bewegung gehören, im einen wie im anderen eine Überraschung.

Diese Überraschungen sind freudige Überraschungen. Sie sind freudig, weil sie weiterführen.

Wir werden aber auch anders überrascht. Zum Beispiel wenn uns ein Unglück trifft oder eine Krankheit. Es sind bedrohliche Überraschungen, die uns Angst machen.

Auch diese Überraschungen sind Bewegungen des Geistes. Auch sie führen weiter. Sie zwingen uns, innezuhalten und uns neu zu orientieren. Sie führen uns zu einer neuen, zu einer anderen Erkenntnis und Einsicht. Auch diese Bewegungen des Geistes sind schöpferisch.

Wie gehen wir mit diesen Überraschungen um? Genau wie mit den anderen. Wir lassen uns von ihnen in eine neue Bewegung mitnehmen. Wir lassen das Frühere hinter uns und machen uns für neue Schritte bereit.

Seltsamerweise haben wir oft auf eine solche Überraschung gewartet, als hätten wir geahnt, was wir zu unserer Vollendung brauchen. In der Ahnung waren wir im Einklang mit einer Bewegung des Geistes, für seine Überraschung offen.

Was ist für uns die größte Überraschung? Uns zutiefst geliebt zu erfahren, immer neu geliebt zu erfahren, ohne dass vom Früheren, das dieser Liebe entgegenstand, noch etwas bleibt. Von wem geliebt? Von anderen Menschen und letztlich von Gott.

Segne meine Fehler

Vor allem meine Fehler ziehen andere an. Durch sie gewinnen mein Tun und mein Ich jene Aufmerksamkeit, die ihnen sonst versagt würden. Sollte ich deshalb versuchen, meine Fehler zu verleugnen oder mich ihretwegen herabzusetzen? Am Ende sind sie meine besonderen Freunde.

Sie schützen mich auf besondere Weise vor der Missgunst. Ihretwegen will keiner werden wie ich. Sie sind wie ein Schutzwall, hinter dem ich mich sicher fühlen kann. Umso ungestörter kann ich mich meinen anderen Aufgaben widmen und mich an ihrer guten Wirkung freuen. Wie schutzlos wäre ich ohne meine Fehler, und wie einsam!

Fehler verbinden, weil jeder welche hat. Wenn er sich meine Fehler vornimmt, geht es ihm selbst oft besser. Warum sollte ich mich also gegen seine Fehlersuche bei mir wehren?

Mit meinen Fehlern weiß ich mich menschlich, ich weiß mich mitmenschlich. In meiner Zustimmung zu ihnen komme ich zur Ruhe, denn ich nehme sie in mein Herz. Dort entpuppt sich ihr Wesen am Ende als Liebe, als Liebe zu allem, wie es ist, also auch zu allen Fehlern. Durch meine Zustimmung werden sie für mich und andere zu einer schöpferischen Kraft, denn sie vor allem bringen uns voran. Sie bringen uns schöpferisch voran, weil sie Neues von uns sowohl verlangen als es uns auch ermöglichen.

Segne meine Fehler! Wer soll sie segnen? Wer segnet sie? Jene Kraft, die durch sie schöpferisch neues Gutes bewirkt. Sie dienen dieser Kraft, und diese Kraft dient mir durch sie.

Ohne Fehler wäre ich arm. Sie sind mein Glück. Zu ihnen sage ich mit Liebe ja. Sie sind mein Schatz. Ich hüte ihn wie ein Geheimnis, bis es sich offen zeigen kann in seiner Größe – in seiner göttlichen Größe.

Die Gnade

Gnade ist Leben. Alles ist Gnade, was uns mit dem Leben geschenkt wurde. Daher sind unsere Eltern die erste Gnade. Sie sind eine immerwährende Gnade. Diese Gnade begleitet uns durch unser Leben. Diese Gnade geht immer mit uns.

Gnade ist geschenkt. Weder ist sie verdient, noch können wir sie verspielen. Gerade darin zeigt sich ihre Größe, dass sie ein Geschenk der Liebe ist ohne Wenn und Aber.

Die Frage ist: Können wir diese Gnade in ihrer Größe als Geschenk nehmen? Können wir sie dankbar und mit Liebe nehmen und uns an ihr freuen ein Leben lang? Können wir uns auf gleiche Weise über alles freuen, was uns mit dieser Gnade geschenkt wurde, vor allem unsere Eltern, wie sie sind? Können wir uns über die vielen Menschen freuen, die unser Leben voll und reich gemacht haben?

Wie antworten wir auf die schönste Weise auf diese Gnade? Wenn andere uns als eine Gnade erfahren, als ein Geschenk der Liebe, die von weit her kommt und sie durch uns erreicht.

Die Gnade hört nie auf. Kann es im Angesicht dieser Gnade eine Sünde geben oder eine Schuld? Sie lösen sich angesichts dieser Gnade auf und werden von ihr mitgenommen in die Liebe, die alles herrlich vollendet.

Was ist mit denen, die durch unsere Sünde und unsere Schuld zu Schaden kommen? Können sie aus der Gnade fallen? Macht die Gnade vor ihnen Halt? Oder verwandelt sie, was immer sie an Schwerem erfahren, in etwas, was dieses als etwas Vorläufiges hinter sich lässt?

Denn die Gnade, weil sie etwas Göttliches ist, hat weder Anfang noch Ende. Sie ist da, immer da, was immer uns begegnet, was immer mit uns geschieht. Diese Gnade bleibt.

Der Rückblick

Rückblicken heißt: wir schauen auf etwas Vergangenes zurück. Zum Beispiel auf das vergangene Jahr. Welche Fülle von Ereignissen und Erfahrungen in einem einzigen Jahr! Wie viele bestandene Gefahren, wie viel, was gut ausgegangen ist, obwohl sein Ausgang ungewiss war! Wie viele Erfahrungen von Liebe, von Freundschaft, von unerwarteter Hilfe und unerwartetem Glück! Und wie viel Freude!

Wir blicken zurück. Wenn wir es nochmals an unserem inneren Auge und an unserem inneren Gefühl vorüberziehen lassen wie eine lange nicht mehr enden wollende Parade, werden wir uns bewusst, wie sehr wir behütet, geleitet, geschützt, getragen und geliebt wurden, weit über alles hinaus, was wir als für uns möglich voraussehen und uns wünschen und für uns erreichbar halten konnten.

Wir blicken auch zurück auf die Prüfungen, die uns zwangen, umzudenken, gelassener und demütiger zu werden, und in Einklang zu kommen mit der begrenzten Zeit. So, wie vieles weiterging, kam anderes an ein Ende. Wir mussten erfahren, dass wir sterblich sind und dass im Angesicht unseres unausweichlichen Todes vieles, was wir uns zu erreichen vorgenommen haben, unter dem Gesetz des Vorläufigen steht und des Vorübergehenden, des schnell Vorübergehenden.

Daher fragen wir uns, wenn wir zurückblicken, auch: Was bleibt von all dem? Was nehmen wir mit für eine Zeit? Was lassen wir bereits zurück für immer?

Der Rückblick macht uns auf der einen Seite bescheiden. Er bringt uns ja unserer endgültigen Grenze auch näher.

Auf der anderen Seite machen wir weiter, soweit es die uns verbleibende Zeit erlaubt und schenkt.

Doch wir machen vorübergehend weiter. Wir haben schon jetzt den Rückblick auf das noch Kommende im Sinn und im Gefühl. Wir wissen schon jetzt, was wir sowohl lassen als auch mitnehmen müssen. Wir schwimmen mit stromabwärts, soweit und solange der Fluss des Lebens uns mitnimmt, und warten auf das unendliche, bleibende Meer, in das auch das Vorübergehende mündet, mit allem endlich am Ziel, mit allem anderen eins.

Prosit

Prosit Neujahr, wünschen wir uns hoffnungsvoll, wenn das alte Jahr zu Ende geht und das Neue Jahr glanzvoll willkommen geheißen wird.

Prosit, das lateinische pro sit, „es möge für dich gut sein, es möge dir Glück bringen", ist der Segenswunsch, mit dem wir einander zutrinken und gemeinsam das Glas leeren, damit es sich von neuem füllen möge.

Das alte Jahr hat auf ähnliche Weise begonnen, mit Hoffnungen, oft auch mit guten Vorsätzen, und nahm seinen Lauf wie alle Jahre zuvor. Sein Anfang verbirgt, was es für uns bringen wird. Er verbirgt, ob es auf gleiche Weise für uns gut zu Ende gehen wird, und wir das nächste Jahr, so wie das jetzige, ebenfalls froh erwarten dürfen. Doch heute sagen wir uns erst einmal Prosit. Möge es Glück bringen und möge es weitergehen.

Das Jahr kreist um die Sonne. Es vollendet den Kreislauf unserer Erde um ihren Mittelpunkt. Es ist ein für uns immer während der Kreislauf mit Frühling, Sommer, Herbst und Winter, vergehend, weil es dem Nächsten Platz macht, um zu seiner Zeit wiederzukommen, immer neu.

Kreist unser Leben auf ähnliche Weise um einen Mittelpunkt, mit Blüte, Hoch-Zeit, Frucht und Winter? Endet es mit seinem Winter, oder erneuert es sich ebenfalls in einem ewigen Kreislauf um einen Mittelpunkt, um eine Leben spendende Sonne? Hört das eine Leben auf und das nächste beginnt? Füllt sich das leere Glas von neuem?

Also, heute an Neujahr, Prosit in jeder Hinsicht, nah und weit, im Wissen, alles geht weiter, viele Jahre, ewige Jahre, weil der Mittelpunkt bleibt – und wir in seinem Bann.

Die Freiheit

Freiheit heißt, dass ich mich frei fühle, bei mir zu sein. Dass also keine Einflüsse und Ansprüche von außen von mir Besitz ergreifen, als müsste ich ihnen zu Diensten sein. Diese Freiheit wird erkauft, indem mir andere Kräfte und andere Interessen in dem Sinn gleichgültig werden, dass sie weder zustimmende noch ablehnende Energie von mir abziehen können. Dann bleibt meine Energie mir zu Diensten, und ich bin von anderen Kräften und deren Interessen frei.

Dies erfordert eine besondere Disziplin. Das heißt, ich halte mich in jeder Hinsicht zurück, sowohl von der Begeisterung, der übertriebenen Weise der Zustimmung, als auch von der Ablehnung und der Zurückweisung, wie zum Beispiel in der Weise des Vorwurfs, der Anklage, der Entrüstung. Sie berühren mich nicht. Sie saugen keine Energie von mir ab, weil ich mich von ihnen innerlich distanziere, zum Beispiel, indem ich von ihnen nichts wissen will. Und schon bleibe ich ganz bei mir, von diesen Einflüssen frei.

Das ist die eine Seite der Freiheit, die „Freiheit von". Zugleich erfahre ich mich von guten Kräften in den Dienst genommen, jedoch so, dass sie, im Gegensatz zu den anderen Kräften, mir Kraft geben, statt sie abzuziehen. Auf einmal bin ich im Einklang mit Kräften, die allem gleichermaßen zugewandt sind.

Im Einklang mit diesen Kräften bleibt jeder bei sich, weil er so, wie er ist, von diesen Kräften gewollt ist. Er bleibt auch im Einklang mit allen anderen, wie sie von diesen Kräften gewollt sind.

Er drängt sich ihnen in keiner Weise auf, so wie sie sich ihm in keiner Weise aufdrängen können. Alle stehen im gleichen Dienst. In diesem Dienst sind sie in jeder Hinsicht frei von denen, die sich an die Stelle dieser Kräfte zu setzen suchen und ihre Energie von uns statt von diesen Kräften erwarten. Gleichzeitig sind wir im Einklang mit diesen Kräften frei, unser Eigenes zu verwirklichen. Eigen ist uns letztlich nur das, was uns von diesen Kräften geschenkt und aufgetragen ist.

„Freiheit, die ich meine, die mein Herz erfüllt", das ist diese eigene Freiheit, die Freiheit zu eigenem schöpferischen Handeln. Sie ist die Freiheit, das zu werden, was wir schon sind.

Schutzengel

Schutzengel begleiten uns überall. Nur verlegen wir unsere Aufmerksamkeit oft vom Nahen, dem unmittelbar Erfahrbaren, auf etwas Geistiges. Womit ich allerdings dieses Geistige im Nahen mit einschließe, obwohl es uns weitgehend verborgen bleibt.

Der für uns fast immer nahe und fassbare Schutzengel war für uns, als wir noch klein und hilflos waren, unsere Mutter. Deswegen gleichen die Bilder, die uns vom Schutzengel als Kinder gezeigt wurden, abgesehen von den Flügeln, bis aufs Haar unserer Mutter. Daher sind sie auch vom Erscheinungsbild her weiblich.

Wir übertragen den allgegenwärtigen Schutz unserer Mutter auf diese Engel. Doch wer war uns offensichtlicher als ein Schutzengel von Gott bestimmt und uns zum Schutz geschickt, als unsere Mutter?

Auch unser Vater war für uns oft ein Schutzengel. Vor allem gegen äußere Gefahr, wenn er sich zum Beispiel schützend vor uns stellte, Gefahren von uns fernhielt und ihnen mutig entgegentrat.

Unsere Mutter und unser Vater waren unsere eigentlichen, uns auf Schritt und Tritt erfahrbaren nahen Schutzengel.

Neben ihnen gab es noch viele andere Schutzengel. Manchmal ein Polizist, oder ein Lehrer, und oft ein Kamerad. Überall waren wir von Schutzengeln umgeben und begleitet.

Alle standen im Dienst einer ihnen übergeordneten Macht, einer geistigen Macht. Daher schauen wir, wenn wir diesen Dienst begreifen, über sie auch hinaus. Doch so wie wir uns scheuen, unsere Eltern und viele andere unmittelbar als unsere Schutzengel zu sehen, so sehr scheuen wir uns, diese göttliche, geistige Macht unmittelbar als unseren Schutzgeist, als unseren eigentlichen Schutzengel anzuerkennen, ihm hingegeben ganz auf ihn zu vertrauen, letztlich nur auf ihn. Lieber schalten wir ihm untergeordnete Geistwesen dazwischen, eben die Schutzengel, als dass wir uns unmittelbar ihm überlassen, letztlich ihm allein. Doch wer immer uns schützt und an die Hand nimmt, in ihm offenbart sich diese letzte Kraft, unser letzter Schutz. Zu ihr beten wir, wenn wir des Schutzes bedürfen. Ihr vertrauen wir uns an. Sie allein geleitet uns jederzeit mit vielen anderen als unser Schutzengel mit ihrer alles umfassenden Liebe.

Die Auferstehung

„Von den Toten auferstanden“ sagen wir von Jesus. So wurde es von ihm in der Bibel berichtet, und so wiederholen es die Christen in ihrem Glaubensbekenntnis. Sie glauben auch an die eigene leibliche Auferstehung von den Toten.

„Von den Toten auferstanden“ sagen wir von einem Menschen, der nach schwerer Krankheit, in der er schon aufgegeben war, gesund dem Leben zurückgegeben wurde. In diesem Sinne ist uns das Bild der Auferstehung auch als persönliche, lebendige Erfahrung vertraut.

Immer, wo sich in einer schon hoffnungslosen Situation etwas überraschend zum Guten und Besseren gewendet hat, erfahren wir uns wie von den Toten auferstanden.

Ähnliches geschieht mit uns, wenn wir in einer uns wichtigen Beziehung an ein Ende gekommen sind, ohne Ausweg und ohne Aussicht. Wieder zur Liebe zurückzufinden, vielleicht sogar zu einer noch tieferen, gelösteren Liebe, erleben wir auch wie eine Auferstehung von den Toten, als eine Wiederauferstehung der Liebe.

Auch sonst werden Schicksalswendungen wie eine Wiederauferstehung erfahren. Zum Beispiel, wenn ein zu langer Haft Verurteilter, der unschuldig angeklagt und verurteilt worden war, aus der Haft entlassen wird, oder wenn jemand nach vielen Jahren Kriegsgefangenschaft wieder heimkommt.

Es gibt auch eine geistige Auferstehung. Zum Beispiel, wenn jemand die Nichtigkeit seiner bisherigen Ideale durchschaut und sich aus ihren Zwängen in eine neue Freiheit bewegen kann.

Stehen wir auch nach unserem Tod wieder auf? Vielleicht, doch nicht mehr gleich, sondern verwandelt. Paulus gebraucht dafür das Bild vom Senfkorn. Es wird in die Erde gesenkt, wie wir nach unserem Tod. Doch wenn es ans Licht kommt, ist es nicht mehr das gleiche. Es steht verwandelt wieder auf.

Aus der uns hier zugänglichen Erfahrung ist jede Auferstehung mehr als das, was ihr voranging. Sie ist eine neue Schöpfung, uns von etwas uns weit Übersteigendes als Gnade geschenkt.

Der Halt

„Halte mich, dass ich am Leben bleibe“, das ist der stille Schrei eines Kindes, das ganz auf seine Mutter angewiesen ist. Das ist auch der Schrei eines Menschen, der in höchster Not Hilfe braucht. Uns ohne Halt zu erfahren, ist für uns unerträglich. Rilke sagt über dieses Grundgefühl in seinen Sonetten an Orpheus den Satz:

Bang verlangen wir nach einem Halte,
wir zu Jungen manchmal für das Alte,
und zu alt für das, das niemals war.

Es gibt einen Halt, an den wir uns klammern müssen, und es gibt einen Halt, wenn wir loslassen, wenn wir mitgerissen werden von einer geistigen Bewegung, die uns von etwas Altem losreißt auf etwas unbekanntes Neues hin, das noch kommt.

Ohne Halt und dennoch getragen, jenseits der Schwerkraft des Alten und jenseits von unerfüllbaren Vorstellungen vom Lauf unseres Lebens, werden wir mitgenommen in eine schöpferische Bewegung, in der wir zu uns kommen jenseits von uns, eins mit einer unendlichen Bewegung, ohne Bangen in einer Bewegung gehalten, die uns un-gehalten in immer größere Weiten führt.

In dieser Bewegung, ihr hingegeben, ihr haltlos hingegeben, erfahren wir uns am tiefsten gehalten, schöpferisch gehalten, loslassend gehalten, ohne Bangen gehalten.

Ist dann für uns auf nichts mehr Verlass? Nur noch auf diese immer neue Bewegung.

Diese Bewegung erfahren wir auch in unserem Körper. Auch in unserem Körper läuft diese in jedem Augenblick neue Bewegung ab.

Manchmal wollen wir in sie eingreifen, sie sogar anhalten, weil uns ihre durch nichts aufzuhaltende Bewegung zu weit geht und Angst macht.

Doch sie ist eine geistige Bewegung, eine haltlose Bewegung, die uns durch unsere Hingabe an sie jenen Halt gibt, der uns am Leben hält.

Was ist diese Bewegung zutiefst? Sie ist eine Bewegung der Liebe, einer geistigen Liebe, einer schöpferischen Liebe, einer Liebe ohne Halt, in jedem Augenblick neu.

Nachtrag

Geprüft

Geprüft wird laufend die Reichweite unserer Liebe. Geprüft wird laufend unser Vertrauen in die Bewegung des Geistes, die uns zur rechten Zeit vorgibt, was ansteht und Erfolg haben wird.

Wenn wir uns diesen Prüfungen nicht gewachsen zeigen, fallen wir durch. Das heißt, wir müssen uns erneut der Prüfung stellen und zuvor uns auf sie vorbereiten, sodass wir sie das nächste Mal bestehen.

In was besteht die Vorbereitung? Zunächst im Innehalten. Jeder Schritt weiter auf dem jetzigen Weg entfernt uns von der Sicherheit, die nächste Prüfung zu bestehen.

Wir müssen in jedem Fall innehalten, denn mit jeder weiteren Bewegung stoßen wir an Grenzen. Sie zwingen uns zu warten, bis wir, im Einklang mit jener anderen größeren Liebe, unsere Liebe so weit ausdehnen, dass sie *die* wieder mit einschließt, von denen wir uns in unseren Gedanken und Gefühlen entfernt und denen wir den Raum verweigert haben, der ihnen in unserem Leben gebührt.

Wir müssen auch innehalten, wenn wir etwas erreichen oder vollenden wollten, ohne zu warten, bis wir sicher waren, was wirklich als Nächstes anstand. Unser Eifer endet dann in der vergeudeten Zeit, in viel mehr Zeit, als wenn wir auf die innere Führung gewartet hätten, bis wir wirklich wussten, was sie von uns verlangt und wozu sie uns befähigt.

Haben wir dadurch etwas verloren? Im Augenblick ja, für den Geist nein. Er holt auf, was wir verloren zu haben meinen. Denn die zweite Prüfung verlangt mehr und gibt mehr. So geprüft, sind wir gewachsen.

Nachgeholt

Wir holen nach, was wir versäumt haben. Zum Beispiel eine Vereinbarung oder einen Test. Das Versäumte verlangt von uns mehr, wenn wir es nachholen. Oft gewinnen wir dadurch auch mehr.

Das Endgültige lässt sich nicht nachholen, denn es ist vorbei. Das Versäumte bleibt hier für immer vorbei. Zum Beispiel ein Abschied.

Doch das Versäumte wirkt weiter. Es lässt uns keine Ruhe. Auch wenn es nicht mehr nachgeholt werden kann, bleibt es als Wirkung bestehen. Es macht uns vorsichtig, damit wir später etwas Entscheidendes rechtzeitig tun, bevor wir es versäumen.

Nachholen lässt sich immer das Wohlwollen und die Liebe. Nicht immer auf die gleiche Weise, denn auch hier ist Vieles vorbei. Doch in unserer Seele. Durch unser Versäumnis gewitzigt, holen wir etwas Entscheidendes in unserer Seele nach, auch wenn es den anderen nicht mehr erreicht.

In uns wird dann etwas nachgeholt, an dem wir wachsen und anderen gegenüber menschlicher werden, bevor wir bei ihnen etwas versäumen.

Nachgeholt wird auf diese Weise, was anderen Freude macht und ihnen weiterhilft.

Nachgeholt wird oft eine Trauer, vor allem aber ein Dank. Sie sind nachgeholte Liebe.

Bedacht

Bedacht wird etwas, bevor wir es beginnen. Wir bedenken, was es uns und anderen bringen wird, und ob wir die Mittel haben und den Mut, es kraftvoll ans Ziel zu bringen.

Bedacht werden müssen vor allem die Folgen unseres Verhaltens und unseres Tuns. Halten wir sie im Auge, oder haben sie uns überrascht? Dann gilt es nachträglich zu bedenken, wohin sie uns führen und wie wir sie aufhalten und zum Besseren wenden können.

Bedacht werden müssen im Bereich des Geistes unsere inneren Bilder von uns und unserem Schicksal, inwieweit sie uns festlegen und von anderen trennen, statt mit ihnen zu verbinden.

Bedenken wir auch unsere Überzeugungen und, was wir uns und anderen mit ihnen antun? Zum Beispiel unsere Überzeugung, dass zuerst Recht geschehen muss, als sei die Gerechtigkeit ein Gut, das Segen bringt, wo doch das Bedürfnis nach Gerechtigkeit uns und anderen mehr wegnimmt als bringt.

In diesem Sinne bedenkenswert sind vor allem unsere Bilder von Gott. Kann es schrecklichere Bilder geben als die von einem strafenden Gott und von unserem Bedürfnis, dass er andere bestraft?

Was ist für uns besonders zu bedenken? Alles, was dem Frieden und der Liebe dient, und der Freude und dem Glück. Vielleicht sind diese Gedanken die wirklichen Gottesgedanken.

Abgeschirmt

Manchmal fürchten wir Einflüsse von außen, die von uns Besitz ergreifen und uns ihnen auf eine Weise dienstbar machen können, die uns von unserem eigenen Wesen und unserer eigenen Bestimmung abhalten und damit von uns entfremden.

Gegen solche Einwirkungen versuchen viele sich abzuschirmen. Manchmal durch besondere Riten und äußere oder innere Abwehrmaßnahmen.

Doch in dem Augenblick bewegen sie sich im Bannkreis dieser Kräfte, als wären sie ihnen bereits ausgeliefert.

Ich will nicht behaupten, es gäbe diese Kräfte nicht. Meine Frage bleibt jedoch:

Kommen diese Kräfte von außen, als könnten sie uns von außen überfallen und von uns Besitz ergreifen? Oder sind sie die Ausgeburt unserer inneren Vorstellungen und Ängste? Übertragen wir auf sie unsere Ängste und geben ihnen damit in unserer Seele und in unserem Körper Heimatrecht?

Ich stelle mich dieser Frage nur insofern, als ich, vor die Wahl gestellt, diesen Vorstellungen zu folgen und selbst vor ihnen Angst zu haben, einer anderen Erfahrung vertraue, dass ich in allem von schöpferischen geistigen Mächten bewegt und in den Dienst genommen bin, von denen ich geliebt und beschirmt bin.

Diese Erfahrung und die diesen Vorstellungen entgegengesetzte Einsicht, dass letztlich alles auf einen ersten Beweger zurückgeht, er allein alles so bewegt, wie es sich bewegt, verlangt von mir den Abschied von diesen Ängsten und von den Bildern, die zu ihnen führen.

Sie verlangt die innere Reinigung von diesen Bildern, von diesen Ängsten, von allem Tun, das sich aus ihnen für mich ergibt. Sie verlangt die Hingabe an diese andere Kraft, an diesen alles denkenden Geist, an seine Liebe für alle und ihr Leben in Fülle.

Durch diese reine Hingabe löse ich mich von allen Vorstellungen, die letztlich dieser schöpferischen Macht die Herrschaft absprechen über alles, was sie ins Dasein bringt und im Dasein hält.

Ich unterwerfe mich ihrer Herrschaft ganz, ohne Furcht, ohne Gegenmaßnahmen, offen für ihre Bewegung, wie immer sie mich erfasst, ohne Abschirmung unmittelbar von ihr gehalten und zu ihr hinbewegt.

Da sein

Wenn wir gerufen werden: „Wo bist du?“, was ist die entscheidende Antwort? „Ich bin da.“ Was ist die entscheidende Aussage über ein Kind, wenn es nach neun Monaten Schwangerschaft endlich das Licht der Welt erblickt? Alle sagen: „Es ist da.“

Wie leben wir unser Leben auf eine volle Weise? Wir wissen uns in jedem Augenblick da. Nichts kann uns davon abhalten, dass wir da sind.

Wie bringen wir uns zur Geltung? Indem wir uns jedem anderen Menschen zumuten als da, da wie alle anderen auch.

Was verbindet eine Familie? Dass sie alle da sind. In Schillers Glocke heißt es nach dem großen Brand vom Vater: „Er zählt die Häupter seiner Lieben, und sieh! ihm fehlt kein teures Haupt.“ Sie sind vollzählig, weil alle da sind.

Da sein in diesem Sinne heißt auch, alle sind gleichberechtigt da.

Was verbindet ein Paar? Beide sind da. Sie sind nebeneinander da, ganz nebeneinander da. Nur weil beide ganz da sind,

sind sie liebend miteinander und füreinander da.

Was ist für Kinder das Wichtigste? Ihre Mutter und ihr Vater sind da.

Wir sind am Leben, weil wir da sind. Wie leben wir unser Leben in seiner Fülle? Wenn wir in jedem Augenblick da sind, nur da. Aus diesem Bewusstsein, da zu sein, ergibt sich das volle Miteinander, das liebende Miteinander, auch das zugemutete Miteinander und das gemeinsame Glück.

Auf diese Weise sind wir vor Gott da, was immer sich für uns hinter diesem Bild verbirgt. Diese Kraft ist da, von der alles Da-Sein kommt. Sie ist immer da, in jedem Augenblick da, in jedem Augenblick ganz da – und wir vor ihr und in ihr. Da-Sein ist alles.

Verhüllt

Verhüllt heißt: dem Blick entzogen. Etwas bleibt für Außenstehende verhüllt, weil wir es neugierigen Blicken entziehen. Es wird nur Eingeweihten enthüllt.

Daher verhüllen wir vor anderen unser Geschlecht. In vielen Kunstwerken wird es durch ein Feigenblatt verhüllt. Dahinter wirkt eine Scheu, es zu enthüllen. Manche nennen es Scham, andere nennen es Ehrfurcht.

Wir verhüllen vor anderen auch ein geheimes Begehren und eine geheime Schuld – oft sogar vor uns selbst. Wenn sie ans Licht kommen oder wenn andere es unbedingt ans Licht bringen und enthüllen wollen, oft unter dem Vorwand, der Wahrheit zu dienen, wird oft etwas zutiefst Menschliches verletzt. Umso mehr suchen wir es zu verhüllen.

Auch etwas Kostbares suchen wir vor den begehrlichen Blicken anderer zu verhüllen. Denn enthüllt wird es leicht gewöhnlich und gemein. Wir verwahren es in einer Schatztruhe oder in einem Schatzkästchen und holen es nur gelegentlich ans Licht. Je kostbarer der Schatz, desto sorgfältiger wird er verhüllt. Er bleibt kostbar, weil wir ihn verhüllen.

Verhüllt sind uns auch das Ende einer Bewegung und ihr Ausgang. Umso überraschter sind wir manchmal, wie gut etwas ausgegangen ist.

In diesem Sinne verhüllt ist uns das Ende unseres Lebens und unser letzter Augenblick. Vor allem aber, was nach unserem Tod sein wird. Was wir hier zu verhüllen suchten und was andere über uns zu enthüllen suchten, zählt nicht mehr. Auch keine so genannte Wahrheit über uns und unser guter oder schlechter Ruf.

Was folgt daraus? Im Grunde braucht uns das alles auch jetzt wenig zu kümmern.

Verhüllt bleibt uns immer das Letzte. Umso kostbarer wird für uns der Augenblick jetzt, was er uns im Augenblick bringt:

der nächste Schritt und die im Augenblick erfahrene Einsicht und Liebe – unverhüllt.

Staunen

Erstaunt ziehen wir manchmal die Augenbrauen hoch, wenn wir uns über etwas wundern, weil es uns wie ein Wunder vorkommt: Wie ist so etwas möglich?

Das Staunen hört auf, wenn wir etwas in den Griff bekommen wollen, wenn wir es als gegeben betrachten, wenn wir uns wie selbstverständlich seiner bedienen und wenn die Wunder mechanisiert werden. Wir produzieren dann zum Beispiel Nahrungsmittel, manipulieren Pflanzen, entwickeln sogar Genmanipulation, beherrschen die Wunder, ohne vor ihnen ehrfürchtig ins Staunen zu geraten.

Beim Staunen bleibt uns manchmal der Mund offen, und wir gehen sogar andächtig in die Knie.

Staunend werden wir weit, staunend halten wir inne und holen Luft, zum Beispiel wenn wir den Duft einer Rose einziehen.

Das Staunen verbindet auf Abstand. Wir zögern, dem Staunenswerten zu nahe zu treten. Eher ist es umgekehrt, das Staunenswerte tritt uns nahe. Es kommt uns entgegen, erfüllt uns, wird für uns wie ein aufgeschlagenes Buch, in dem wir lesen dürfen, langsam Zeile für Zeile. Es steht in ihm zu viel, als dass wir es erfassen können, ohne immer wieder innezuhalten, von seiner Fülle überwältigt.

Die Wunder, wenn wir über sie staunen, kommen und bleiben. Wir erfahren uns von ihnen mitgenommen, wie wenn wir stromaufwärts gehen bis zu ihrer Quelle und vor ihnen Halt machen. Denn die Tiefe, in der sie sich sammeln, bevor sie ans Licht kommen, entzieht sich unserem Blick und unseren Händen. Ihr Geheimnis bleibt dunkel, für uns unermesslich tief.

Dann beginnen wir, auch über uns zu staunen, über unsere Tiefe, über unser geheimnisvolles Dunkel, aus dem wir ans Licht getreten sind, um hier zu sein.

Staunend erfahren wir uns geführt, leise geführt, und bis in unsere letzte Tiefe geliebt.

Zufrieden

Zufrieden heißt: ich bin mit mir in Frieden. Ich bin auch mit anderen in Frieden, ohne Ansprüche, als würde mir jemand etwas schulden.

Zufrieden weile ich bei mir selbst. Ich bin von mir erfüllt und von dem, was ich habe.

Zufrieden bleibe ich gelassen. Wozu soll ich mich auf mehr hinbewegen, als hätte ich nicht genug? Auch andere bleiben in meiner Nähe gelassen, weil sie sich von Erwartungen verschont und sicher fühlen.

Ist der Zufriedene träge? Im Gegenteil. Er ist frei für vieles, das wie von selbst ihm zufällt, weil er zufrieden ist. Es kann zu ihm kommen und bei ihm bleiben, weil es sein und bleiben darf, wie es ist.

Wer zufrieden ist, bleibt im Einklang. Er nimmt, ohne zu fordern, und er gibt, ohne zu fordern. Sowohl beim Nehmen wie beim Geben bleibt er in Frieden. Was zu ihm kommt, kann auch gehen, und was gehen will, darf gehen, wie es dem Leben entspricht. Weil nichts festgehalten wird, bleibt es umso lieber, und was gehen durfte, kommt umso lieber zu uns zurück.

Zufrieden ist die Liebe, die in Maßen gibt und nimmt, weil sie mit sich und dem anderen in der Verbindung bleibt, die beiden wohl tut, weil sie keinen überfordert.

Zufrieden ist vor allem die Fülle, denn was will sie mehr?

Zufrieden ist der Erfolg, der genügt. Zufrieden ist der Mangel, der aufhört. Zufrieden ist der Reichtum, der reicht, und zufrieden die Armut, die alles schätzt.

Der Zufriedene stellt keine Ansprüche über das Notwendige hinaus. Doch das wird ihm gerne gegeben, weil er auch mit dem Unscheinbaren zufrieden ist.

Der Zufriedene ist vor allem zufrieden mit Gott und mit dem Schicksal, in dem er sich befindet.

Bleibt er dann untätig? Zufrieden macht er weiter, bis ihm das Notwendige begegnet und er es nehmen darf, sobald es kommt. Wie? Zufrieden.

Gerade

Das Gerade strebt ohne Umwege auf ein Ziel hin, das auf es wartet.

In diesem Sinne gerade sind viele Gedanken. Auch eine Absicht ist oft gerade. Die geraden Gedanken bleiben beim Wesentlichen, auf das es ankommt, und gerade ist die Liebe, die weiß, was sie will.

Gerade ist ein Ziel, das klar ist, und gerade der Weg, der zu ihm führt.

Ungerade sind viele Träume und Wünsche. Ungerade sind viele Vorstellungen von Richtig und Falsch. Ungerade sind viele Gefühle, die wegführen statt hin.

Ungerade sind viele Vorstellungen von Gott und von Himmel und Hölle, und ungerade sind viele Versuche, die Welt anders haben zu wollen, als sie ist.

Ungerade sind viele Verdächtigungen und viele Vorstellungen über Leben und Tod.

Gerade dagegen ist das Leben, wie es abläuft, mit seinen Höhen und Tiefen, mit seiner Weite und seiner Enge, mit seinem Anfang und seinem Ende.

Wer das Leben anerkennt, wie es ist, wer es lebt, wie es ist, wer es liebt, wie es ist, ist immer gerade. Es gibt kein ungerades Leben, sondern nur das volle, wie wir es haben. Es ist immer gerade.

Gerichtet

Gerichtet heißt: auf ein Ziel ausgerichtet, in einer auf dieses Ziel gerichteten Bewegung.

Die Frage ist: Gehen wir mit dieser Richtung und in diese Richtung? Gehen wir willig in diese Richtung, der Bewegung dorthin hingegeben, was immer die Richtung, in die sie uns mitnimmt? Oder wehren wir uns, in diese Richtung zu gehen, weil unsere Wünsche eine andere Richtung suchen, die der anderen entgegensteht und sie zu umgehen oder aufzuhalten sucht?

Doch gegen die uns vorgegebene Richtung gibt es keinen Widerstand. Sie nimmt uns immer mit, ob gegen oder mit unserem Willen. Gegen sie kommt niemand an.

Wenn wir zu weit in eine andere Richtung vorgepirscht und auf ihr sogar ein Stück weit vorangekommen sind, werden wir „zurechtgerichtet". Wir werden vielleicht sogar gerichtet in einem anderen Sinn, als Folge, die richtige Richtung verfehlt zu haben, und werden in eine andere Richtung gezwungen.

Auch hier stellt sich die Frage: Gehen wir mit dieser Bewegung gegen unseren Willen oder mit ihm? Haben wir gelernt, dieser Richtung zuzustimmen, wie immer sie uns erfasst? Sind wir bereit umzukehren, weg von der alten in die neue Richtung? Erfahren wir uns richtig im Einklang mit der uns vorgegebenen und uns im Innersten entsprechenden Richtung?

Nach der Umkehr, so schmerzlich sie gewesen sein mag, erfahren wir uns in einer anderen Kraft und von woandersher getragen. Wir erfahren uns in einer anderen Liebe und statt gegen andere mit ihnen in die gleiche Richtung gezogen.

Richtig, ausgerichtet, gerichtet, bewegen wir uns schöpferisch, ohne Wiederholung, ohne Abweichen. Wir bewegen uns über unser Ich hinaus auf etwas Unendliches hin, rein auf dieses uns bleibend übersteigende Unendliche hin, auch verfehlt auf dieses Unendliche hin, weil nur diese Richtung stimmt, für alle stimmt. Sie allein geht mit der Liebe.

Getrieben

Getrieben werden wir von innen und von außen. Von innen durch unsere Bedürfnisse. Zum Beispiel durch Hunger und Durst und durch unser Bedürfnis nach Luft und Liebe.

Von außen werden wir durch die Umstände getrieben. Zum Beispiel durch die Bedürfnisse der Gruppe, der wir angehören, und durch die Sorge um ihr Wohlergehen und ihre Sicherheit.

In diesem Sinne auch getrieben werden wir durch eine Aufgabe, die auf uns zukommt, und eine Pflicht, die uns für andere in den Dienst nimmt.

Getrieben werden wir durch etwas Neues, das sich zeigt und uns anzieht. Wir spüren, dass es unserem Leben etwas Wichtiges hinzufügt. Wir werden also getrieben von einem Wissensdurst, durch den wir unseren Wirkungskreis erweitern.

Was treibt uns zutiefst? So sehr, dass wir alles andere für eine Zeit vergessen und aufgeben?

Die Liebe, die den Mann zur Frau und die Frau zum Mann treibt, und den Mann und die Frau zusammen zum gemeinsamen Kind. Diese Liebe ist der Urtrieb, ein unwiderstehlicher Trieb, der eigentliche Lebenstrieb.

Sind wir, wenn wir so getrieben werden, außer uns oder in uns? Sowohl als auch, doch eher so, dass beides auf eine Weise zusammenwirkt, die uns zutiefst erfüllt.

Sind wir dann unbeherrscht oder beherrscht? Auch hier lässt sich das eine vom anderen kaum unterscheiden. Was ist es, was uns letztlich beherrscht und treibt?

Das Leben, das volle Leben, das wachsen und weitergehen muss, und die Liebe des Lebens, die uns getrieben in die Pflicht nimmt und sich getrieben vollendet.

Wer also ist getrieben? Was ist getrieben? Alles ist getrieben. Nur getrieben kommt es zu sich selbst. Von woandersher getrieben da, liebend da.

Getragen

Getragen werden wir von einer Strömung, die uns mitnimmt, ohne dass wir untergehen. Zwar wissen wie nicht, wie weit sie uns trägt und in was sie mündet. Doch wir müssen uns ihr überlassen, denn gegen sie hilft keine andere Kraft.

Die Grundströmung, die uns auf diese Weise mitnimmt und trägt, ist unser Leben. Es trägt uns laufend weiter. Was immer wir uns sonst noch wünschen, was immer unsere Pläne, was immer unsere Sorgen, diese Strömung trägt uns unaufhörlich dorthin, wo sie mündet.

Ist diese Strömung dann zu Ende, oder geht sie nur in etwas für uns unfassbar Weitem auf? Sind wir auch dort noch getragen?

Wie stellen wir uns dieser Strömung? Wie begegnen wir dem Meer, in das sie mündet?

Wir vertrauen uns ihr an und dann dem Meer, das sie aufnimmt.

Wie? Wir vertrauen uns ihr schon jetzt an, schon jetzt in jeder eigenen Bewegung. Wir bewegen uns mit ihr, von ihr zugleich getragen.

Manchmal ruhen wir von unserer Bewegung aus, obwohl die Strömung weiterfließt. Auf einmal werden wir inne, wir sind so oder so von ihr getragen, wie immer wir uns bewegen oder ruhen. Sie geht weiter.

Was geschieht mit uns, wenn wir Angst haben, dass diese Strömung reißend wird und uns gewaltsam mit sich nimmt?

Auch hier erfahren wir uns getragen, immer getragen. Die Strömung trägt, wie immer sie fließt.

Auf einmal lassen wir los. Was geschieht dann mit uns? Wir erfahren uns ganz getragen, unabhängig von allem, was sonst noch zählt. Wir erfahren uns wissend getragen, mit Liebe getragen, sicher getragen.

Wohin? Dorthin, wo die Strömung mündet, mit uns endlich am Ziel.

Wahrgenommen

Die Wahrnehmung geht in eine doppelte Richtung. Wir nehmen wahr, was ist, was sich uns als ein Gegenüber zeigt, und wir nehmen wahr, was kommt, was also erst noch wird.

Wenn wir wahrnehmen, was schon ist, anerkennen wir es durch unsere Wahrnehmung so, wie es ist. Wir nehmen es wahr als etwas, das ist, und zwar so, wie es ist. Erst diese Anerkennung erlaubt uns, das gegebene Gegenüber zu erkennen, wie es ist.

Dabei können wir beobachten, dass es uns erst dann erlaubt, es wahrzunehmen, wenn wir es voll anerkennen. Denn in dem Augenblick kommt es uns entgegen, es erlaubt uns, es wahrzunehmen.

Umgekehrt, wenn es für uns nicht so sein darf, wie es ist, widersteht es unserer Wahrnehmung, sodass diese zu einer Falschnehmung wird, in der sich das Wahre von uns zurückzieht und uns mit der Falschnehmung allein lässt.

Die Wahrnehmung entzieht sich also der Willkür und dem getrübten Blick.

Hier handelt es sich um eine Wahrnehmung, wie etwas ist, ohne dass wir darauf Einfluss nehmen wollen. Zum Beispiel dadurch, dass sich etwas für unsere Wahrnehmung verändern soll. Diese Wahrnehmung bleibt objektiv, ohne eigene Absichten und Ziele.

Von der objektiven Wahrnehmung zu unterscheiden ist die gute Wahrnehmung. Diese geht über die objektive Wahrnehmung hinaus, sie ist dem, was wir wahrnehmen, zugewandt und will ihm wohl.

Auf diese Weise gut ist eine Wahrnehmung, die wahrnimmt, was ein Gegenüber braucht. Zum Beispiel, was eine Pflanze braucht, damit sie gedeihen kann, oder was ein Tier braucht, damit es ihm gut geht.

Dieser Wahrnehmung geht also der Austausch auf einer geistigen Ebene voraus, die das, was wir wahrnehmen, im Zusammenhang mit einer Handlung wahrnimmt, die für das, was wir wahrnehmen, angebracht und lebensnotwendig wird.

Diese Wahrnehmung geht über das Äußere hinaus. Sie ist zugleich eine innere Wahrnehmung, ein Mitschwingen mit dem, was wir wahrnehmen, ein Einfühlen in das Wahrgenommene, ein Dienst an ihm, auf das das Wahrgenommene seinerseits mit Zuwendung antwortet.

Diese Wahrnehmung stiftet eine Beziehung, sie dient einer Beziehung. Sie geht hin und her, lässt eine Beziehung sich entwickeln und führt sie auf eine sich gegenseitig ergänzende Weise weiter.

Es gibt noch eine andere gute Wahrnehmung. Sie bewirkt, was sie wahrnimmt, ist also eine schöpferische Wahrnehmung.

Wenn ich zum Beispiel einen Menschen gut wahrnehme, in der doppelten Bedeutung des Wortes gut, wenn ich ihn also aufmerksam als Ganzes wahrnehme, auch mit dem, was über den objektiven Blick hinausgeht, und ich ihm dabei wohl will und in ihm wahrnehme, was in ihm als Gutes noch ans Licht kommen wird, dann verändert er sich durch meine Wahrnehmung. Er fühlt sich auf einmal so, wie ich ihn wahrnehme, und wird durch meine gute Wahrnehmung auf eine besondere Weise gut.

Diese Wahrnehmung ist schöpferisch. Sie bewirkt, was sie wahrnimmt. Es wird durch die gute Wahrnehmung wahr.

Das Gleiche gilt für die schlechte Wahrnehmung, auch hier im doppelten Sinn des Wortes schlecht. So ist zum Beispiel die Furcht eine schlechte Wahrnehmung im doppelten Sinn.

Wir haben also die Wahl, ob wir einen Menschen gut wahrnehmen oder schlecht, ob wir auch uns gut wahrnehmen oder schlecht.

Vor diese Wahl gestellt, was führt uns zur guten Wahrnehmung? Die Liebe, die schöpferische Liebe.

Noch ein Wort, das diese Wahrnehmung auf schöne Weise beschreibt und benennt. Diese Wahrnehmung ist gelebte Mystik, sie ist gelebte Liebe, die wird.

Nachwort

Das Erkennen geht weiter. Weil es schöpferisch ist, kommt es nie an ein Ende. Daher ist alles schöpferische Erkennen vorläufig. Es ist vorläufig, weil es weitergeht.

So sind die Gedanken dieses Buches alle vorläufig. Daher berufe ich mich auch nicht auf einen von ihnen. Jeder von ihnen geht weiter, weil er beides ist, vorläufig und neu. Auch das Neue geht weiter und erweist sich als vorläufig.

In dieser Haltung halten wir die Widersprüche aus, denn auch sie sind vorläufig. Wir überlassen uns einer Bewegung von Neuem zu Neuem. Sie führt weiter, ohne an ein Ziel zu kommen. Die geistige Bewegung, dieses Erkennen, was wird, geht laufend über das Bisherige hinaus, endlos hinaus, weil sie endlos schöpferisch ist. In dieser Bewegung lassen wir laufend los. Wir lassen für das nächste Neue los.

Was geschieht dann mit uns? Wir bleiben in einer Liebe, die über sich hinausgeht auf das Kommende hin. Sie ist die Liebe für das, was kommt. Sie ist schöpferische Liebe, weil sie sich für das Kommende öffnet, wie es kommt, wann immer es kommt. Diese Liebe ist schon jetzt dem Kommenden zugetan und schon jetzt mit ihm eins.

Diese Liebe ist die eigentliche Erkenntnis, das eigentliche Erkennen, das wird. Sie wird, weil sie weitergeht, mit Liebe weitergeht, erwartungsvoll weitergeht, mit Freude weitergeht – immer im Glück.

LEITFADEN

durch die Veröffentlichungen von Bert Hellinger zu verwandten Themen

Anerkennen, was ist
Gespräche über Verstrickung und Lösung.
Mit Gabriele ten Hövel.
12. Auflage 2002. 220 Seiten.
ISBN 3-466-30400-8. Kösel Verlag.

Die Mitte fühlt sich leicht an
Vorträge und Geschichten.
9. erw. Auflage 2003. 264 Seiten.
ISBN 3-466-30460-1. Kösel Verlag.

Vom Himmel, der krank macht und der Erde, die heilt
Wege religiöser Erfahrung.
Vorher unter dem Titel Religion, Psychotherapie, Seelsorge beim Kösel Verlag
ISBN 978-3-7831-3291-5 Kreuz Verlag

Entlassen werden wir vollendet
Späte Texte
ISBN 3-466-30558-6. Kösel Verlag
Erhältlich bei Hellinger Publications

Gedanken unterwegs
2003. 236 Seiten.
ISBN 3-466-30642-6. Kösel Verlag.
Demnächst bei Hellinger Publications

Verdichtetes
Sinnsprüche – Kleine Geschichten –
Sätze der Kraft.
7. Auflage 2008. 109 Seiten.
ISBN 978-3-89670-685-0.
Carl-Auer-Systeme Verlag.

Gottesgedanken
Ihre Wurzeln und ihre Wirkung.
1. Auflage 2004. 240 Seiten.
ISBN 978-3-466-30656-5. Kösel Verlag.
Demnächst bei Hellinger Publications
Auch als Hörbuch erhältlich bei
Hellinger Publications
Sonnleitstr. 37, D-83404 Bischofswiesen
Postfach 2120 D-83462 Berchtesgaden
www.hellinger.com

Dankbar und gelassen
Im Einklang mit dem Leben.
2005. 157 Seiten.
ISBN 978-3-451-29036-7. Herder Verlag.

Erfülltes Dasein
Wege zur Mitte.
2006. 160 Seiten.
ISBN 978-3-451-29102-0. Herder Verlag.

Innenreisen
Erfahrungen - Betrachtungen - Beispiele
2007. 200 Seiten.
ISBN 978-3-466-30739-5. Kösel Verlag.

Auch als Hörbuch erhältlich bei
Hellinger Publications
Sonnleitstr. 37, D-83404 Bischofswiesen
Postfach 2120 D-83462 Berchtesgaden
www.hellinger.com

Natürliche Mystik
Wege spiritueller Erfahrung.
2008. 199 Seiten.
ISBN 978-3-7831-3035-5. Kreuz Verlag.
Auch als Hörbuch erhältlich bei
Hellinger Publications
Sonnleitstr. 37, D-83404 Bischofswiesen
Postfach 2120 D-83462 Berchtesgaden
www.hellinger.com

Wahrheit in Bewegung
139 Seiten. Großformat
ISBN 978-3-00-27024-6
Hellinger Publications

Gedanken, die gelingen
161 Seiten. Großformat
ISBN 978-3-00-025383-6
Hellinger Publications

Das reine Bewusstsein
Wege der Liebe
181 Seiten Großformat
ISBN 978-3-00-025384-3
Hellinger Publications

Einblicke
2010 ca. 170 Seiten

ISBN 978-3-00-029975-9
Hellinger Publications
Aufgewacht
2010 ca 210 Seiten
ISBN 978-3-00-029974-2
Hellinger Publications

Worte, die wirken
1. Band von A bis Z
Großformat, 508 Seiten2009
ISBN 978-3-00-027896-9
Hellinger Publications

Worte, die wirken
2. Band von A bis Z
Großformat, 600 Seiten
ISBN 978-3-00-027897-6
2009 Hellinger Publications

Geführt
112 Seiten Großformat
ISBN 978-3-00-029153-1
Hellinger Publications

Erfüllt
155 Seiten Großformat
ISBN 978-3-00-029329-0
Hellinger Publications

Angekommen
92 Seiten Großformat
ISBN 978-3-00-029325-2
Hellinger Publications

Adressen

Online Shop
www.Hellinger-Shop.com

Homepage
www.Hellinger.com

Email:
info@hellingerschule.com

Adressen

Online Shop
www.Hellinger-Shop.com

Homepage
www.Hellinger.com

Email:
info@hellingerschule.com

BIOGRAPHIE

Bert Hellinger,

geboren 1925, hat Philosophie, Theologie und Pädagogik studiert und arbeitete 16 Jahre lang al Mitglied eines katholischen Missionsordens bei den Zulus in Südafrika. Danach wurde er Psychoanalytiker und entwickelte unter dem Einfluss der Gruppendynamik, der Primärtherapie, der Transaktionsanalyse und verschiedener hypnotherapeutischer Verfahren die ihm eigene Form des Familien-Stellens, das heute weltweit Beachtung findet und in vielen Bereichen angewendet wird. Zum Beispiel in der Psychotherapie, der Unternehmensberatung, der Medizin, der Lebens- und Erziehungsberatung und der Seelsorge im weitesten Sinn.

Bert Hellinger hat über 70 Bücher geschrieben. Sie wurde in 26 Sprachen übersetzt, darunter Arabisch, Mongolisch, Chinesisch. Viele seiner Bücher aus der jüngsten Zeit erweisen ihn als Philosophen und Weisheitslehrer eigener Prägung, der unmittelbar zur Seele spricht und ihre Tiefen ohne Umwege anrührt. Zum Beispiel in seinem zweibändigen Werk Worte, die wirken.